**NIOBE
O'CONNOR**

**AMANDA
RAINGER**

Acknowledgements

The authors would like to thank the following for their assistance in preparing this book: Pilar Polo Gundín, Ian Blair, Jackie Milton, Judith O'Hare, the O'Connor family, the Rainger-Dingle family and Ken and Julie McAllister.

Photographs

Richard Bryant/Arcaid: cover, Colette Thomson: pages 7 (background, middle, bottom), 17 (middle), 21, 27, 40, 60, 64, 120 (left and middle), 127 (background and top left), 136, 141, 145, 147 (all except bottom right), 156 (bottom right), 157
Ron Wallace: pages 7 (top), 17 (top left), 43 (top middle and right, bottom left and right), 47, 57, 87 (*paellador*, *raciones* and *pizza móvil*), 127 (middle and bottom), 167, 187 (background, middle left and right,)
Niobe O'Connor: pages 17 (top right and bottom), 43 (top left, bottom middle), 53, 120 (right)
David Simson: page 132
Spanish National Tourist Office: pages 147 (bottom right), 156 (top and middle)

The authors and publishers acknowledge the use of the following copyright material:
Chica Hoy, Madrid (photo, left, page 41)
Clara, Barcelona (photo, right, page 41)
Súper Pop, Barcelona (photos, page 44; cover, page 112)
Renfe (timetable, page 67; ticket, page 81)
© Michelin, from Map 990, 19th Edition 1998. Authorization no. 9811502 (map, page 77)
Consorcio Regional de Transportes de Madrid (metro plan, page 78)
Hostería de Pedraza, Segovia (text and photo, page 85)
Parador de Bielsa (text and photo, page 85)
Cafetería AB, Palma de Mallorca (menu, page 87)
Edicions Imatges, Lluis Real (postcard, page 96)
Restaurant Pizzería Ca'n Moll, Ciutadella de Menorca (bill, page 99)
Casa y Jardín, Madrid (cover, page 112)
PC Actual, Barcelona (cover, page 112)
Última Hora, Palma de Mallorca (cover, page 112)
X-Men, Barcelona (cover, page 112)
Tele-Indiscreta, Barcelona (cover, page 112)
Súper Júnior, Madrid (cover, page 112)
Gente Menuda, ABC, Madrid (cover, page 112)
Don Balón, Barcelona (cover, page 112)
Colegio San Viator, Madrid (cover, page 112; article based on original by Sonia Sánchez Hernando; page 137)
BBC (article based on information from *Voces Españolas*, page 145)
La Revista de El Mundo, Madrid (holiday advert, page 187)
El Semanal/Turístico Británico, Madrid (tourist advert, page 187)
Junta de Castilla y León, Consejería de Cultura y Bienestar (headlines, page 187)

Every effort has been made to contact copyright holders and we apologise if any have been overlooked.

Recordings

Footstep Productions Ltd, recorded at The Audio Workshop and The Soundhouse Ltd, London, with professional Spanish actors.
Produced by: Colette Thomson and Terry Doyle.
Edited by: Frances Ratchford.
Voices: Ilia Rodríguez, Andrés Hierra, Laura Guerra, Pilar Guerra, Elena González, Ferrán Audi, Úrsula Martínez.

Illustrations Jean de Lemos, John Crawford-Fraser and Peters and Zabransky.

Designer Ann Samuel

Editor Sally Wood

First published in 1999 by:
Mary Glasgow Publications, an imprint of
Stanley Thornes (Publishers) Ltd

Reprinted in 2001 by:
Nelson Thornes Ltd
Delta Place
27 Bath Road
CHELTENHAM
GL53 7TH
United Kingdom

02 03 04 05 / 10 9 8 7 6 5

A catalogue record for this book is available from the British Library

ISBN 0 7487 3898 3

Printed and bound in Italy by STIGE

Indice de materias

Mapa de España

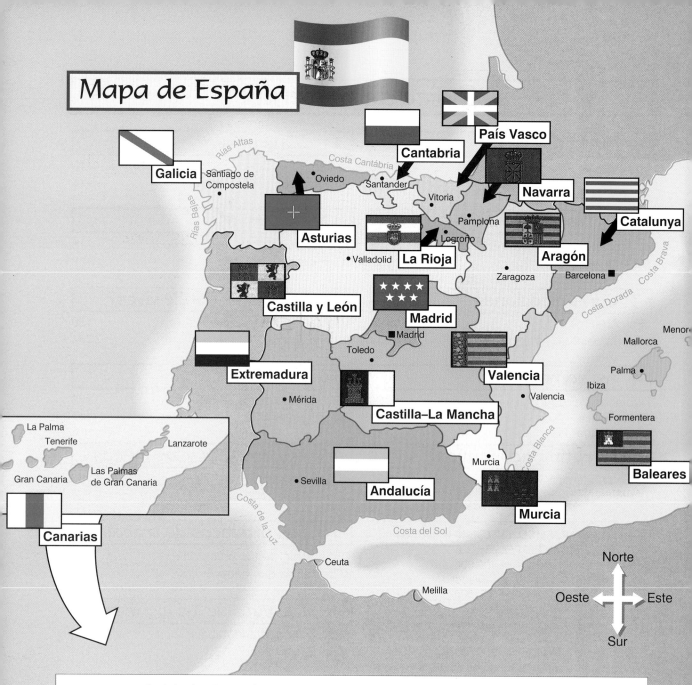

Galicia — Santiago de Compostela — Rías Altas — Rías Bajas

Costa Cantábrica — Cantabria — Oviedo — Santander — País Vasco — Vitoria — Navarra — Pamplona — Logroño — Catalunya

Asturias — La Rioja — Valladolid — Aragón — Zaragoza — Barcelona — Costa Brava — Costa Dorada

Castilla y León

Madrid — Madrid — Toledo

Extremadura — Mérida — Valencia — Menorca — Mallorca — Palma — Ibiza — Formentera

Castilla–La Mancha — Valencia — Costa Blanca

La Palma — Tenerife — Lanzarote — Las Palmas de Gran Canaria — Gran Canaria

Sevilla — Murcia — Baleares

Andalucía — Murcia

Canarias — Costa de la Luz — Costa del Sol — Ceuta — Melilla

Norte — Oeste — Este — Sur

Andalucía	Población: 6.790.000 Capital: Sevilla	**Comunidad Valenciana**	Población: 3.730.000 Capital: Valencia
Aragón	Población: 1.800.000 Capital: Zaragoza	**Extremadura**	Población: 1.080.000 Capital: Mérida
Canarias	Población: 1.460.000 Capital: Las Palmas	**Galicia**	Población: 2.840.000 Capital: Santiago de Compostela
Cantabria	Población: 520.000 Capital: Santander	**Islas Baleares**	Población: 680.000 Capital: Palma
Castilla-La Mancha	Población: 1.670.000 Capital: Toledo	**Región de Murcia**	Población: 1.000.000 Capital: Murcia
Castilla y León	Población: 2.580.000 Capital: Valladolid	**La Rioja**	Población: 260.000 Capital: Logroño
Catalunya	Población: 5.970.000 Capital: Barcelona	**País Vasco**	Población: 2.130.000 Capital: Vitoria
Comunidad de Madrid	Población: 4.780.000 Capital: Madrid	**Principado de Asturias**	Población: 1.100.000 Capital: Oviedo
Comunidad foral de Navarra	Población: 510.000 Capital: Pamplona		

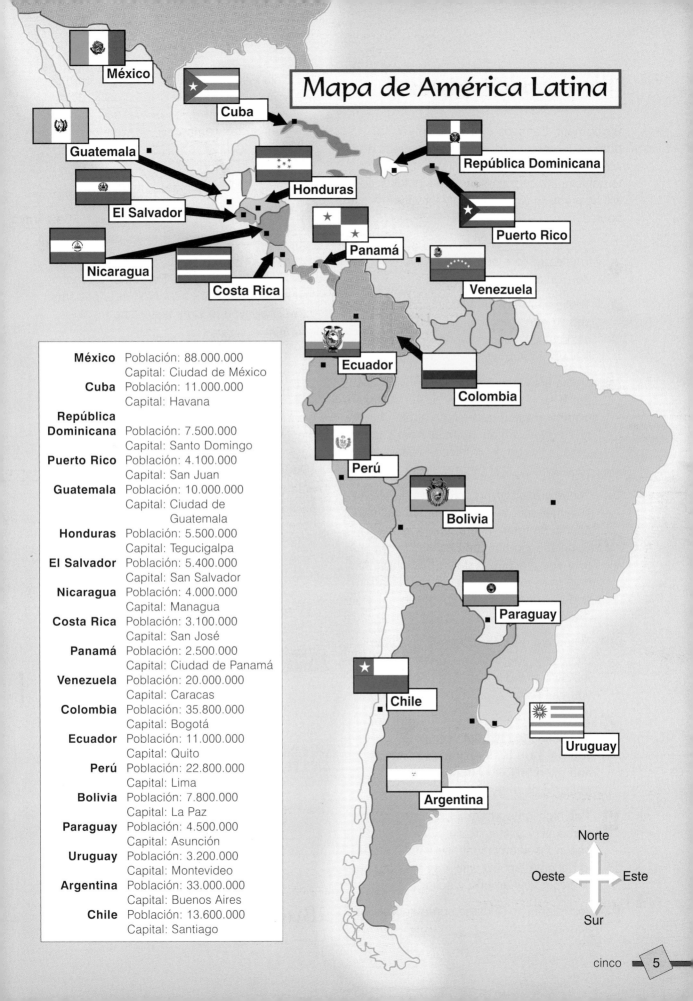

Mapa de América Latina

México
Cuba
Guatemala
Honduras
El Salvador
Nicaragua
Costa Rica
Panamá
República Dominicana
Puerto Rico
Venezuela
Ecuador
Colombia
Perú
Bolivia
Paraguay
Chile
Uruguay
Argentina

México Población: 88.000.000
Capital: Ciudad de México
Cuba Población: 11.000.000
Capital: Havana
**República
Dominicana** Población: 7.500.000
Capital: Santo Domingo
Puerto Rico Población: 4.100.000
Capital: San Juan
Guatemala Población: 10.000.000
Capital: Ciudad de
Guatemala
Honduras Población: 5.500.000
Capital: Tegucigalpa
El Salvador Población: 5.400.000
Capital: San Salvador
Nicaragua Población: 4.000.000
Capital: Managua
Costa Rica Población: 3.100.000
Capital: San José
Panamá Población: 2.500.000
Capital: Ciudad de Panamá
Venezuela Población: 20.000.000
Capital: Caracas
Colombia Población: 35.800.000
Capital: Bogotá
Ecuador Población: 11.000.000
Capital: Quito
Perú Población: 22.800.000
Capital: Lima
Bolivia Población: 7.800.000
Capital: La Paz
Paraguay Población: 4.500.000
Capital: Asunción
Uruguay Población: 3.200.000
Capital: Montevideo
Argentina Población: 33.000.000
Capital: Buenos Aires
Chile Población: 13.600.000
Capital: Santiago

Norte
Oeste   Este
Sur

¡Bienvenidos a todos!

Welcome to *Caminos 3*! It will help you to prepare thoroughly for your examinations and – with steady work and determination from you – to achieve the best you can. This quick guide will help you to work profitably through the course.

♦ These are core activities for everyone to do. You should try all of these.

♣ These are more challenging activities. You should attempt some or all of them, especially if you are working towards higher grades.

▭ These are listening activities. If you finish the ♦ task quickly, try to do the ♣ task when you listen to the tape again. The ♣ tasks often contain material from earlier units in the book, or include vocabulary you have not met before.

💬 These are speaking activities and are an essential part of the course. Concentrate as you do them, and speak only in Spanish – do not use English! They either give you practice in doing rôle-plays, or help to prepare you for the presentation and conversation element of the examination.

📖 These are reading activities. Use your dictionary, your *Hoja de Vocabulario* for the unit, or the vocabulary section when you come across words you don't know.

✏ These are writing tasks. They give you practice in the type of writing tasks which you will have to do in the examination, and often build towards pieces of possible course-work.

D This highlights where a dictionary will be particularly useful. You may need to use one in the examination, so it is important to become familiar with it so that you can find your way around it quickly.

▯ You might like to use a computer for this activity.

1.2 This tells you there is a worksheet which you can use from this point onwards: the worksheets give you further practice, or revise material for the examination.

▶▶ This fast forward symbol takes you to the Grammar section at the back of the book, which is in English. Read the relevant section, and learn any new language patterns: this will help you to work faster and more accurately.

	masc.	fem.	
a	un	una	*sing.*
some	unos	unas	*plural*
GRAMÁTICA		▶▶ 2	

◀◀ The rewind symbol reminds you of vocabulary or language patterns you have learnt before.

This box contains the key language for the objective, and you need to learn it thoroughly.

¿Qué tiempo hace?	Normalmente…
hace buen tiempo	hay tormentas
hace mal tiempo	hay nieve
hace (mucho) calor	hay niebla

(act.) This refers you to an earlier activity in the unit or to a revision task on the *¿Te acuerdas?* pages, where you will find useful vocabulary.

 REPASO This gives you an opportunity to revise words which will be useful for this topic.

Kiko Cuervo provides you with useful hints, tips and reminders.

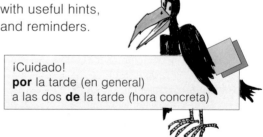

¡Cuidado!
por la tarde (en general)
a las dos **de** la tarde (hora concreta)

¡Buena suerte a todos!

Hablando de mí
Mi tiempo libre

¿Te acuerdas?

1 ¡Vamos al insti!

a Lee la lista de los artículos que necesitas para el insti. Divídela en dos partes: artículos para tu estuche/plumier, y artículos para tu mochila. *Ejemplo*

En mi estuche/plumier, tengo ...
un boli

En mi mochila, tengo ...

un boli
unos cuadernos
unas hojas de papel/unos folios
una agenda
unos lápices de color
unos rotuladores
un sacapuntas
una calculadora

una pluma
una goma
una regla
unos libros
un monedero
un compás
unas carpetas
un recambio de pluma

b Copia el cuadro y complétalo con **un**, **una**, **unos**, **unas**.

	masc.	fem.	
a			sing.
some			plural

GRAMÁTICA ▶▶ **1–2**

2 ¡Escuchad!

Lee lo que dice el profe, y estudia el cuadro. Completa sus frases con la palabra española correcta para *the*.
Ejemplo **1** – el.

¡Escuchad! Este año es muy importante...
¡Hay que aprender ...(**1**)... vocabulario!
¡Hay que escuchar y leer ...(**2**)... instrucciones atentamente!
¡Hay que traer ...(**3**)... cuaderno o ...(**4**)... carpeta a clase!
¡Hay que llegar con ...(**5**)... estuche o ...(**6**)... plumier!
También es importante traer ...(**7**)... diccionario a clase .
¡Es muy importante no perder ...(**8**)... hojas de vocabulario!
¡Y - súper importante - hay que hacer ...(**9**)... deberes!

	masc.	fem.	
the	el	la	sing.
	los	las	plural

GRAMÁTICA ▶▶ **3–4**

3 Los números al revés

a Copia y completa la lista de números al revés.

a	doce	= 12	21 = veintiuno
b	ochenta y uno	= 81	? = dieciocho
c	quince	= 15	51 = ?
d	?	= 27	72 = setenta y dos
e	?	= ?	? = trescientos sesenta y siete
f	ciento cuarenta y cinco	= ?	? = ?
g	?	= ?	? = dos mil setecientos noventa y uno

b Inventa cuatro más para tu compañero/a.

4 ¿Qué verbo?

Para cada recuadro **a–n** escribe el número **1–13** del verbo más apropiado. Utiliza cada verbo una sola vez. (¡Cuidado! Un recuadro no necesita un verbo.) *Ejemplo* **1** – **k**.

1 ver	**2** montar	**3** hacer	**4** sacar	**5** salir	**6** dar	**7** ir
8 navegar	**9** andar	**10** practicar	**11** tocar	**12** jugar	**13** escuchar	

m en bici(cleta)/moto

n la batería / la guitarra

a fotos

b al baloncesto / al fútbol / al hockey / al squash / al voleibol / con el ordenador

l a la bolera / al campo / al cine / al parque de atracciones / a una corrida de toros / a una sala de fiestas / a la discoteca / al estadio de (fútbol) / a la piscina / a la pista de hielo / a la playa / a la plaza de toros / al polideportivo / al zoo / de excursión / de pesca

me chifla / me gusta / me da igual / detesto / odio / no aguanto

c a caballo

d bailar / descansar / esquiar / nadar

e por Internet

f un paseo / una vuelta

g la radio / música

j el alpinismo / el esquí / el ciclismo / la equitación / la informática / la natación

i atletismo / footing / piraguismo / vela / windsurf

h con amigos / en pandilla

k la tele

5 ¿Y tú?

¿Qué pasatiempos te gustan? ¿Qué deportes odias? ¿Y por qué? Escribe un párrafo.

Ejemplo
No aguanto ver la tele porque es aburrido. Me chifla montar a caballo pero es caro…

porque / pero	(no) es… / me parece que (no) es…	aburrido / barato / caro / competitivo / difícil	divertido / educativo / emocionante / fácil / relajado

1A OBJETIVO
¡Pasa, pasa!

Es el primer día del curso. Belén y Ana están en la recepción.

¡Mira!

¡Pasa, pasa!

¡Hola!

¿Qué tal?

Bien. ¿Y tú?

Muy bien.

Me llamo Belén, y ésta es mi amiga, Ana.

¡Hola!

¡Encantado!

¡Siéntate aquí!

Gracias.

¿Cómo te llamas?

Soy Raúl.

¿De dónde eres - de aquí, de Madrid?

No, soy de Barcelona. Y Ana también.

¿De qué nacionalidad eres? No eres español.

¡Sí, soy español! Pero mi madre es inglesa.

¿Raúl Valdés?

¡Hasta luego! ¡Ay, qué guapo es!

¡Eres imposible, Belén!

1 Los tres jóvenes

Empareja correctamente las frases *1–7* y las respuestas **a–g**.

Ejemplo **1** – **g**.

1	¡Hola!	**a**	Me llamo Belén.
2	¿Qué tal?	**b**	Encantado.
3	¿Cómo te llamas?	**c**	Soy de Barcelona.
4	Ésta es mi amiga.	**d**	Soy español.
5	¿De dónde eres?	**e**	Muy bien. ¿Y tú?
6	¿De qué nacionalidad eres?	**f**	Gracias.
7	¡Siéntate!	**g**	¡Hola!

2 ¿De qué nacionalidad eres?

◆Lee el cuadro de nacionalidades a la derecha. Copia y completa el cuadro correctamente.

♣Utiliza el diccionario. Busca el equivalente espanõl de las nacionalidades **a–l**. Escribe en la forma masculina (*m*) y femenina (*f*).
Ejemplo　**a**　*Dutch:* holandés (*m*), holandesa (*f*)

Dutch 1. *adj* holandés

a Dutch	**e** Swedish
b British	**f** Norwegian
c Portuguese	**g** Chinese
d African	**h** Moroccan

i Greek
j Swiss
k Indian
l Australian

(m)	(f)
español	española
alemán	alemana
catalán	catalan_
escocés	escocesa
francés	franc _ _ _
galés	gal _ _ _
ingl _ _	inglesa
irland _ _	irlandesa
italiano	italiana
americano	american_
gallego	galleg_
vasc _	vasca
pakistani	pakistani
canadiense	canadiense

GRAMÁTICA ▶▶ **13–14**

3 En un grupo de tres

◆Adapta la escena en la recepción (actividad 1): elige otros nombres y nacionalidades.

♣Haz la escena de memoria.

A　　*¡Mira!*　　*¡Hola!*　　
B

(m)	ést**e** es mi amig**o**
(f)	ést**a** es mi amig**a**

GRAMÁTICA ▶▶ **23–24**

4 ¿Tú o usted?

Mira el cuadro a la derecha. Lee las frases **1–6**. Decide si la *persona en cursiva* dice *tú* o *usted:*　*Ejemplo* **1** *tú.*

1 *Un joven* – a una joven
2 *Una chica* – a su padre
3 *Una joven* – a un profesor
4 *Una profesora* – a un chico
5 *Un padre* – a un amigo
6 *Una madre* – a la directora del instituto

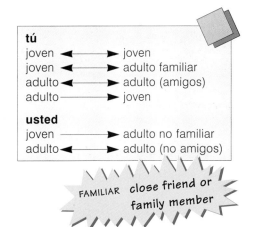

tú
joven ◀──▶ joven
joven ◀──▶ adulto familiar
adulto ◀──▶ adulto (amigos)
adulto ───▶ joven

usted
joven ───▶ adulto no familiar
adulto ◀──▶ adulto (no amigos)

FAMILIAR *close friend or family member*

5 En la escuela de idiomas

◆Escucha las conversaciones **1–6** en la escuela de idiomas. ¿La situación es formal (*usted*) o informal (*tú*)? Escribe F (formal) o I (informal).

Ejemplo **1** F.

♣Apunta también la nacionalidad de la persona entrevistada.

Ejemplo **1** F, española.

6 En la oficina de la administración

en	soy
días	dónde
gusto	poco
nacionalidad	

◆ Iñaki es otro participante del curso. Lee la conversación y rellena los blancos correctamente. *Ejemplo* **1** dónde.

SECRETARIA	Vamos a ver. ¿Cómo se llama?
IÑAKI	Iñaki Aróstegui.
SECRETARIA	Ah sí. ¿De ...(1)... es?
IÑAKI	...(2)... de Tolosa, en el País Vasco.
SECRETARIA	¿De qué ...(3)... es? Español, ¿verdad?
IÑAKI	No, soy francés. Pero vivo aquí ...(4)... España.
SECRETARIA	¡Pase!
SEÑORA	Permítame presentarle a Raúl Valdés.
RAÚL	¡Mucho ...(5)...!
SECRETARIA	¡Encantada! Siéntese. Un momento ...
RAÚL	¡Buenos ...(6)...! ¿Cómo está?
IÑAKI	¡Un ...(7)... nervioso!

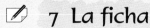

7 La ficha

◆ **a** Tú eres el/la secretaria. Copia y rellena la ficha de Iñaki correctamente.

◆ **b** Haz otra ficha. Rellena la ficha con tus datos personales.

Apellido: ....

Nombre: ....

Domicilio: ....

Nacionalidad: ....

8 Con tus compañeros/as

◆ En un grupo de tres, inventa otra conversación formal en la oficina de administración. Utiliza la actividad 6 como modelo. Utiliza *usted*.

| 1.1 |

◆ **La ensalada de nacionalidades**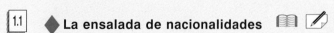

tú (informal)	usted (formal)	(yo)
¡pasa!	¡pase!	gracias
¡hola!	buenos días	hola / buenos días
¿qué tal?	¿cómo está usted?	(bien) ¿Y tú? ¿Y usted?
siéntate	siéntese	gracias
¿cómo te llamas?	¿cómo se llama (usted)?	me llamo .../ soy ...
¿de dónde eres?	¿de dónde es (usted)?	soy de (Barcelona)
¿de qué nacionalidad eres?	¿de que nacionalidad es (usted)?	soy (galés, inglesa ...)
éste / ésta es ...	permítame presentarle a ...	mucho gusto, encantado/a

9 Los idiomas oficiales de España

♣ Lee el artículo. Haz las actividades **a**, **b** y **c**.

a Copia el mapa y complétalo con los idiomas oficiales de España, y el número de hablantes de cada idioma.

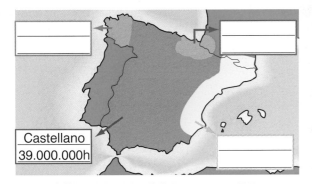

Castellano
39.000.000h

b Rellena los blancos con la palabra para el idioma correcto. Todos están *en cursiva* en el artículo.

Otro nombre para el español es el ...(**1**)... .
El ...(**2**)... es parecido al portugués.
Otro nombre para el vasco es el ...(**3**)... .
Hay también variantes del ...(**4**)... .
El ...(**5**)... no tiene su raíz en el latín.
Aprende ...(**6**)... en el instituto.

c Adapta la entrevista con Aranzazú. Haz las preguntas a tu compañero/a y contesta a él/ella.

El idioma oficial de España es el español o el *castellano*, nombre que se da al español dentro de España. Antiguamente, fue el idioma de la región de Castilla en el centro de España. Pero no es el único idioma que se habla. De los treinta y nueve millones que hablan castellano, más de doce millones de españoles son bilingües - es decir, hablan dos idiomas.

En el noreste del país se habla *catalán*, que se parece un poco al francés. En las Islas Baleares y en la comunidad de Valencia, se hablan dialectos del catalán. En total, ocho millones de españoles hablan catalán o una de sus variantes. En la región de Galicia, tres millones y media de personas hablan *gallego* (parecido al portugués). El gallego y el catalán, igual que el castellano, tienen sus raíces en el latín.

Pero el *vasco* o – como se dice en el País Vasco – el *euskera* es un idioma muy antiguo que no tiene raíz latín, y no se parece a ningún otro idioma europeo. Unos ochocientos mil habitantes lo hablan, y otros muchos al otro lado de los Pirineos en Francia.

Aranzazú es una joven vasca de dieciséis años:
– Aranzazú, ¿cuántos idiomas hablas?
– Hablo tres idiomas.
– ¿Cuáles son?
– Castellano, y vasco. Y también aprendo inglés en el instituto.
– ¿Hablas bien inglés?
– Lo hablo mal, pero lo entiendo y lo escribo bien.
– ¿Cuánto tiempo hace que aprendes inglés?
– Lo aprendo desde hace cuatro años.

10 ¿Qué idiomas hablas?

♣ Escucha las cinco entrevistas **a–e**. Copia y completa el cuadro con los detalles necesarios.

También hablo ...	Aprendo ...	Dominio	Años de estudio
a *vasco*	*francés*	*lo hablo bien, lo escribo mal*	*4 años*
b			

1.2 ♣ **La carta de Luciana**   ⬛**1** **Práctica: lengua**

¿cuántos idiomas habla(s)? ¿Cuáles son? ¿habla(s) /entiende(s) /escribe(s) bien (inglés)? ¿cuánto tiempo hace que aprende(s) (inglés)?	hablo (tres) idiomas: (...) y (...) y aprendo (...) lo hablo / entiendo / escribo un poco, bien, mal lo aprendo desde hace (dos) años

1B OBJETIVO
Los datos personales

Raúl y Ana están en la recepción, rellenando los formularios para matricularse.

RAÚL	¡Odio los formularios! Nombre, Raúl. Apellido – Valdés. Fecha de nacimiento, mil novecientos ochenta y ... ¿Cuándo es tu cumpleaños, Ana?
ANA	El veintidós de marzo.
RAÚL	¿Cuántos años tienes?
ANA	Tengo diecisiete años. ¿Y tú?
RAÚL	Dieciocho. ¿Dónde vives en Madrid?
ANA	Vivo en el barrio de Argüelles.
RAÚL	¡Yo también! ¿Cuáles son tus señas?
ANA	La calle ...
RAÚL	Espera - ¿dónde está mi agenda? Ah, aquí está. ¿Cuál es tu apellido, Ana?
ANA	Pereira.
RAÚL	¿Cómo se escribe? Es que soy disléxico.
ANA	P-E-R-E-I-R-A.
RAÚL	¿Cuál es tu dirección?
ANA	La calle Cea Bermúdez, veintiocho, 6°B.
RAÚL	¿Y el código postal?
ANA	¡Ni idea! Voy a mirar ... Es el vientiocho, cero, cero, tres.
RAÚL	¿Cuál es tu número de teléfono?
ANA	Es el tres, setenta y dos, sesenta y uno, quince. Y tú, ¿tienes teléfono?
RAÚL	No, no tengo. No hay en el piso. ¿Quieres tomar un café o algo más tarde, Ana?
BELÉN	¿Un café? ¡Perfecto! ¿A qué hora?

1 Raúl y Ana

◆ Hay un error en cada frase **a**–**g**. Corrígelas. *Ejemplo* **a** Mi apellido es <u>Pereira</u>.

a Mi apellido es Ana.
b Se escribe P-E-R-I-R-A.
c Tengo dieciséis años.
d Mi cumpleaños es el uno de marzo.

e Vivo en la calle Cea Bermúdez, número 18.
f El código postal es 28032.
g Mi número de teléfono es el 362 61 15

♣ Lee el resumen. Escribe *Raúl*, *Ana* o *Belén* en el lugar correcto.

Ejemplo **1** Ana.

Raúl aprende que ...(1)... vive cerca, y quiere sus señas y su número de teléfono. Detrás de la puerta, ...(2)... escucha la conversación. Raúl invita a ...(3)... a tomar algo más tarde. Pero ...(4)... no está contenta con este plan - es ella quien quiere salir con ...(5)... .

2 Detalles personales

a Lee las respuestas **a**–**g** de la actividad 1 otra vez. ¿Cuáles son las preguntas posibles? Lee otra vez la conversación entre Raúl y Ana, y escribe una lista. (A veces, hay dos preguntas posibles.)

Pregunta(s)	Respuesta
¿Cuál es tu apellido?	**a** Mi apellido es Pereira.

b Trabaja con tu compañero/a. Haz las preguntas de tu lista, y adapta las respuestas.

¿Cómo te llamas?   *Me llamo James.*

¿Cuál es tu apellido?   *Mi apellido es Mulligan.*

3 En la radio: ¿cuál es la fecha de...?

Escucha el concurso en la radio. Apunta las fechas **1**–**6**. *Ejemplo* **1** 12. 4.1961.

4 Las señas

a Mucha gente vive en pisos o apartamentos. Con tu compañero/a, busca las palabras para *first* etc. en el diccionario. ¡Tienes cinco minutos!

b Escucha los extractos **1**–**5**. Escribe la dirección de cada persona.
Ejemplo **1** Calle Caracas 14, 6°C.

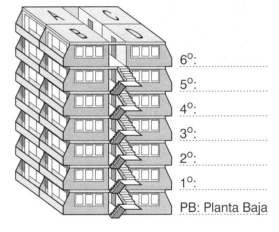

6°: ....
5°: ....
4°: ....
3°: ....
2°: ....
1°: ....
PB: Planta Baja

1.3	**Pregunta y contesta**

5 La secretaria contesta al teléfono

a ◆ Escucha y lee las preguntas **1**–**6**.
Rellena cada hueco con *su*, *sus* o *tiene*.
Ejemplo **1** su.

♣ Apunta también la respuesta.
Ejemplo **1** su, María.

b Lee otra vez la conversación entre Ana y Raúl (actividad 1). Copia y completa el cuadro.

1.4	¡Somos gemelos!

1 ¿Cuál es ... nombre?
2 ¿Cómo se escribe ... apellido?
3 ¿Cuántos años ...?
4 ¿Cuál es ... fecha de nacimiento?
5 ¿Cuáles son ... señas?
6 ¿... teléfono?
7 ¿Cuál es ... número de teléfono?

singular	plural	
?	**mis**	*my*
?	?	*your (informal, familiar)*
su	**sus**	*your (formal, polite), his, her*

GRAMÁTICA ▶▶ **21**

6 Las otras voces de Guatemala

◆ **a** Lee los fragmentos **1–9** de la entrevista con Marisol.
Utiliza el diccionario, si es necesario.

1 *Es el veintidós de enero.*

2 *Soy de un pueblo de la sierra, que se llama Quezaltenango.*

3 *Tengo quince años.*

4 *No tenemos agua, y no hay saneamiento ni electricidad. ¡Claro que no tenemos teléfono!*

5 *Mi apellido es Ayensu.*

6 *¡No tengo! Mi barrio es muy pequeño: sólo hay dos calles.*

7 *Vivo en la ciudad de Guatemala. Mi barrio está situado en las afueras, cerca de un basurero enorme.*

8 *Me llamo Marisol.*

9 *Soy guatemalteca, pero mi familia es de raza india maya.*

Guatemala

Quezaltenango
América del Sur

b Empareja cada dibujo **1–6** con la palabra correcta del cuadro. *Ejemplo* **1** – la sierra.

1  **2**  **3**

4  **5** **6**

saneamiento	el agua
electricidad	la sierra
un basurero	india maya

c Escribe una pregunta para cada fragmento **1–9** (mira el cuadro siguiente, y el de la página 12). *Ejemplo* **1** ¿Cuándo es tu cumpleaños?

d Lee las frases **1–6**. Decide si cada frase es *verdadera* o *falsa*. *Ejemplo* **1** verdadera.

1 Marisol vive en Guatemala.
2 Vive en el centro de la ciudad.
3 Hay un basurero cerca del barrio.
4 El barrio es enorme.
5 Marisol vive en un barrio rico.
6 El barrio no tiene servicios básicos.

7 Te toca a ti

◆ Prepara tus respuestas personales a las preguntas del cuadro clave. Haz una versión escrita.

tú (informal)	(yo)
¿cuántos años tienes?	tengo ... años
¿cuándo es tu cumpleaños?	es el (once) de (mayo)
¿cuál es tu nombre / apellido? ¿cómo se escribe?	mi nombre / apellido es ... se escribe (A ..)
¿dónde vives?	vivo en (Madrid)
¿cuál es tu dirección? / ¿cuáles son tus señas?	la calle / avenida (Sur), número (8),(6°B)
¿cuál es el código postal?	es (77110)
¿tienes teléfono? / ¿cuál es tu número de teléfono?	sí/no, lo siento / es el (245, 73, 56)

¿Cuánto tiempo hace que vives en la capital, Paloma?
He vivido en Madrid toda la vida.
Pero vine aquí a este barrio con mi familia hace dos años.
¿Dónde naciste?
Nací en el barrio de Chamartín, al norte.

¿Cuándo nació usted, señora?
Nací el doce de octubre, de mil novecientos veintidós.
¿Dónde nació? ¿Aquí en la capital provincial de Granada?
No, en un pueblo al lado del mar, al sur.
¿Cuánto tiempo hace que vive aquí en este barrio?
Vivo aquí desde hace treinta años.

8 ¿Cuándo y dónde?

a Lee las dos entrevistas y las frases **1–6**. ¿Quién es: Paloma o la señora?
Ejemplo **1** Paloma.

1 Es nativa de Madrid.
2 Nació en los años veinte.
3 Nació en la costa.

4 No es nativa de la capital.
5 Nació hace muchos años.
6 Vive en el barrio desde hace dos años.

b Túrnate con tu compañero/a para preguntar y contestar a estas tres preguntas:

¿Cuándo naciste?   ¿Dónde naciste?   ¿Cuánto tiempo hace que vives aquí en este barrio?

9 Las dos entrevistas

Utiliza la información siguiente para hacer dos entrevistas. Utiliza *usted* en la entrevista con la señora Najem y *tú* en la entrevista con Álvaro. Haz también una versión escrita.

Apellido:
Najem
Nombre:
Moma
Fecha de nacimiento:
24.6.60
Lugar de nacimiento:
Dakhla
Domicilio:
La Ayoun (25 años)

A ¿Cómo se llama usted?   **B**

Me llamo Moma Najem.

¿Cuándo nació usted?

Apellido:
Cuevas Vidal
Nombre:
Álvaro
Fecha de nacimiento:
15. 9. 81
Lugar de nacimiento:
Sevilla
Domicilio:
Sevilla

¿cuándo naciste (tú) / nació (usted)?	nací el (7) de (mayo), de mil novecientos (setenta y uno)
¿dónde naciste (tú) / nació (usted)?	nací en (Irún) en el (norte) / soy nativo/a de ..
¿cuánto tiempo hace que vive(s) en (...)?	vivo allí desde hace (cinco) años
	he vivido aquí toda la vida / vine aquí hace (dos) años

2A OBJETIVO
¿Eres deportista?

En el polideportivo...

> No practico el alpinismo y no hago footing. ¿Y tú, Ana? ¿Te gusta correr?

> Hmm. ¿Prefieres los deportes individuales, Raúl? ... ¿Te gusta practicar el alpinismo ... o hacer footing?

> Ana, Raúl, mirad la lista de deportes... ¡Es fenomenal! Mmmm, a ver... ¿Eres deportista, Raúl? ¿Quieres jugar al hockey... conmigo?

> ¡Uf! No juego al hockey. No me gustan mucho los deportes de equipo....

> Yo también odio los deportes de equipo.

> No, no corro.

> Prefiero practicar los deportes acuáticos...

> Pues, ¿qué tipo de deportes prefieres, Raúl?

> Ah... ¿haces vela o windsurf...? ... A mí me chiflan...

> ¡Nadar y hacer pesca!

> No exactamente... es que... me gusta bañarme... y pescar.

> A decir verdad, no soy muy deportista...

> Yo no soy nada deportista, pero los viernes voy a la pista de hielo.

1 ¿Qué tipo de deporte?

Haz una lista de los deportes arriba mencionados.
Apunta **E** para los deportes de equipo,
I para los individuales, y **A** para los acuáticos.
Ejemplo el hockey **E**.

> ¿A la pista de hielo? ... A mí también me chifla patinar. ¿Puedo ir contigo?

2 ¿Qué deportes practicas?

¿Quién lo dice? ¿Belén, Ana o Raúl?
Ejemplo **a** Raúl.

a No juego al hockey.
b Sí, practico algunos deportes acuáticos.
c Me chifla hacer vela.
d Sí, me encanta; voy allí los viernes.
e No hago footing.
f No corro.

3 Una conversación

Empareja las preguntas con las respuestas de la actividad 2. *Ejemplo* **1–c.**

1 ¿Haces vela?
2 ¿Quieres jugar al hockey?
3 ¿Te gusta hacer footing?
4 ¿Te gusta correr?
5 ¿Prefieres practicar deportes acuáticos?
6 ¿Te gusta ir a la pista de hielo?

4 ¿Eres deportista?

Trabaja con tu compañero/a.

◆ Utiliza las preguntas de la actividad 3
para preguntar y contestar.

 A   ¿Haces vela?   No, no hago vela.   **B**

♣ REPASO ▷ pág. 9 ¿Te acuerdas? Utiliza también los deportes que ya conoces.

El Real, el Real, el Real Madrid! ¡Ah! ¡Disculpe!

¡Uf!... Me parece que eres deportista.

Uh... no, es decir... no practico ningún deporte pero soy hincha del Real Madrid.

Soy Pablo. ¿Eres Belén, no? Sí, soy muy deportista, soy aficionado al fútbol.

Oh, ¿y qué haces por tu equipo? ¿Ves todos los partidos en directo?

¡Fenomenal! ... ¿juegas al fútbol en tus ratos libres?

Voy a todos los partidos cuando juega en casa, aquí en Madrid.

No, cuando mi equipo juega fuera, veo el partido en la tele.

Y esta semana, me parece que el Real Madrid juega en Barcelona. ¿Vas a ir?

Ah sí, ya lo veo, eres muy deportista.

5 ¿Deportista o no?

◆ ¿Qué dice Pablo? ¿Verdad o Mentira?
Ejemplo **1** V.

1 Soy muy deportista.
2 Soy aficionado al fútbol.
3 Practico algunos deportes.
4 Soy hincha del Real Madrid.
5 Cuando juega en casa veo
   el partido en la tele.
6 Cuando juega fuera veo
   el partido en directo.

♣ Corrige las frases falsas.

6 ¿Hago, practico o juego?

Trabaja con tu pareja.

 A   ¡Fútbol!   **B**

Juego al fútbol ... ¡Footing!

Hago footing.

¡Importante!
juego **al**, **a la**
practico **el**, **la**
hago

 **2.1** **En el polideportivo** 📼 ✏️   **2** **Práctica: lengua** 📖 ✏️

2.2 **¿Qué tipo de deportes prefieres?** 💬

7 Entrevista con Fabiano

◆ Radio Capital ha entrevistado a la estrella de rugby, Fabiano Salinas. Para cada párrafo, busca la foto correcta. Sobra una foto.

1 Claro que soy muy, muy deportista. Soy aficionado a todos los deportes - menos el ping-pong y el billar.

2 Soy hincha del equipo de fútbol de mi hermana. Cuando juega fuera, no puedo ver sus partidos en directo, pero cuando juega en casa, veo todos sus partidos.

3 Los lunes monto a caballo, y los martes juego al tenis.... Los miércoles siempre voy a la piscina y los jueves ando en bici. Los viernes practico el atletismo... y claro que los sábados, juego al rugby. Ah sí, y todas las mañanas hago footing.

4 Me gusta mucho ver los deportes en la tele. Prefiero ver el golf . Algunas veces también veo la natación o el alpinismo.

5 Es difícil. Me chiflan todos los deportes. Me gustan los deportes individuales y acuáticos pero sobre todo prefiero los deportes de equipo.

8 Entrevista personal

◆ Haz una entrevista con tu compañero/a, tu profe o el/la auxiliar de lengua. Utiliza el cuadro y las respuestas de Fabiano como modelo.

Ejemplo ¿Es deportista?   Sí, soy deportista.

¿eres/es deportista?	sí/no (no) soy (muy/nada) deportista	
¿qué tipo de deportes te/le gusta?	prefiero los deportes individuales/de equipo/acuáticos	
¿qué deportes practica(s)?	me gusta hacer (atletismo) me chifla jugar al (hockey) odio (correr)	hago (windsurf) juego al (fútbol) corro
¿eres/es aficionado/a a algún deporte?	soy aficionado/a al (atletismo)	
¿qué deportes te/le gusta ver?	me gusta ver (el golf) en la tele/en directo	
¿eres/es hincha de algún equipo?	soy hincha del (Manchester United)	
¿qué hace(s) por tu/su equipo?	voy a sus partidos/veo sus partidos en la tele cuando juega fuera/en casa	

9 ¿Eres aficionado?

◆ ¿Eres aficionado a algún deporte o hincha de algún equipo? Utiliza el cuadro y la actividad 7 como modelos. Prepara algunas frases.

Ejemplo

Soy deportista. Soy aficionada al tenis y al golf...

10 Una carta

♣ Lee la carta que Belén escribe a Miguel Ángel, su corresponsal guatemalteco. Empareja las preguntas **1–6** con las respuestas **a–f**. *Ejemplo* **1e**.

Querido Miguel Ángel,
Hola. ¿Qué tal la ciudad de Guatemala? ¿Y qué tal el instituto?

Como sabes, soy muy deportista y soy miembro de un equipo de rugby femenino. Jugamos muchos partidos. Normalmente entrenamos tres veces a la semana. Nadamos y practicamos ciclismo. ¿Y tú?, ¿eres miembro de algún equipo? ¿Cuántas veces a la semana entrenáis?

También soy socia de un club de tenis. Nos reunimos todos los sábados por la tarde. Aprendemos muchas cosas. La semana pasada ganamos la copa de plata. ¿Y tú? ¿Eres socio de algún club? ¿Qué hacéis? ¿Habéis ganado algún trofeo? ¿Cuántas veces a la semana os reunís?

Escríbeme pronto.
Belén

Madrid
Viernes

1 ¿Eres miembro de un equipo?
2 ¿Eres socio de algún club?
3 ¿Cuántas veces a la semana os reunís?
4 ¿Cuántas veces a la semana entrenáis?
5 ¿Qué hacéis?
6 ¿Habéis ganado algún trofeo?

a Todos los sábados, por la tarde.
b Este año ganamos una copa.
c Sí y cuando nos reunimos aprendemos muchas cosas.
d Practicamos la natación y montamos en bici.
e Sí, porque juego para mi colegio.
f Tres veces, generalmente.

11 La respuesta

♣ Escucha a Miguel Ángel. ¿Cómo contesta a las preguntas de la actividad 10?
a Apunta sus respuestas. *Ejemplo* Soy miembro de un equipo de ping-pong.
b Utiliza tus notas para escribir la carta de Miguel Ángel.

12 Te toca a ti

♣ Con tu compañero/a túrnate para preguntar y contestar, utilizando las preguntas y el cuadro.

> no, no soy miembro/a de ningún equipo
> sí, soy socio/a de un club de tenis
> nos reunimos todos los (viernes) por la tarde
> entrenamos (dos) veces a la semana
> jugamos al… practicamos el… /la… aprendemos a… hacemos…
> la semana pasada/este año/hace (dos) años gané/ganamos la copa/el trofeo de …

13 ¿Y tú?

♣ Utiliza las preguntas de la actividad 10 y el cuadro siguiente para escribir una carta a un amigo/una amiga.

2B OBJETIVO
¿Qué te gusta hacer?

Hola, Raúl. ¿Tienes una carta? ¿Me das el sello? Me gusta mucho coleccionar sellos.

Pues… el fin de semana me gusta guisar.

Y… en invierno, cuando hace mal tiempo, me chifla jugar con videojuegos o ver vídeos de películas antiguas. O jugar a los naipes con mi familia.

¿Guisar? Mmm. ¿Qué cocinas?

Me interesa mucho cocinar platos ingleses.

¿Qué otras cosas te gustan hacer en tus ratos libres?

¡Qué raro!

¿A los naipes? Yo no sé jugar a las cartas, pero me gusta jugar al ajedrez.

También me gusta escuchar música – tengo muchos CDs. Y en verano me chifla ir a conciertos.

No toco ningún instrumento musical, pero en verano, cuando hace buen tiempo, me interesa pintar.

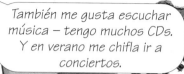

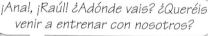

¿Pintar? ¿Al óleo o a la acuarela?

¿Qué instrumento prefieres?

A la acuarela. Odio pintar al óleo.

El piano. Me chifla tocar el piano y el teclado también. ¿Y tú?

¡Ana!, ¡Raúl! ¿Adónde vais? ¿Queréis venir a entrenar con nosotros?

Eh… No gracias.

¿Quieres ir a un concierto conmigo?

¿Quieres ir al museo de arte conmigo?

Vamos al museo de arte.

Vamos a un concierto.

¡Oh!

1 Los pasatiempos

Escucha y lee.

◆ **a** Haz una lista de los pasatiempos. *Ejemplo* coleccionar sellos.

♣ **b** Haz **a**. Apunta también si le gusta a Ana o a Raúl.

Ejemplo

	Ana	Raúl
coleccionar sellos	✔	

2 Juego de memoria

Mira la lista de la actividad 1 y la pagina 9. Trabaja con tu compañero/a.
Hay que cerrar los libros.

 Me gusta coleccionar sellos...   *Me gusta coleccionar sellos y escuchar la radio...*

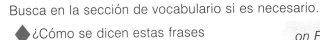

REPASO 3 **Unas frases útiles**

D Busca en la sección de vocabulario si es necesario.

◆ ¿Cómo se dicen estas frases en español?

♣ ¿Qué más? ¿Te acuerdas de otras frases?   *Ejemplo* en primavera.

on Fridays	*on Sunday mornings*
on Saturday afternoons	*on Monday nights*
at the weekend	*in summer*
in winter	*in good weather*
in bad weather	

4 ¿Qué haces y cuándo lo haces?

◆ Escucha a las personas **1–5** en el club juvenil. ¿Qué pasatiempos tienen? Apunta una letra para cada persona.   *Ejemplo* **1 – e**.

♣ Escucha otra vez. ¿Cuándo lo hacen?   *Ejemplo* **1 – e**, el fin de semana.

a   Construyo maquetas de coches.
b   Juego al ajedrez.
c   Escucho CDs.

d   Colecciono llaveros.
e   Cocino platos típicos.
f   Pinto al óleo.

¿Es un verbo?... ¿Termina en	practic **ar** ?	¡Es un infinitivo!
	corr **er** ?	
	escrib **ir** ?	

odio to**car** el piano
me gusta corr**er**
me chifla escrib**ir** cartas

*me interesa, odio y detesto,
me gusta, me chifla, y prefiero
¡siempre llevan el infinitivo!*

5 ¿Qué te gusta hacer?

◆ Túrnate con tu compañero/a.

¿Qué te interesa hacer en tus ratos libres?

Me chifla construir maquetas de aviones.

¿Qué otras cosas te gustan hacer?

♣ Añade cuando prefieres hacerlo.   *Prefiero ir a conciertos en verano.*

6 El correo de Ana

◆ Ana escribe a su corresponsal guatemalteca por correo electrónico. Rellena los huecos, utilizando algunos de los verbos del cuadro.

Ejemplo **1** hacer.

salir	ir
salgo	ver
hago	coleccionar
toco	cocino
hacer	tocar
escuchar	pintar
pinto	colecciono
veo	corro
voy	cocinar
escucho	correr

¡Hola Rosario!

¿Qué tal? Esta vez te escribo por correo electrónico. ¿Qué te gusta ...(1)... en tu tiempo libre? A mí me gusta ...(2)... sellos – me chiflan los sellos guatemaltecos. En primavera y verano doy paseos y ...(3)... a la acuarela. No ...(4)... ningún instrumento musical pero me chifla ...(5)... la música. ...(6)... a muchos conciertos.

En fin de semana ...(7)... muchos platos diferentes. En invierno odio ...(8)... fuera con mis amigas pero juego mucho a las cartas: cuando no hace buen tiempo prefiero ...(9)... vídeos – es muy relajado.

¿Y tú? Me dices que corres en carreras. ¿A tu amigo Miguel Ángel le gusta también ...(10)...? ¿Qué otras cosas haces en tus ratos libres? ¿Me escribes por correo electrónico también?

Ana

7 El cuadro de verbos

◆ Copia y completa el cuadro.

	tocar	corr- ?	escribir
yo	toc- ?	corro	escrib- ?
tú	toc- ?	corr- ?	escrib- ?
él, ella, ud	toca	corr- ?	escribe

GRAMÁTICA ▶▶ 33

8 En mis ratos libres

◆ ¿Qué te gusta hacer en tus ratos libres? Utiliza la carta de Ana y el cuadro. Prepara un párrafo sobre lo que te gusta y no te gusta hacer. Añade cuando lo haces (ver la actividad 3) y por qué (ver la página 9).

Ejemplo

En mis ratos libres me gusta guisar porque es relajado.

¿Qué (otras cosas) te gusta(n) hacer en tu tiempo libre/en tus ratos libres?		
me gusta	coleccionar (sellos)	jugar a las cartas/los naipes
me interesa	construir maquetas	jugar al ajedrez/con los videojuegos
me chifla	escuchar (discos compactos)	pintar (al óleo/ a la acuarela)
odio	guisar/cocinar	tocar (el piano/el teclado)
detesto	ir a conciertos	ver (la tele/vídeos)
prefiero	dar una vuelta en pandilla	escribir cartas por correo electrónico
no me gusta hacer nada		

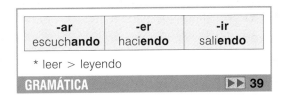

Entrevista con Alfonso Sabio

BEGOÑA: ¡Hola Alfonso! ¿Cuánto tiempo llevas jugando al ajedrez?

ALFONSO: ¡Hola! Llevo diez años jugando. Lo encuentro fascinante.

BEGOÑA: Fascinante... muy bien... Y tocas el piano en una orquesta, ¿no?

ALFONSO: Sí, es verdad. Llevo doce años tocando el piano...

BEGOÑA: ¡Doce años! Bueno... ¿cómo te entretienes entonces?

ALFONSO: Todos los días me entretengo haciendo dos horas de footing.

BEGOÑA: Eh... sí... me imagino. ¿Cómo te relajas?

ALFONSO: No lo paso muy bien saliendo con amigos. Me relajo leyendo poemas o jugando al ajedrez. Lo encuentro apasionante.

BEGOÑA: Apasionante, sí, ¿pero relajado? ¿Cómo te diviertes?

ALFONSO: Pero... ¡me divierto escribiendo esta enciclopedia!

9 El joven prodigio

♣ Alfonso Sabio es un joven prodigio de catorce años. Sabe muchas cosas. Begoña Bravo le ha entrevistado. Lee la entrevista con Alfonso Sabio. Contesta *Verdadero* (V), *Falso* (F), o *No se sabe* (?). *Ejemplo* **1** V.

-ar	-er	-ir
escuch**ando**	hac**iendo**	sal**iendo**

* leer > leyendo

GRAMÁTICA ▶▶ 39

1 Alfonso lleva más de ocho años tocando el piano.

2 Según Alfonso, jugar al ajedrez es aburrido.

3 Alfonso se divierte escuchando CDs de ópera.

4 Alfonso lo pasa bomba saliendo con amigos.

5 Parece que Alfonso lleva doce años escribiendo una enciclopedia.

6 Para Alfonso, el footing es apasionante. Se entretiene haciéndolo.

10 ¿Cómo te diviertes?

♣ ¿Y tú? Prepara tus respuestas personales.

me divierto	me relajo	jugando al ajedrez	escribiendo poemas
me entretengo	lo paso bien/bomba	haciendo vela	leyendo libros

¿cuánto tiempo llevas...	jugando (al ajedrez)?	llevo	(tres) (años)	jugándolo
	haciendo (vela)?			haciéndolo
	escribiendo (poemas)?			escribiéndolos

¿cómo lo encuentras?	lo encuentro fascinante/apasionante...

11 ¿Cuánto tiempo?

♣ Escucha y apunta qué deportes o pasatiempos practican y cuánto tiempo llevan practicándolos.

2.3 **Esta revista, por favor**   D

Acción: lengua

How to ... • use the present tense (first part)

● ¿Preparados?

a Lee las frases **1–3** y estudia la conversación entre Raúl, Belén y Ana, pág. 10. Rellena los blancos correctamente con las palabras que faltan.

b Ahora copia el cuadro y escribe las tres palabras de la actividad **a** en el lugar correcto.

c Pon el verbo *en cursivo* en la forma *yo* para completar las respuestas. Si tienes dificultad, mira el cuadro en la actividad 7 de la Unidad 2B, pág. 24.

> No ...**1**... español.
>
> ¡Sí, ...**2**... español! Pero mi madre ...**3**... inglesa.

ser – *to be*	
yo	
tú	
él, ella, usted	

¿Te gusta *escuchar* la radio?   Mucho. ...(**1**)... la radio cada mañana.
¿Es verdad que te gusta *correr*?   Sí, ...(**2**)... con un grupo el fin de semana.
¿Te gusta *salir* con tus amigos?   Sí, ...(**3**)... el sábado por la noche.
¿Te interesa *hacer* jogging?   No mucho. ...(**4**)... jogging en mi colegio.
¿Te gusta *ver* la tele?   ¡Me encanta! La ...(**5**)... dos o tres horas al día.
¿Adónde te gusta *ir* con tus amigos?   Normalmente ...(**6**)... al cine o a la bolera.

● ¿Listos?

Lee las secciones de Gramática 34–36.

● ¡Ya!

d ◆ Reemplaza cada número con la palabra correcta del cuadro.   *Ejemplo* **1** eres.

¿Y tú? ¿ ...(**1**)... deportista? Yo no ...(**2**)... muchos deportes: ...(**3**)... windsurf en verano. Pero ...(**4**)... hincha del club de fútbol, Real Madrid. En invierno ...(**5**)... sus partidos en la tele, y a veces mi amigo Jaime y yo ...(**6**)... al estadio. Jaime ...(**7**)... el piano, y ...(**8**)... al óleo también.

soy	veo	toca	practico
vamos	pinta	eres	hago

e ◆ Escribe lo que haces. Utiliza estas expresiones.   *Ejemplo* soy deportista...

ser deportista	ir de paseo en bici
hacer footing	dar una vuelta por ahí
practicar la vela	salir con amigos

♣ Copia el artículo y cambia los verbos. *Ejemplo* Nosotros los adultos españoles no *somos*...

Nosotros los adultos españoles no *(ser)* nada deportistas. El domingo *(conducir)* el coche al campo, pero no *(hacer)* ningún deporte: los hombres *(leer)* el periódico, y las mujeres *(charlar)*. En casa el padre *(poner)* la tele y *(ver)* un partido de fútbol, y la madre *(guisar)* en la cocina con las hijas. ¡La verdad es que la gente española no *(ser)* muy energética!

♣ Escribe un párrafo. Explica:

- lo que tú haces en tu tiempo libre
- lo que tu mejor amigo/a hace
- lo que hacen tus padres

Ejemplo Yo no soy muy deportista, pero...

Comunicaciones
Así somos

3-4 ¿Te acuerdas?

1 Los colores

Trabaja con tu compañero/a: ¿cuántos colores podéis decir en un minuto?

2 ¿Puedo...?

Belén tiene calor pero Raúl tiene frío.
Prepara cuatro frases para cada persona.
Ejemplo

¿Puedo abrir la ventana?

¿Puedo ponerme la chaqueta?

¿Puedo...	abrir	la puerta?
	cerrar	la ventana?
	ponerme	la chaqueta?
	quitarme	la corbata?
		el jersey?

3 Otros problemas

Empareja la frase con el dibujo.   *Ejemplo* **1 – d**.

1 No he terminado.
2 ¡No entiendo!
3 ¿Puedo ir a la enfermería?
4 ¿Puedo trabajar en el ordenador?
5 ¿Puedo ir a los servicios?

6 ¿Puedo ir a mi clase de teclado?
7 ¡No lo sé!
8 ¿Puedo trabajar con mi amiga?
9 ¿Se hace en el cuaderno, por delante?
10 ¿Se hace en limpio en una hoja?

a en lo que se refiere a perdurabilidad. Además, es fácilmente transportable y almacenable, con la peculiaridad de que su capacidad de almacenamiento

b

c

d
1. Tengo dos lápices
2. No tengo bolígrafo
3. Ten

e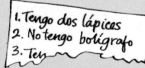

f

g

h ¿Cuántas palabras hay en la lengua española?

i Deberes

j

4 ¿Cómo eres y cómo estás?

a ¿Cuáles de estas palabras se refieren al **carácter** (permanente) de una persona, y cuáles al **humor** (temporal)? Escribe C o H.   *Ejemplo* tímido – C.

b Utiliza unas palabras de la lista para...
– describir a tu mejor amigo/a
– explicar qué tal estás:
  i hoy   **ii** el viernes por la noche   **iii** cuando tienes un examen   **iv** cuando tienes muchos deberes.

¡Cuidado con las formas femeninas! (Gramática 13)

c Copia y rellena el cuadro correctmente con las frases **1–5**.

1 para indicar *el carácter*
2 para indicar *el humor*
3 para decir *donde*
4 para indicar *color*
5 para indicar *las relaciones*

ser – to be	estar – to be

tímido/a
antipático/a
contento/a
pesimista
harto/a
simpático/a
deprimido/a
callado/a
furioso/a
gracioso/a
extrovertido/a
decepcionado/a
trabajador/a
optimista
perezoso/a
estresado/a
preocupado/a
hablador/a
ilusionado/a

5 Los animales

◆ Haz dos listas; una de los animales que te gustaría tener, y otra de los animales que no te gustaría tener.

Me gustaría tener...
un caballo

No me gustaría tener...
un ratón

♣ ¿Cuáles son las ventajas y desventajas de tener un animal? Escribe los números de las frases en el lugar apropiado.
Ejemplo ▬ 1

¿Un animal en casa: buena idea o mala?

1 son caros
2 son sociables
3 son sucios
4 son peligrosos
5 son muy inteligentes
6 son cariñosos con los bebés
7 son portadores de microbios
8 pueden atacar a los bebés
9 pueden ayudar a los ancianos
10 pueden disminuir el estrés y la depresión
11 pueden hacer compañía a las personas solitarias
12 necesitan a alguien para cuidarlos en las vacaciones
13 necesitan comida especial

6 El test de la familia

◆ Rellena los blancos con los nombres de los miembros de familia.

El padre de tu madre es tu ...(**1**)...
El hijo de tu madre es tu ...(**2**)...
La hija de tus tíos es tu ...(**3**)...
El hermano de tu padre es tu ...(**4**)...
La esposa de tu padre es tu ...(**5**)...
Tú y tus hermanos sois los ...(**6**)... de tus padres.

♣ Utiliza el diccionario: ¿cómo se dicen en inglés ...?

hermanastro/a
padrastro
madrastra
gemelo/a
suegro/a

sobrino/a
cuñado/a
bisabuelo/a
nieto/a

3A OBJETIVO
¿Es correcto?

Durante el curso, todo el mundo tiene muchos deberes.

Ay, Ana, ¡tenemos muchos deberes!

Sí, y no entiendo muy bien algunas cosas. ¿Me puedes explicar esta actividad?

Sí, podemos hacerla ahora.

¿Qué significa "can you spell these words"?

Significa "¿puedes deletrear estas palabras?".

No veo bien… ¿cómo se escribe?

¡Uf! Se escribe T - O…

¿Puedes repetir… y hablar más despacio?

¡Uf! T - O E - X - P - L - A - I - N.

¿Me puedes ayudar, Belén? ¿Cómo se dice "explicar" en inglés?

¡Es fácil! ¡Mira!

Y ¿cómo se pronuncia?

"Toe espline".

¿Es correcto, Raúl?

No, Iñaki. Se pronuncia "to explain".

1 ¿Es correcto?

¡Uf! ¡Todo el mundo me pide ayuda! ¡No puedo estudiar aquí! ¡Me voy!

a ◆ Contesta verdad (V) o mentira (M).   *Ejemplo* 1 M.

1 Ana y Raúl no tienen muchos deberes.
2 Ana no entiende muy bien.
3 Raúl y Ana pueden hacer la actividad.
4 "¿Puedes deletrear estas palabras?" significa "Can you spell these words?"
5 Iñaki no le pide ayuda a Belén.
6 En inglés, "explicar" se dice "to explain".
7 Finalmente Belén no se va.
8 Belén puede estudiar aquí.

b ♣ Corrige las frases que son mentira.

2 ¿Quién habla?

Mira la actividad 1. ¿Quién dice las frases *1–8*?   *Ejemplo* *1* Iñaki.

1 ¿Cómo se pronuncia?
2 ¿Puedes hablar más despacio?
3 ¿Es correcto?
4 ¿Cómo se escribe?
5 ¿Puedes repetir?
6 ¿Qué significa?
7 ¿Cómo se dice?
8 ¿Me puedes explicar?

3 ¿Cómo...?

Escucha las conversaciones **a–f** en el curso. Para cada respuesta, elige la pregunta apropiada **1–8** de la actividad 2.   *Ejemplo* **a 2**.

4 ¿Me lo puedes deletrear?

Trabaja con tu compañero/a. Busca en el libro de texto. En secreto, prepara una lista de cinco palabras o nombres.

 A

*¿Me puedes deletrear **Iñaki**?*

... Sí, es correcto.

B - E - L - É con acento - N

I - Ñ - A - K - I

 B

*¿Cómo se escribe **Belén**?*

5 ¿Cómo se dice en español?

◆ Lee la táctica y copia el cuadro. Utiliza el diccionario para completar el cuadro.

Cuando utilizas el diccionario...

~ significa una repetición

question 1 pregunta *f*; ....
~ *mark* punto *m* de interrogación

,	*comma*	una coma
.	*full stop*	
¡!	*exclamation mark(s)*	
¿?	*question (mark(s))*	
"..."	*inverted commas*	
A B	*capital letters*	
(...)	*brackets*	

♣ ¿Cómo se dicen estos signos de puntuación en inglés y en español?

:   ;   –

3.1   **Se me ha olvidado**

Por favor, ¿me puedes…(1)… ?

¡No, no! no lo …(2)… deletrear.

No puedo decir esta …(3)…

No sé cómo se …(4)…

¿Cómo se dice en …(5)… ?

¿Me puedes repetir otra …(6)… ?

¿Puedes hablar más …(7)… ?

¿Puedes repetir? ¡…(8)… puedo escribirlo!

Y esta frase, ¿qué …(9)… ? ¿De quién es la pluma? …

¡Es …(10)… !

Este apellido, ¿es …(11)… ?

¿De quién es? Ah sí, ¡…(12)… mío!

6 El poema ¿Me puedes ayudar?

◆ **a** Kiko ayuda al Papá Noel a leer las cartas de Navidad. Rellena los huecos con la palabra apropiada.
Ejemplo Por favor, ¿me puedes **ayudar**?

significa	despacio	no
pronuncia	vez	inglés
correcto	puedo	palabra
mía	ayudar	es

◆ **b** Ahora escucha la cinta. Si tienes razón, ¡has escrito un poema!

3.2 **¿Mío, tuyo, suyo?**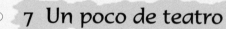

7 Un poco de teatro

◆ Haz el diálogo con tu compañero/a.

8 Te toca a ti

◆ Prepara otro diálogo. Utiliza 5-7 frases

¿Puede(s) hablar más despacio/repetir otra vez?		
¿me puede(s)	escribir deletrear decir explicar ayudar	lo/la? (esta actividad)? (la frase)? (esta palabra)?
¿Qué significa ¿Cómo se pronuncia? ¿Cómo se dice en español/inglés?		(este párrafo)? (la palabra)?
¿es correcto?		(no) es correcto

9 Trabajando en grupo

a Lee la discusión entre los cuatro amigos. Utiliza la sección de vocabulario, si es necesario.

ALICIA:	Bueno, actividades 2 a 6. ¿Cuál hacemos primero?
BERNARDO:	Primero, ¿por qué no hacemos la actividad dos? Escuchamos la cinta y contestamos a las preguntas 1-6.
DAVID:	No, no quiero. Yo prefiero leer el artículo de la actividad 4 y escribir las respuestas.
ALICIA:	Yo voy a aprender el vocabulario primero, y luego quiero mirar la sección de gramática número diez. ¿Y tú, Carla?
CARLA:	No sé... Yo no quiero escuchar y tampoco quiero escribir. ¿Por qué no preparamos la presentación oral?
DAVID:	Ahora no. Yo necesito repasar mis apuntes primero.
BERNARDO:	¡Qué difícil es! Tenemos que hacer algo, ¡y no simplemente discutir! ¿Por qué no trabajamos individualmente? ¡Parece la única solución!

b Escucha la discusíon en la cinta. Apunta las diferencias.
Ejemplo Alicia: actividades 3 a 6.

10 Preparándose

a Con tu compañero/a, estudia el cuadro siguiente. ¿Cuántas expresiones puedes inventar? Haz una lista. *Ejemplo* Quiero escuchar la cinta.

tenemos que	contestar a	trabajar	la actividad número (2), los apuntes
(yo) quiero	escuchar	aprender	el artículo, la cinta, la cassette, el diálogo,
(yo) prefiero	mirar	hacer	en un grupo, la hoja de conversación,
(yo) voy	practicar	leer	la hoja de actividades, la sección de grámatica,
	preparar	corregir	las preguntas, una presentación oral (sobre)
	repasar	escribir	las respuestas, el vídeo, el vocabulario

b Para negociar, hay que sugerir cosas. Túrnate con tu compañero/a a hacer unas frases útiles:

let's ...		escuchamos	(-ar)
why don't we ...	por qué no...	leemos	(-er)
		escribimos	(-ir)

GRAMÁTICA ▶▶ **35**

A ¿Cómo se dice en español "Let's listen to the tape?"

Escuchemos la cinta. ¿Cómo se dice en español "Why don't we correct the answers?"?

B

¿Por qué no corregimos las respuestas?

¡Desde aquí en adelante, hay que negociar con tu compañero/a o grupo en español!

3B OBJETIVO
¿Puedo dejar un recado?

Como parte de su cursillo, los participantes practican cómo hacer llamadas telefónicas.

> Hotel Estupendo. ¡Dígame!

> ¡Oiga! ¿Puedo hablar con la señora Yepes, por favor?

> Lo siento, no está.

> ¿Puedo dejar un recado?

> Sí. Un momento... ¿de parte de quién?

> Soy Iñaki Aróstegui.

> ¿Cuál es su número de teléfono?

> Es el 430 75 23 40. ¿Puede decirle a la señora Yepes si me puede volver a llamar?

> Claro. ¿Esta tarde, a las cinco?

> Sí, muy bien.

> Vale, gracias.

> Gracias, adiós.

> ¡Perfecto! ¿Tomamos un café?

> ¿Quieres telefonear?

> Está aquí.

> Sí. ¿Cuál es el número del Hotel Caballo Rojo?

> Gracias. ¿Cuál es el prefijo para Torremolinos?

> Es el 95... Un momento...

> ¡Diga!

> Buenos días. ¿Hablo con la recepcionista?

> Sí, soy yo.

> ¿Está la señora Gómez? ... Quiero hablar con la señora Gómez.

> Gómez... ¿Gómez?

> ¿No es el Hotel Caballo de Torremolinos?

> No. Se ha equivocado de número. Aquí es el polideportivo de Guatemala.

> ¡Guatemala! ¡Ay, perdón! Adiós... ¡Qué mujer tan estúpida!

> Sí, Belén. ¡Qué estúpida!

> ¿Cuánto cuesta llamar a Guatemala, Pablo?

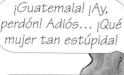

> No sé, pero cuesta mucho.

> ¡Qué lástima!

1 ¿Cuál es el número?

a Empareja las preguntas o frases **1-7** con las respuestas **a–g**.   *Ejemplo* **1–c**.

1 ¿Cuál es el número de teléfono (del hotel ...)?	**a** Muy bien, gracias. Adiós.
2 ¿Cuál es el prefijo para (Torremolinos)?	**b** Claro.
3 ¿Hablo con (la recepcionista)?	**c** Es el 430 75 23 40.
4 ¿Puedo hablar con (el señor García)?	**d** A la una... vale. ¿Cuál es su número?
5 ¿Puedo dejar un recado?	**e** Es el 95.
6 ¿Me puede volver a llamar (a la una)?	**f** Lo siento, no está.
7 Adiós.	**g** Sí, soy yo.

b Practica la conversación con tu compañero/a, y adapta las respuestas.

2 ¿Qué significa?

Empareja y copia las frases que significan la misma cosa.   *Ejemplo* **1–c**.

1 ¡Diga!	**a** ¿De parte de quién?
2 ¿Quién habla?	**b** Quiero llamar por teléfono.
3 ¿Cuál es el número?	**c** ¡Dígame!
4 Quiero telefonear.	**d** ¿Raúl está?
5 Puedo hablar con Raúl?	**e** ¿Me puede dar el número?

3 ¡Diga!

◆ Haz las conversaciones de la actividad 1 con tu pareja.

Hotel Estupendo, ¡Dígame!   *Buenos días. ¿Puedo hablar con... ?*

♣ Utiliza las actividades 1 y 2 para adaptar las conversaciones.

Centro polideportivo. ¡Diga!   *Buenas tardes. Quiero hablar con...*

3.3 **¡Dígame!**

3.4 **¿Puedo dejar un recado?**

4 En la oficina

◆ Hoy Belén es telefonista, pero... ¿qué debe decir? Utiliza el cuadro de abajo para completar los globos de Belén y mira los símbolos en **OHT3** . *Ejemplo* **1** ¡Un momento!

¡Dígame!

1 ¿Está Pablo?

3 ¿Está la señora Vásquez, por favor?

¡Un ....!

.... no ....
¿ ? ¿Quiere ....?

2 Quiero hablar con Ana o Belén, por favor.

¿Me puede llamar a las tres?

.........Belén.
¿ ? ¿Quién ....?

4 ¿Puedo hablar con el señor Darío, por favor?

Soy Iñaki.

Se ....
....

Lo siento, adiós.

5 Te toca a ti

◆ **a** Escribe los cuatro diálogos completos y dilos con tu compañero/a.

◆ **b** Utiliza el diálogo y el cuadro para hacer otros diálogos.

¡diga! / ¡dígame!	¡oiga!
¿puedo / quiero / ¿quiere(s)	telefonear, llamar, hablar (con ...), dejar un recado?
¿(El señor García) me puede ...	volver a llamar?
¿cuál es	el/su número de teléfono, el prefijo (para ...)?
¿de parte de quién?/¿quién es?	soy ...
¿está (Carlos), por favor? ¿hablo con ...?	sí, soy yo, un momento, no está
se ha equivocado	perdón, lo siento
¿cuánto cuesta llamar a (Francia)?	cuesta ... pesetas, no cuesta mucho

Práctica: lengua

¿Me puede mandar un plano, por favor? Me puede contactar por fax o por correo electrónico.

¿Qué hago para mandar algo por fax?

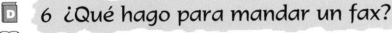

1 Introduzca… **2** Descuelgue… **3** Marque… **4** Pulse… ¡Ya está!

6 ¿Qué hago para mandar un fax?

♣ Completa los órdenes anteriores **1**–**4** con las palabras apropiadas **a**–**f**. *Ejemplo* **1**–**b**.

a el número	**b** el papel	**c** el botón
d la moneda	**e** la tarjeta telefónica	**f** el prefijo

7 Para llamar al extranjero

♣ Escucha y apunta las instrucciones para telefonear al extranjero. Utiliza las palabras del cuadro de arriba.

8 Por correo electrónico

♣ Pon las instrucciones **a**–**g** en el orden correcto.

a Apunta el número del destinario.
b Pon el ordenador.
c Escribe la carta.
d Busca el programa de correo. (the e-mail programme)
e Manda la carta.
f Apaga el ordenador.
g Sal del programa.

¿Qué hago para…? ¿Me puede…?	llamar		al extranjero
	mandar	algo una carta un fax un plano un recado	por fax por correo electrónico por teléfono
	contactar		

4A OBJETIVO
Hablando de tu familia

¿Estás casado, Iñaki?

No, soy soltero. No tengo hermanos y mis padres están muertos. ¿Y tú? ¿Cuántas personas hay en tu familia?

Somos tres.

¿Quiénes son?

Mi hija, Yessica, que tiene dieciséis años, mi marido, Daniel, y yo.

¿En qué trabaja tu marido?

Trabaja en un garaje. Es mecánico. Pero estoy separada de él.

Ah. Y tu hija - ¿cómo es?

Extrovertida, perezosa, … ¡y no es muy cortés! ¡Es terrible!

Y tú, ¿cómo eres? ¿Igual?

No, ¡pero soy impaciente! Sobre todo con ella.

Uh oh, aquí viene otra persona impaciente...

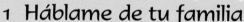

1 Háblame de tu familia

◆ ¿A quién se refiere cada una de las frases **a–g**: a Consuelo, a Iñaki, a Daniel o a Yessica?
Ejemplo **a** Consuelo.

a Estoy casada.
b Estoy separada.
c Soy soltero.
d Soy impaciente.
e Es perezosa.
f Es mecánico.
g Mis padres están muertos.

♣ Lee las frases **a–f**: ¿cada frase es *verdad*, *mentira* o *no se sabe*? *Ejemplo* **a** verdad.

a Consuelo tiene una hija.
b Iñaki es hijo único.
c Iñaki está divorciado.

d Los padres de Consuelo están muertos.
e Yessica no trabaja mucho.
f Daniel trabaja en Madrid.

2 El estado civil

◆ La secretaria introduce en el ordenador los detalles del personal del hotel. Escucha y apunta el estado civil de cada una de las personas **1**–**6**. *Ejemplo* **1** soltera.

♣ Apunta también otros detalles de sus familias. *Ejemplo* **1** soltera, vive con su hermana.

4.1 **Los empleos**

4.2 **¿Cuántas personas ...?**

3 ¿Cómo es tu carácter?

Hay un artículo en la revista de Consuelo sobre los nombres y la personalidad.

a Lee el artículo, y busca las palabras que no conoces en el diccionario.

b ¿Qué cualidades están en las letras de tu nombre y en los nombres de tus compañeros? ¿Son verdad o mentira? Túrnate con un/a amigo/a:

Sarah: S - habladora   Verdad

A - paciente   ¡Mentira!

> **La numerología**
>
> *¿Qué hay realmente en un nombre? Los numerólogos creen que las cualidades de una persona están ocultas en las letras de su nombre. Aquí damos la interpretación.*
>
> | | | | |
> |---|---|---|---|
> | A | paciente | N | cortés |
> | B | amable | O | impaciente |
> | C | gracioso/a | P | honrado/a |
> | D | atrevido/a | Q | tonto/a |
> | E | formal | R | ambicioso/a |
> | F | sensible | S | hablador/a |
> | G | alegre | T | inteligente |
> | H | travieso/a | U | agresivo/a |
> | I | goloso/a | V | nervioso/a |
> | J | sincero/a | W | maleducado/a |
> | K | callado/a | X | sencillo/a |
> | L | generoso/a | Y | cobarde |
> | M | valiente | Z | torpe |

4 ¿En qué trabaja ...?

Escucha la conversación entre la directora y el gerente del personal.

◆ Apunta en qué trabaja cada persona.
Ejemplo Ana – recepcionista.

♣ Apunta también las cualidades necesarias.
Ejemplo Ana, recepcionista: cortés... + ?

Nombre	*Trabajo*
Ana	*recepcionista*
Iñaki	
Pablo	
Raúl	
Consuelo	
Belén	

5 ¿Y tú?

Prepara tus respuestas personales a estas preguntas. Túrnate con tu compañero/a para preguntar y contestar. Utiliza el cuadro clave de la página 40, para ayudar.

- ¿Cuántas personas hay en tu familia? ¿Quiénes son?
- ¿En qué trabaja tu (padre)? ¿Y tu (madre)?
- ¿Cómo es tu carácter? Descríbeme tu (hermano): ¿cómo es su carácter?

6 La familia de Rosario

◆ **a** Lee el artículo y la Táctica de Kiko. En el diccionario, busca el infinitivo de los <u>verbos subrayados</u>. *Ejemplo* **1** trabajan > trabajar: *to work*.

verbo	infinitivo	diccionario
sac**amos**	**-ar**	sac**ar**
hac**éis**	**-er**	hac**er**
viv**en**	¿**-ir** o **-er**?	viv**ir**

Me llamo Rosario y vivo en las afueras de Guatemala cerca del basurero. En mi familia somos seis: mis padres, mis dos hermanos, mi hermana y yo. Mis padres <u>trabajan</u> en el basurero. <u>Buscan</u> cosas de metal, cartón y plástico : todo esto lo <u>venden</u> para reciclar. Normalmente mis padres son muy positivos y optimistas, pero <u>sufren</u> mucho - es muy duro trabajar en el basurero. No hay otro trabajo para los adultos que <u>viven</u> aquí.

Una de mis fotos: una vendedora

Un basurero

Mis hermanos y yo <u>echamos</u> una mano a mis padres en el basurero. No me gusta, porque la contaminación es horrorosa. Pero también somos fotógrafos. <u>Formamos</u> parte de un proyecto: con la ayuda de una periodista americana, <u>sacamos</u> fotos para vender. Con el dinero, <u>proporcionamos</u> zapatos y ropa a la comunidad y <u>pagamos</u> los gastos de educación - lápices y papel. ¿Qué <u>hacéis</u> vosotros? ¿<u>Ayudáis</u> a vuestras familias económicamente?

◆ **b** Completa las frases correctamente. Escoge **A**, **B** o **C**.

		A	**B**	**C**
1	Los padres tienen	tres hijos	cuatro hijos	seis hijos
2	Los padres están	divorciados	separados	casados
3	Rosario es	fotógrafa	periodista	vendedora
4	Sus padres son en general	pesimistas	duros	alegres
5	Con el dinero, compran	artículos de lujo	artículos de primera necesidad	fotos

7 Mi familia

◆ Describe a tu familia: prepara una presentación oral. Haz una versión escrita también.

| 4.3 | ◆ **Una primera carta** | 4.4 | ◆ **La familia Valdés** |

¿cuántas personas hay en tu familia?	somos (cuatro)	
¿quiénes son?	mi (padre, padrastro, madre, madrastra ...)	
	mis padres están divorciados / separados / muertos	
¿en qué trabaja tu (madre)?	trabaja en (un hospital); es (médica) *(H de A, 4.1)*	
¿cómo es tu carácter?	soy	alegre, amable ...
y tu (madre) - ¿cómo es su carácter?	es	ambicioso/a, cortés ... *(p. 39, act. 3)*

¿Amigos o enemigos?

Dos familias nos hablan de las relaciones familiares ...

Natalia (15) y Gloria (37), su madrastra.

Natalia nos comenta: "Mi madre es *mi mejor amiga*. Cuando estoy triste o estresada, *siempre puedo contar con ella*. En general, *me llevo bien con ella*. A veces, mi madre está furiosa conmigo - ¡pero con razón!" Gloria explica: "Natalia *me irrita* a veces, porque *me coge todo*: los discos compactos, las cosas personales, la ropa ... ¡Me *hace subir por las paredes*! Pero en general, es una chica buena." Natalia añade: "Mis padres son súper simpáticos y *me llevo bien con ellos*."

Natalia y Gloria

Felipe (17) e Ikerne (42), su padre

Felipe: "Mi padre es muy alegre y sociable, pero a veces *me vuelve loco*. Para él, los estudios en el instituto son muy importantes. *Me fastidia* cuando pregunta '¿Qué tal las clases hoy? ¿Qué notas tienes?' Y es exactamente igual con mi hermano menor, Paco: el pobrecito sufre mucho". Ikerne dice: "Felipe es simpático pero desordenado y eso *me pone histérico*. Cuando llego a casa por la noche, todo está en desorden. Estoy separado, pero *no me ayuda* mucho. Es verdad que planeo cosas grandes para él - tal vez demasiado grandes. Pero es un chico muy majo y estoy orgulloso de él. *Me entiendo bien con mis hijos*."

Ikerne y Paco

8 Los otros miembros de la familia: ¿amigos o enemigos?

♣ **a** Lee el artículo. Utiliza la sección de vocabulario. Estudia las frases *en cursiva*. ¿Son positivas o negativas? Haz dos listas.

♣ **b** Contesta a las preguntas *1–6* con *Felipe*, *Ikerne* o *Natalia*.

me llevo bien

me irrita

1 ¿A quién le gusta el orden?
2 ¿A quién le afecta el estrés?
3 ¿Quién tiene ambiciones para su hijo/a?

4 ¿Quién es un poco perezoso/a?
5 ¿Quién es extrovertido/a?
6 ¿Quién valora el trabajo escolar?

9 Una familia de verdad y una imaginaria

♣ **a** ¿Y tú? ¿Te llevas bien con tus padres o con tus hermanos? Escribe unas líneas.

♣ **b** Imagina que tú formas parte de una familia donde las relaciones no son siempre positivas. Escribe un artículo para la revista: adapta los reportajes de la actividad 8.

4.5 **Consuelo y su hija** ♣ 🎞

¿Te llevas bien con tus (padres)? / ¿Te entiendes bien con tu (hermano/a)?	
normalmente, en general, a veces	me llevo / me entiendo bien con él, ella, ellos/as
mi (hermano), mi (madre)	me fastidia, me irrita ... *(act. 8)*

OBJETIVO
Tu físico

IÑAKI No veo bien - es difícil imaginar cómo eres. ¿Cómo es tu físico? No eres baja.

CONSUELO No, y no soy alta. Soy de talla media. Y soy un poco gordita.

IÑAKI Gorda, delgada... ¡y qué! La personalidad es más importante. ¿Cómo tienes los ojos?

CONSUELO Tengo los ojos grises.

IÑAKI ¿Llevas gafas?

CONSUELO No, lentillas.

IÑAKI ¿Y cómo tienes el pelo - rubio? ¿O eres pelirroja?

CONSUELO Tengo el pelo castaño, corto, rizado...

YESSICA ¡Hola!

CONSUELO ¡Yessica! ¿Qué haces aquí? ¿Por qué no estás en clase?

YESSICA ¿Éste es Iñaki? ¡Hola! Soy la hija terrible de Consuelo!

1 ¿Cómo...?

◆ ¿Cómo se describe Consuelo? Las frases **1–15** son adecuadas (✔) o no (✗)? *Ejemplo* **1 ✗**.

1 Tengo el pelo largo.	**6** Tengo el pelo liso.	**11** Soy bajo/a.
2 Tengo el pelo corto.	**7** Tengo los ojos azules.	**12** Soy de talla media.
3 Tengo el pelo rubio.	**8** Tengo los ojos grises.	**13** Soy delgado/a.
4 Tengo el pelo castaño.	**9** Soy pelirrojo/a.	**14** Llevo gafas.
5 Tengo el pelo rizado.	**10** Soy alto/a.	**15** Llevo lentillas.

♣ Termina las frases correctamente. Utiliza la sección de vocabulario, si es necesario.

1 Iñaki ... *es ciego / tiene muy poca visión.*

2 Yessica ... *hace novillas / es camarera.*

3 Consuelo está ... *contenta / enfadada.*

4 Yessica es ... *segura de sí misma / tímida.*

2 ¿Cómo es tu físico?

Escucha las descripciones, y dibuja las cinco personas del cursillo.

singular	plural *
-o	-o**s**
-e	-e**s**
- l, -s	-l**es**, -s**es**
- ón	-on**es**

*(color)+ claro/oscuro: no hay plural

3 Adjetivos de color

Haz una lista de los colores de los ojos. Utiliza estos adjetivos y estudia la táctica.   *Ejemplo*   los ojos grises.

gris, verde, castaño, marrón, verde, claro, oscuro

4 Más detalles

Mira las fotos y escucha los fragmentos de conversaciones **1**–**6**. ¿De quién se habla en cada fragmento? Escribe la primera letra de su nombre. *Ejemplo* **1** B.

Paca

Charo

Sr. Quintero

Manolo

Begoña

Rita

5 Túrnate con tu compañero/a

Imagina que eres otro/a estudiante de la clase. **A** pregunta y adivina; **B** contesta.

Describe su carácter también, si quieres.

A

¿Cómo es tu físico?   *Soy bastante alto y delgado.*

B

¿Cómo tienes el pelo?   *Tengo el pelo rizado.*

¿Llevas gafas?   *Sí.*

¡Eres Karl!

| 4.6 | **La clínica veterinaria** | 4.7 | **Descríbeme ...** |

¿Cómo es tu físico?	soy		alto/a, bajo/a, de talla media, delgado/a, gordito/a, fuerte
¿Cómo tienes los ojos?	tengo	los ojos	azules, castaños, grises, marrones, verdes
¿Cómo tienes el pelo?		el pelo	largo/corto, rizado/liso, rubio/moreno, negro, castaño
	soy	pelirrojo/a, calvo	
¿Llevas gafas?	llevo	gafas, lentillas	
Descríbeme tu (...)	es (alto/a ...), tiene (el pelo .../ los ojos ...), lleva (gafas ...)		
¿Tienes animales?	Sí, tengo (un gato, una serpiente); se llama ..., tiene (2) años, es (gris)		

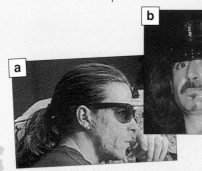

📖 6 Llevo...

◆ ¡Hay muchas formas de llevar el pelo! Empareja las expresiones del cuadro con las fotos de las revistas de pop. Utiliza la sección de vocabulario: sobra una expresión.

una barba
la cabeza pelada
un bigote
el pelo al dos
el pelo en trenza(s)
el pelo en cola de caballo

📖 7 Las apariencias

◆ Lee y haz el test. Pide a tu profe la puntuación y los resultados.

¿Son importantes las apariencias?
Escoge la respuesta más apropiada para ti ...

I *No ves bien. Eliges:*
a) lentillas naturales
b) lentillas de color
c) gafas de moda

2 *Quieres causar buena impresión. Tu novio/a es:*
a) alto/a y súper delgado/a
b) de talla media, normal
c) no importa su físico: no te parece importante

3 *En un chico, prefieres:*
a) el pelo en cola de caballo
b) la cabeza pelada
c) el pelo al dos o al tres

4 *Tu novio/a ideal:*
a) tiene los mismos animales que tú
b) tiene un animal raro
c) no tiene: está en contra de animales enjaulados

5 *En una chica, te gusta más:*
a) el pelo en trenza:
b) el pelo muy largo y rizado: un estilo romántico
c) el pelo corto y liso: formal y elegante

6 *Un hombre mayor no es atractivo si:*
a) es calvo
b) tiene bigote o barba
c) tiene muchas pecas

7 *Lo más importante de otra persona es:*
a) su físico
b) su carácter o personalidad
c) su ropa

8 *Para ser guapo/a por fuera es necesario:*
a) ser feliz por dentro
b) ser natural
c) dedicar mucho tiempo a tu aspecto externo

✏️ 8 Mi media naranja

◆ Escribe un anuncio para ti y para tu "media naranja" (novio/a) ideal.

Soy un chico simpático de dieciséis años. Soy de talla media, tengo los ojos verdes y la cabeza pelada. ¡No dedico mucho tiempo a mí aspecto externo! pero soy gracioso. En mí tiempo libre, toco la merímba.

Quiero conocer a una chica feliz y optimista. Me da igual la religión y la raza – tu carácter es más importante que tu físico (pero si tienes barba, no te pongas en contact). Si tienes un hobby interesante o un animal raro – ¡escríbeme! Prometo contestar. Paolo, c/ Montero 28, 13260, C. Real

La carta de Chema 📖 ✏️

Práctica: lengua ◆, actividad 1

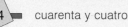

Como soy viudo y vivo solo, mi perro
guardián me protege de intrusos
cuando estoy en casa. (Sr. Colás)

Yo soy casi ciego - para mí,
mi perro-guía es esencial.
Me ayuda en casa y en la
calle, y me protege de
asaltos. (Sr. Sarmiento)

Mis padres no me
permiten tener un animal
en casa. Mi hermano es
alérgico al pelo de los
gatos. Le irrita los
ojos. (Alfonso)

**Vivo en una torre, y las
autoridades no nos permiten
tener un animal en el piso.
(Juancho)**

A nosotros, no nos interesa tener un
animal en casa. Nos molesta el
ruido. ¡Odio el ladrar de un perro a
las doce de la noche. (Guillermo)

Los gatos no son muy
sociables. Pero mi gato
me consuela cuando estoy
deprimida. Y me consuela
si estoy estresada,
porque me tranquiliza.
(Sra. Celaya)

A mi hermano y yo, nos gustan mucho los animales pequeños.
Pero a mi madre, no le gusta el olor de los ratones y
cobayas cuando hace calor. ¡Y a Papá le irrita mucho el
chillar de los ratones! (Verónica)

**Soy alérgica a la piel de los
perros - me pone mala y me
afecta al asma. (Angela)**

9 ¿Tener o no tener animales?

a Lee los comentarios y contesta a las preguntas.
Ejemplo **1** Sr. Colás + ..?..

1 ¿A quiénes les gustan los animales?
2 ¿Quiénes no quieren un animal?
3 ¿Quiénes no pueden tener un animal?
4 ¿A quiénes les afecta físicamente un animal?

(a mí)	?
(a ti)	te
(a él, ella, usted)	?
(a nosotros)	?
(a vosotros)	?
(a ellos/as, ustedes)	?

GRAMÁTICA ▶▶ **29**

b En los comentarios y entrevistas, busca las otras partes
de los pronombres.

c Rellena los blancos con el
pronombre correcto.
Ejemplo **1** le.

d ¿Y tú? Si tienes un animal,
¿por qué te gusta? Si no
tienes, explica por qué.
Escribe unas líneas. Utiliza
los comentarios y el
cuadro de vocabulario.

No tenemos animales. A mi madre, ...(1)... irrita el
ladrar de los perros; y a mis abuelos, que viven con
nosotros, ...(2)... molesta el olor. A mí, ...(3)...
gustaría tener un gato, porque mi mejor amiga tiene
uno - ella dice que su gato ...(4)... tranquiliza cuando
está estresada. Pero vivimos en una torre muy alta, y
mi padre dice que las autoridades no ...(5)... permiten
tener un animal. ¿Y vosotros? ¿Qué animales tenéis o
...(6)... gustaría tener ?

4 **Práctica: lengua,** ♣actividad 2

mis padres, las autoridades no	(me)	permiten tener un animal
mi (perro-guía) (gato)	(nos)	protege / ayuda / consuela / tranquiliza
el olor, el ruido, el ladrar, el chillar (de...)		pone malo/a, molesta/irrita etc. *(pág. 41)*
soy alérgico/a al pelo/ a la piel (de...)		

Acción: lengua

How to … • use stem-changing verbs (present tense, second part)

● ¿Preparados?

a Lee el fragmento de la conversación y completa los blancos con el verbo correcto del cuadro. *Ejemplo* **1** quieres.

quiere	puedes
quiero	puedo
quieres	puede

PABLO: Belén, ¿q.........(1) telefonear?

BELÉN: Sí, q.........(2) telefonear al Hotel Caballo. ¿Me p.........(3) dar el número?

PABLO: Sí. Es el 952/406193. (Belén marca el número.)

BELÉN: ¿El Hotel Caballo? p.........(4) hablar con la señora Gómez, por favor?

RECEP: Lo siento, la señora Gómez no está. ¿Usted q.........(5) dejar un recado?

BELÉN: No, gracias. Es un poco complicado. ¿Me p.........(6) volver a llamar, por favor?

RECEP: Claro. ¿A qué hora?

b Copia el cuadro y escribe los verbos de la actividad **a** en el lugar correcto:

	p**o**der - *to be able to* -**o** /-**u** > -**ue**	qu**e**rer - *to want to* - **e** > -**ie**	p**e**dir - *to ask for* - **e** > -**i**
yo			p**i**do
tú			p**i**des
él, ella, usted			p**i**de

● ¿Listos?

Lee las sección de Gramática 37.

● ¡Ya!

◆ **c** Mila telefonea a Juan. Lee la conversación y elige el verbo correcto.

JUAN   ¿Diga?

MILA   Oye, Juan! Soy Mili. ¿(**Quieres**/Quiero) salir al cine esta tarde a las cinco?

JUAN   Esta tarde no (**puedo**/puede), Mila. Tengo una clase de natación que (empieza/**empiezas**) a las seis.

MILA   ¿A qué hora termina?

JUAN   No sé. Tengo que entrenar mucho, porque (**compito**/compite) con el equipo el sábado en Barcelona.

MILA   ¿Tal vez más tarde, entonces?

JUAN   No (vuelve/**vuelvo**) hasta las nueve.

MILA   Vale, (entiendo/**entiendes**). Adiós …

♣ **d** Lee la carta de Mili a su amiga Yolanda y escribe el verbo en la forma correcta.

Querida Yolanda,

¿Qué tal? Aquí, terrible… ¡Estoy enamorada! pero no sé si él me (querer) o no. No como mucho, no (dormir) bien, y sólo (pensar) en él. Se llama Juan y es muy majo; (jugar) en el equipo de fútbol del insti, y practica la natación también. A veces (merendar) él y yo juntos en el patio con nuestro grupo de amigos, y a veces él me (pedir) ayuda en clase. No (poder) hablar con nadie. Mi madre no (entender) nada del amor, y mi mejor amiga es soplona - (contar) todo a todo el mundo…

La rutina académica
Mi instituto actual e ideal

5-6

5-6 ¿Te acuerdas?

1 Trocitos de papel

◆ Empareja correctamente los fragmentos de papel para encontrar 9 asignaturas.

la tec-   literatura

el fran-   cés

la lengua y   ujo

el ale-   manuales

el espa-   rafía

la geog-   toria

la his-   ñol

el dib-   mán

los trabajos   nología

2 El juego de las definiciones

Lee las definiciones y busca la asignatura correcta para cada una:

1 Es un idioma que se habla en Francia.

2 Se utilizan ordenadores mucho.

3 La aula más práctica para esta asignatura es un laboratorio.

4 Se trata de la religión, relaciones humanas y la filosofía.

5 Muchas actividades físicas forman parte de esta asignatura: el fútbol, la gimnasia...

6 En esta asignatura, hay que cantar o tocar un instrumento.

7 Una calculadora y los números son muy importantes en esta asignatura.

> las ciencias
> las matemáticas
> el francés
> la música
> la ética
> la informática
> el deporte

3 Unas asignaturas diferentes

Empareja cada asignatura con su dibujo: intenta NO utilizar la sección de vocabulario. ¿Cuántas puedes adivinar?

1 DAO: Diseño Asistido por Ordenador
2 el tratamiento de textos
3 estudios empresariales
4 el desarrollo del niño
5 diseño y moda
6 estudios teatrales

4 Telepatía

Túrnate con tu compañero/a. B piensa en una asignatura, pero no lo dice. A adivina. ¿Quién es mejor en adivinar?

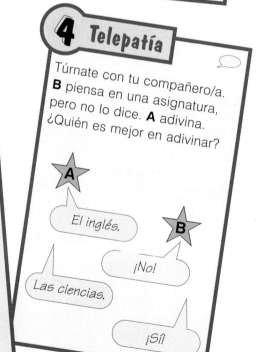

A El inglés.

B ¡No!

Las ciencias.

¡Sí!

5 Mis gustos

Completa cada frase **a–f** con una asignatura: ¡cuidado con los plurales!
Ejemplo Me gusta el inglés. No me gustan las ciencias.

a Me gusta(n)...

b No me gusta(n) nada...

c No está(n) mal...

d Odio...

e No aguanto...

f Me encanta(n) ...

| me gusta | **el** (inglés) | (**la** historia) |
| me gustan | **los** (idiomas) | (**las** ciencias) |

GRAMÁTICA ▶▶ 3,57-58

6 ¿Qué opinan del inglés?

¿Qué opinan estos alumnos de la clase de inglés? ¿Les gusta la clase de inglés o no? Escribe ✔ o ✗. *Ejemplo* A ✔.

A Saco buenas notas.

B Soy muy fuerte en inglés.

C Me aburro mucho en esta clase.

D La clase de inglés es interesante.

E Tengo problemas con la profesora.

F Me divierto en esta clase.

G Saco malas notas en inglés.

H En esta asignatura, soy flojo.

I Me llevo bien con la profesora.

7 Tú y la rutina de todos los días

Lee y haz el test. Después, pide a tu profe la puntuación y la solución.

1 ¿Eres madrugador/a?
a) Me despierto muy temprano.
b) Me levanto a las siete, o a las siete y media.
c) Me quedo en la cama hasta las ocho, y llego tarde al colegio.

2 ¿Te cuidas bien?
a) Me baño o me ducho todos los días.
b) Me lavo la cara y las manos solamente.
c) Me baño y me ducho todos los días.

3 Antes de salir...
a) Me lavo los dientes, me peino y me arreglo: estoy organizado/a.
b) No me lavo los dientes, y no me arreglo porque no tengo tiempo.
c) Me lavo los dientes en casa, pero me arreglo en los vestuarios del colegio.

4 ¿Eres trasnochador/a?
a) No voy a la cama hasta las doce de la noche.
b) Me acuesto entre las diez y las once.
c) Duermo muy poco: cinco o seis horas al máximo.

5 El desayuno...
a) No tomo absolutamente nada.
b) Desayuno bastante bien.
c) Bebo algo, pero no como nada.

6 En el colegio...
a) Me aburro en clase pero lo paso bien con mis compañeros.
b) No me interesan las asignaturas, y odio la gente en mis clases.
c) Me gustan la mayoría de las clases y me divierto con mis amigos.

5A OBJETIVO
El día académico

Consuelo invita a Iñaki a cenar. En el piso, suena el teléfono. Yessica contesta.

¿Diga? ¡Abuelita! ¡Hola!

1 *Estoy en tercero de BUP.*

2 *Hay seis clases por día.*

3 *Las clases duran una hora.*

4 *Tengo dos horas de deberes al día.*

5 *Voy al instituto en autobús.*

6 *Salgo de casa a las ocho.*

7 *Empiezo a las ocho y media.*

8 *Termino a las tres y media.*

9 *Hay asamblea dos veces a la semana.*

10 *Primero, mi tutor pasa lista y hay tutoría el viernes.*

11 *Tengo un recreo de quince minutos a las once menos cuarto.*

12 *La hora de comer es de una a una y media.*

13 *Traigo un bocadillo, y un yogur ...*

14 *Charlo con mis amigos en el patio, o voy a la biblioteca.*

15 *Después de las clases, hay diferentes clubs, pero yo no voy.*

16 *¡Qué asco! ¡Odio el instituto!*

¡Mamá!

1 Hablando del instituto

Observa los números a la derecha. Copia una frase de Yessica para cada número.

Ejemplo **a** Las clases duran una hora (1h).

a 1h	**b** 6	**c** 3.30
d 8.00	**e** 8.30	**f** 15 min.
g 2h	**h** 1.00 -1.30	

2 Las preguntas de la abuela

Empareja las preguntas **a–p** y las respuestas de Yessica *1–16* (actividad 1). *Ejemplo* **a - 1**, **b - 6**.

a ¿En qué curso estás?

b ¿A qué hora sales de casa?

c ¿Cómo vas al instituto?

d ¿A qué hora empiezas?

e ¿Qué haces primero?

f ¿Hay asamblea?

g ¿Cuántas clases hay por día?

h ¿Cuánto tiempo dura cada clase?

i ¿Hay recreos?

j ¿Cuándo es la hora de comer?

k ¿Qué haces en la hora de comer?

l ¿Qué comes?

m ¿A qué hora terminas?

n ¿Tienes muchos deberes?

o Después de las clases, ¿qué haces?

p ¿Te gusta el instituto?

3 La rutina de Iñaki en el hotel

◆ Escucha la conversación entre Yessica e Iñaki.
Pon en orden los dibujos.
Ejemplo **1 d**.

♣ Escribe también un detalle para cada dibujo.
Ejemplo **1 d**: Hora–12.30.

¿Qué?

¿Quiénes?

¿Cuánto tiempo?

¿Hora?

¿Hora?

¿Opinión?

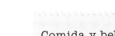 4 ¿Cómo es tu día académico?

Con tu compañero/a, haz tres listas: ¡tienes diez minutos!

Comida y bebida en la hora de comer / durante el recreo	Actividades en la hora de comer / durante el recreo	Clubs en la hora de comer / después de las clases
como una pizza...	**hago los deberes...**	**hay un club de atletismo...**

5 Con tu compañero/a

◆ **A** hace las preguntas **a–p** (actividad 2).
B adapta las respuestas de Yessica.

♣ **A** incluye otras preguntas relacionadas con la rutina. **B** contesta. *(ver p.49, act.7)*

 A

¿En qué curso estás?

Estoy en el primero de GCSE.

 B

 A

¿A qué hora te despiertas?

Me despierto a las siete.

 B

5.1 **Háblame de tu rutina diaria** 🗨

5.2

6 En la cárcel

◆ **a** Lee el relato de Bernabé. Completa el horario con las horas correctas.

7.00	pasar lista
_____	salir de las celdas
_____	primera clase
_____	recreo
_____	fin de las clases
_____	hora de comer
_____	trabajo: talleres o jardín
_____	hora de visita
_____	vuelta a las celdas

◆ **b** ¿Cada frase **1–6** es verdad o mentira?

1 Bernabé va a un instituto normal.
2 Tiene cinco horas de clases al día.
3 Le gusta el deporte.
4 Tiene muchos deberes.
5 Sus padres le visitan todos los días.
6 Tiene tiempo libre por la noche.

◆ **c** Escribe bien estas expresiones: todas están en el relato de Bernabé.

la mañana por	las clases después de
día veces al tres	rato un
noche por la	veces por dos semana
días los todos	la por tarde

Me llamo Bernabé y estoy en un centro de detención de menores. Aquí tenemos clases, igual que un colegio normal, pero la rutina es un poco diferente. Por la mañana, el funcionario pasa lista a las siete – aquí, pasan lista tres veces al día. Salgo de mi celda a las ocho menos cuarto y voy directamente al aula.

Empiezo a las ocho. Hay seis horas de clases al día, y cada clase dura cincuenta minutos. Tengo un recreo de media hora a las diez y media: juego al fútbol en el patio, o charlo con mis compañeros en el aula.

Termino a las doce cuarenta y después de las clases, voy al gimnasio - me gusta el atletismo y hago ejercicio todos los días. La hora de comer es de las dos a las tres, y como en la cantina. Después de comer, voy a mi celda y leo un rato. No tengo deberes todos los días, pero por la tarde estudio porque quiero presentarme a los exámenes de BUP.

A las cuatro, trabajo en los talleres o en el jardín. La hora de visita es de las siete a las ocho - mi familia viene a verme dos veces por semana. Después de la hora de visita, hay dos horas libres. Por la noche, veo la tele en la sala común o juego al billar. Vuelvo a mi celda a las diez. ¡La rutina es muy monótona! ■

7 Te toca a ti

◆ Describe tu día académico. Prepara una presentación oral, y hazla en tu grupo. Haz una versión grabada también. Incluye algunas de las expresiones para decir *cuándo* y *cuántas veces* (actividad 6c).

¡Cuidado!
por la tarde (en general)
a las dos **de** la tarde (hora concreta)

5.3 ◆ **El alumno del nocturno**

salgo de casa (a las ocho)	hay (seis) horas de clase, las clases duran (una hora)
voy al instituto (a pie) (en bici)	tengo un recreo a (las once) de (quince) minutos
primero voy a los vestuarios / al aula	la hora de comer es de (doce) a (una)
empiezo / termino a las (nueve)	charlo con mis amigos en el patio, voy al club de…
mi tutor pasa lista (por la mañana)	tomo (algo) en la cantina / traigo (un bocadillo)
hay asamblea (una vez a la semana)	tengo (dos) horas de deberes por la noche

8 Lourdes habla del año académico

♣ a Lee las frases *1–10*, y **a–j**. Busca las palabras que no conoces en la sección de vocabulario. Escucha y emparéjalas correctamente. *Ejemplo* **1 – c**.

1	El año escolar consta de	**a**	el día de su santo o su patrón.
2	El curso empieza	**b**	tres meses de vacaciones.
3	El año escolar termina	**c**	tres trimestres.
4	Tenemos unas dieciséis semanas	**d**	a mitad de trimestre.
5	En Navidades y Semana Santa, tenemos	**e**	caen en las vacaciones normales.
6	En verano, tenemos casi	**f**	a mediados de junio.
7	No tenemos vacaciones	**g**	de vacaciones al año.
8	Hay también muchas fiestas	**h**	a principios de septiembre.
9	Cada pueblo y ciudad celebra	**i**	nacionales o locales.
10	La mayoría de los días festivos sueltos	**j**	dos semanas.

♣ b Escucha otra vez. ¿Qué es *hacer puente*? Escribe los detalles.

9 Celebrando los éxitos académicos y deportivos

♣ Matilde es profesora de inglés. Escucha y lee su experiencia en Gran Bretaña. Rellena los blancos correctamente. *Ejemplo* **1** alumnos.

excelencia
teatros
anual
visitas
ordenadores
después
alumnos
talentos

Me impresionan las oportunidades extracurriculares que hay para los ...(1)... Durante la hora de comer y ...(2)... de las clases, el colegio organiza clubs de muchos tipos: de deporte, de ...(3)..., de música y de teatro. También hay un coro y una orquesta, ...(4)... culturales a museos y a ...(5)..., y excursiones relacionadas con los estudios. El colegio celebra los éxitos y los ...(6)... de los alumnos - organiza una Entrega de Premios para entregar los resultados de los exámenes y los certificados de ...(7)... y esfuerzo, un Día del Deporte, una representación ...(8)... de una obra dramática, conciertos musicales y bailes. Los profesores británicos trabajan mucho para sus alumnos - ¡espero que éstos lo aprecien!

10 Hablando de tu año académico

♣ Utiliza y adapta las expresiones de las actividades 8 y 9 para contestar a estas preguntas:

1 ¿Cuántos trimestres hay?
2 ¿Cuándo empieza y termina el curso?
3 ¿Cuántas semanas de vacaciones hay?
4 ¿Cuándo tenéis vacaciones?

5 ¿Hay otras fiestas? ¿Cuándo son?
6 ¿Qué actividades extracurriculares hay?
7 ¿Qué diferencias hay entre el sistema español y el tuyo?

5.4 **Los clubs del instituto**

el año académico consta de	(...) semanas, (...) trimestres
el curso empieza / termina	a principios de, a mediados de, a finales de (septiembre)
tenemos (...) semanas	al año, a mitad de trimestre, en Navidades / Semana Santa / verano
las fiestas / los días festivos	caen en (las vacaciones), celebran un santo / un patrón
el instituto organiza	actividades extracurriculares: clubs, un Día del Deporte... *(ver act.9)*

5B OBJETIVO
¿Cuántas asignaturas estudias?

Iñaki, Consuelo y Yessica cenan juntos en el piso de Consuelo.

¿Cuántas asignaturas estudias, Yessica?

En total, nueve. Tengo seis asignaturas obligatorias, y tres optativas.

¿Cuáles son?

Lengua y literatura, diseño y moda...

Tuve diseño y moda ayer y se me da súper bien. Luego matemáticas, ¡que se me dan fatal! **¡Las odio!**

¿Y después del recreo?

Ética e historia. Se me da muy mal la historia: **no la aguanto**. Voy a suspender los exámenes en junio.

La vida es dura si no te gusta el instituto.

Sí. **¡Lo detesto!**

¡Qué simpático y guapo es Iñaki!

Iñaki tiene treinta años, Yessica - ¡y tú tienes dieciséis!

¡Y qué! Me gustan los hombres mayores...

1 ¿Qué asignaturas estudias?

diseño y moda = corte y confección

◆ **a** Empareja las expresiones que quieren decir lo mismo. *Ejemplo* **1**- **e**.

1	me da(n) igual	**a**	me encanta(n)
2	se me da(n) muy bien	**b**	no me gusta(n)
3	se me da(n) súper bien	**c**	odio / no aguanto / detesto
4	se me da(n) mal	**d**	me gusta(n) mucho
5	se me da(n) súper mal / fatal	**e**	no está(n) mal

♣ **b** Mira las frases **en negrita** del diálogo anterior. Copia y completa el cuadro correctamente.

	(m)	(f)
(it)		
(them)	**los**	

GRAMÁTICA ▶▶ **28**

2 Estudio...

Túrnate con tu compañero/ para hacer las preguntas del cuadro, y para contestar.

 A

¿Cuántas asignaturas estudias?

B

Estudio seis asignaturas obligatorias y tengo dos optativas.

¿Cuántas asignaturas estudias? ¿Cuáles son? ¿Qué asignaturas tuviste ayer/el lunes?	Estudio / tengo (6) asignaturas obligatorias y (2) optativas lengua, literatura, diseño y moda, DAO *(act.1, p.48)* primero tuve (...), luego, después del recreo, por la tarde

3 ¿Qué opinas de...?

Túrnate con varios compañeros. **A** hace preguntas y **B** da su opinión.

A *¿Qué te parece la historia?*

Se me da súper mal.

B

¿Te gusta (la geografía)?

No estudio geografía.

¿Te gustan (las ciencias)?

¡Se me dan muy bien!

¿qué te parece(n) ¿te gusta(n)	el (deporte)? la (historia)? los (idiomas)? las (ciencias)?
se me da(n)	(muy) bien/mal, súper mal, fatal
lo/la/los/las no lo/la/ los/ las	odio, detesto aguanto

4 En clase

◆ Con tu compañero/a, estudia las expresiones siguientes: ¿cómo se dicen en inglés?
Ejemplo **1** grita mucho - she/he shouts a lot.

♣ Añade un adjetivo para describir a cada profesor: hay muchas posibilidades. Repasa los adjetivos en las páginas 29 y 39.   *Ejemplo* **1** grita mucho – es severo.

grita mucho

enseña bien

explica bien

me ayuda

**nos hace trabajar
mucho**

**nos hace escribir
todo el tiempo**

**nos pone muchos
deberes**

5.5 ◆ ♣ **Los profesores y las notas**

5 El rap del día de Juan

Primero, matemáticas, que no me gustan nada,
Luego, francés - se me da muy mal.
La profe no me ayuda y no explica bien,
No entiendo nada y lo paso fatal.

A las diez, ciencias - y saco malas notas,
El pobre profesor es súper aburrido,
Por fin, el recreo y charlo con mis amigos,
¡Eso, por lo menos, es divertido!

Después del recreo, tengo otra clase:
Diseño asistido por ordenador.
Me gusta el profe - es simpático,
Y en esta asignatura soy trabajador.

Pero luego tengo geografía,
Y la profe nos hace escribir
todo el tiempo, y nos pone deberes:
esta tarde, ¡no puedo salir!

Lengua española - no la aguanto,
Soy muy flojo, y me aburro un montón,
No me llevo bien con el profesor,
Grita mucho - ¡qué follón!

Son las dos de la tarde por fin,
Ya es la hora de comer,
Vuelvo a casa, muy deprimido,
¿Los exámenes? ¡Los voy a suspender!

◆ **a** Escucha y lee el rap. Utiliza la sección de vocabulario, si es necesario. Para cada dibujo *1–7*, escribe el nombre de *la asignatura, la hora de comer* o *el recreo*.
Ejemplo **1** - geografía.

◆ **b** Inventa otro rap de dos o tres estrofas. Adapta el rap de Juan. Cambia las asignaturas y algunas de las expresiones pero conserva las rimas.

Primero, ciencias - que no me gustan mucho.
Luego, deporte - se me da muy mal.
El profe es severo y grita mucho,
Me aburro un montón y lo paso fatal.

6 Mis respuestas personales

◆ Prepara tus respuestas a las preguntas. Túrnate con tu compañero/a para preguntar y contestar o graba una entrevista entre los dos.

- ¿Cuántas asignaturas estudias?
- ¿Cuáles son?
- ¿Qué asignaturas tuviste ayer?

- ¿Qué asignaturas prefieres? ¿Por qué?
- ¿Hay alguna asignatura que no te gusta? ¿Por qué?
- ¿Qué notas vas a sacar en los exámenes?

5.6 **La carta de Yessica a su abuela**

se me da(n) muy bien el/la/los/las...	se me da(n) muy mal el/la/los/las...	(*act.1, p.54*)
es/son fácil(es), divertido/a/os/as	es/son difíciles, aburrido/a/os/as	
saco buenas notas, soy fuerte en...	saco malas notas, soy flojo/a en...	(*act.6, p.49*)
me llevo bien con.., me divierto	no me llevo bien con..., me aburro	(*act.6, p.49*)
voy a aprobar los exámenes de...	voy a suspender el examen de...	

7 El instituto bueno

Lee la encuesta y pon las frases en orden de **1** (muy importante) a **9** (no tan importante).

Ejemplo

<u>Mi orden de importancia</u>
1 – f
2 – i

¿CUÁLES SON LOS FACTORES IMPORTANTES EN UN COLEGIO O INSTITUTO BUENO?

a   El profesorado es justo.
b   El contacto con los padres es bueno.
c   El rendimiento escolar es alto.
d   La disciplina es buena.
e   Los grupos paritarios son positivos.
f   Las relaciones entre los padres y los profes son positivas.
g   Las instalaciones son buenas.
h   La droga y la intimidación están controladas.
i   El nivel de la ausencia sin permiso es bajo.

8 El coloquio en la radio

a   Lee las opiniones y decide si cada una es positiva (P) o negativa (N) o las dos (P+N).

Es un lugar donde el profesorado es justo, y la disciplina es buena. Las relaciones entre los profes y los alumnos son positivas. *(Marta)*

Es un sitio donde es fácil aprender, y los alumnos (o la mayoría) respetan las normas del aula. El profesorado es comprensivo y trabajador. La única crítica que tengo, es que el contacto entre los profesores y los padres en mi colegio no es muy bueno. *(Santiago)*

La ausencia sin permiso es endémica. Los grupos paritarios no son positivos, y la intimidación no está controlada. Es difícil mantener una actitud positiva hacia mis estudios cuando las instalaciones no son adecuadas y el profesorado está demoralizado. *(Francisco)*

La droga no está controlada, y demasiados alumnos se comportan mal. Hacen muchos novillos, y hacen imposible la vida a los profes. Es una lástima, porque el rendimiento escolar es bastante alto. *(Dani)*

b   Escucha el coloquio por teléfono en la radio con Pastora, Enrique y Yolanda. Contesta a las preguntas **1–6**. ¿Quién...

1   ... critica a los alumnos?
2   ... critica al profesorado?
3   ... critica a los padres?
4   ... está satisfecho/a con el rendimiento escolar?
5   ... opina que la disciplina es mala?
6   ... está contento/a con el contacto con los padres?

c   ¿Qué opinas tú? ¿Cómo es un instituto o colegio bueno? ¿Cómo es tu instituto? Con tus compañeros, prepara un coloquio por teléfono: adapta las expresiones siguientes y las opiniones de la actividad **a**.

5 Práctica: lengua

el profesorado, el rendimiento escolar el contacto con los padres, la disciplina		es	bueno/a, malo/a, justo/a alto/a, bajo/a
los grupos paritarios, las instalaciones, las relaciones entre (los padres) y (los profes)	(no)	son	positivos/as, negativos/as adecuados/as
el fumar, la intimidación, la droga el nivel de la ausencia sin permiso		está(n) es	controlado(s), -a(s) endémico/a, bajo/a, alto/a
algunos (alumnos) no se comportan bien / hacen imposible la vida (a los profesores, a los demás)			

6A

OBJETIVO
¿Cómo es?

El Director del Hotel Espléndido enseña las instalaciones a una persona muy importante...

DIRECTOR: Por aquí, Condesa...

DIRECTOR: Éstos son nuestros estudiantes. Forman parte de nuestro instituto aquí en el hotel...

CONDESA: ¿Cómo se llama el instituto?

DIRECTOR: Se llama el 'Instituto de Hostelería'.

CONDESA: ¿Y qué tipo de instituto es?

DIRECTOR: Es mixto...

CONDESA: ¿Cuántos años tienen los estudiantes?

DIRECTOR: Tienen entre dieciséis y cuarenta años... Es un curso de un año.

CONDESA: ¿Qué instalaciones tiene?

DIRECTOR: Hay aulas, despachos, una piscina climatizada, un gimnasio, una pista de tenis...

CONDESA: ¿Cómo son los edificios?

DIRECTOR: Son muy modernos, bonitos...

PABLO: ¡Mentira! ¡Son antiguos y feos!

DIRECTOR: Y son bastante espaciosos y tranquilos.

RAÚL: ¡No es verdad! ¡Son pequeños y ruidosos!

CONDESA: ¿Cuántos estudiantes hay?

DIRECTOR: En total hay veinticinco.

CONDESA: ¿Y cuántos profesores hay?

DIRECTOR: Hay diez profesores, que también forman parte del personal del hotel.

BELÉN: ¡Ay! ¡Disculpen, señores!

DIRECTOR: ¡Señorita Belén, preséntese en mi despacho mañana a primera hora!

BELÉN: ¡No es justo!

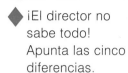

1 Una carrera en la hostelería

◆ ¡El director no sabe todo! Apunta las cinco diferencias.

Ejemplo un cursillo de un año.

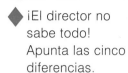

¿Les interesa una carrera en la hostelería?
El INSTITUTO de HOSTELERÍA
del Hotel Espléndido les ofrece un cursillo de seis meses

- forma parte del célebre Hotel Espléndido
- ambiente profesional
- capacidad para cincuenta estudiantes de entre 20 y 40 años
- doce profesores de avalada experiencia
- instalaciones modernas: piscina climatizada, dos pistas de tenis…

♣ Rellena los huecos. *Ejemplo* **1** invita.

El director …(**1**)… a la Condesa a ver el hotel y el instituto. La Condesa hace …(**2**)… preguntas acerca del instituto y de las …(**3**)… Pablo y Raúl no están de …(**4**)… con lo que dice. Belén llega de prisa y casi provoca un …(**5**)… El director está enfadado, y quiere verla en su …(**6**)… el día siguiente.

acuerdo	despacho
muchas	accidente
invita	instalaciones

2 Los opuestos

Busca los opuestos. Prepara una lista.
Ejemplo
espacioso   exiguo

inconveniente   pequeño   moderno   bonito   conveniente
ruidoso   oscuro   sucio   cálido   cómodo   agradable   exiguo
feo   antiguo   grande   incómodo   frío   desagradable   claro
limpio   tranquilo   espacioso

3 El juego de los opuestos

◆ Trabaja con tu compañero/a. Di un adjetivo. Tu compañero/a debe decir el opuesto.

B Cierra el libro antes de jugar.

¡Sucio!   ¡Limpio!

4 ¿Qué opinas?

¿Cómo son los edificios en tu instituto? ¿Qué opinan las otras personas del grupo? Haz una lista. Apunta las opiniones.

antiguos ✔✔	feos ✔
grandes ✔✔	modernos

Ejemplo

¿Qué opinas?
¿Cómo son los edificios?

Son antiguos, feos, y grandes.

Son antiguos y grandes.

 ¿Qué instalaciones tiene?   **¿Cómo es el instituto?**

5 El Colegio 9 de Junio

◆ El Colegio 9 de Junio está en el desierto de Argelia. Estos alumnos hablan de su instituto. Busca la respuesta correcta para cada una de las preguntas en el cuadro.

Ejemplo **1 c**.

a Nuestro instituto es muy grande, porque tiene unos dos mil quinientos alumnos en total.

b Este instituto no tiene alumnos mayores. La mayoría de los alumnos tienen entre once y catorce años de edad. Cuando tenemos catorce años, tenemos que ir a otros países para seguir nuestros estudios.

c El 9 de junio es una fecha muy importante para nosotros porque es el día en honor de un héroe Saharaui. Es por eso que nuestro instituto se llama Colegio 9 de Junio.

d Es un instituto mixto. Hay chicos y chicas. Es un internado - durante el trimestre vivimos aquí, en el colegio.

e Tenemos algunas clases en árabe y otras en español. En el instituto hay setenta profesores, y un director, claro.

f No tenemos muchas instalaciones modernas. Por ejemplo, no hay laboratorios ni campo de deportes pero hay un comedor enorme, unos dormitorios, muchas aulas y un patio.

g Hace mucho calor aquí durante el día. Por eso, la mayoría de los edificios no tienen muchas ventanas y son un poco oscuros.

1 ¿Cómo se llama tu instituto?	Se llama (Chatham Community College)
2 ¿Qué tipo de instituto es?	Es un instituto mixto/ masculino/femenino
3 ¿Cuántos alumnos/as tiene?	Tiene (mil doscientos) alumnos.
4 ¿Cuántos profesores hay?	Hay (ochenta profesores)
5 ¿Cuántos años tienen los alumnos?	Los alumnos tienen entre (once) y (dieciocho) años
6 ¿Cómo son los edificios?	Son (grandes y modernos) *(act.2, p.59)*
7 ¿Qué instalaciones tiene?	Hay (muchas aulas, un gimnasio…) (6.1)

6 ¿Y tu instituto?

◆ Utiliza las respuestas de los alumnos para contestar a las preguntas en el cuadro.

 Las normas

7 Unas opiniones

♣ Estos jóvenes hablan de su
instituto. Para cada opinión,
apunta si es positivo (**P**) o
negativo (**N**), o los dos.
Ejemplo **1 N**.

| lo peor es que | no | tiene | (comedor)
(cocinas) | tampoco |
| lo mejor es que | | hay | ningún (patio)
ninguna (piscina) | |

GRAMÁTICA ▶▶ **18**

1

Mi colegio está en el centro de la ciudad y las
instalaciones no son muy espaciosas. Tiene
muchas aulas y un patio pero no tiene
ninguna sala de ordenadores y no tiene un
salón de actos tampoco. Lo peor es que el
campo de deportes está fuera de la ciudad y
tenemos que ir allí en autobús.

2

Mi instituto es un instituto para
chicas de entre once y dieciocho años.
Hay ochocientas alumnas y sesenta
profesores. La mayoría de los edificios
son antiguos y, por ejemplo, no hay
ninguna sala de ordenadores ni
vestuarios tampoco. Me chiflan las
ciencias y lo peor es que no hay ningún
laboratorio.

3

Mi instituto es muy moderno y bastante
pequeño - solamente tiene cuatrocientos
alumnos. Es un insti masculino. Los
edificios son bastante agradables. Hay
un patio y dos campos de deportes pero
no hay ningún gimnasio. Para mí, lo
mejor es que hay una piscina climatizada,
así que podemos bañarnos durante
todo el año.

4

Yo pienso que mi instituto es demasiado grande. Hay
mil doscientos alumnos. Los edificios son enormes - hay
de todo - una enfermería, dos salas de ordenadores, tres
salones de actos y un bloque sólo para los despachos.
Hay muchas instalaciones deportivas - un campo, una
piscina y muchas pistas de tenis. Pero para mí es una
desventaja porque odio los deportes.

8 Mi instituto

♣ Rellena los huecos con las palabras del cuadro.

Mi instituto no tiene ...(**1**)... sala de ordenadores.
No hay cocinas ni vestuarios ...(**2**)...
Hay dos campos de deportes pero no hay ...(**3**)... gimnasios.
Lo ...(**4**)... es que el campo de deportes está fuera de la ciudad.
Mi instituto no tiene ...(**5**)... laboratorio.
Lo ...(**6**)... es que hay una piscina climatizada.

peor
ninguna
ningún
mejor
ningunos
tampoco
ningunas

9 ¿Y tu instituto?

♣ ¿Qué opinas de tu instituto? Utiliza las opiniones y el cuadro anteriores para escribir un
párrafo en contra y un párrafo a favor.

6B OBJETIVO
En el futuro...

Ahora vamos a entrevistar a la directora del polideportivo...

REPORTERO: *Ahora hay edificios antiguos aquí.*

DIRECTORA: *En el futuro habrá un magnífico polideportivo nuevo.*

REPORTERO: *El centro actual es bastante pequeño.*

DIRECTORA: *Pero el nuevo centro será muy grande.*

REPORTERO: *Hace calor aquí ahora, y es muy difícil jugar.*

DIRECTORA: *En el futuro, con aire acondicionado, no hará calor.*

REPORTERO: *Ahora el centro no tiene un campo de deporte.*

DIRECTORA: *En el futuro, tendrá un campo de rugby y unas pistas de tenis.*

REPORTERO: *El centro no tiene nada para niños. Tampoco es muy cómodo para los padres.*

DIRECTORA: *El nuevo centro será muy cómodo para los padres — tendrá muchas instalaciones para los niños pequeños y mayores también.*

REPORTERO: *Pero... este centro no tiene muchos clientes — no hay muchas personas aquí.*

DIRECTORA: *En el futuro todo el mundo tendrá más tiempo libre así que el nuevo centro tendrá muchos más visitantes.*

1 Ahora y en el futuro

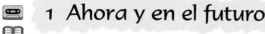

¿Cómo es el centro deportivo ahora y cómo será en el futuro? Para cada dibujo escribe **ahora** o **en el futuro**.
Ejemplo **1** en el futuro.

1	2

3	4	5	6

TAQUILLA

2 En el centro deportivo

Escucha las conversaciones **a**–**f**. ¿Qué dibujo es?   *Ejemplo* **a – 1**.

3 En el instituto

a Con tu compañero/a, haz una lista de las instalaciones que os gustaría tener.

b **A** dice la frase de ahora. **B** dice la frase del futuro.

ahora
hay
tiene
es
hace

Ahora el instituto no tiene piscina.

Pero en el futuro tendrá piscina.

en el futuro
habrá
tendrá
será
hará

4 Los títulos

Escucha y completa los títulos con: **habrá**, **hará**, **tendrá**, o **será**.
Ejemplo **1** hará.

Mañana por la noche …(**1**)… mucho más frío.
La principesa Carlota …(**2**)… quince años el 1 de abril.
En este momento es difícil pero en el futuro …(**3**)… más fácil viajar a la luna.
El nuevo director del Instituto Lope de Vega …(**4**)… trabajar a sus alumnos.
…(**5**)… cincuenta salas en el nuevo hospital.
El nuevo centro deportivo …(**6**)… tres piscinas y dos campos de deporte.

◆ **Práctica: lengua**

Táctica

centro deportivo	*sports centre*
pista **de** hielo	*ice rink*
cepillo **para** pelo	*hair brush*

No olvides, ¡cambia el orden!

CENTRE   SPORTS

5 ¿Cómo se dice?

◆ Busca los equivalentes. Mira en un diccionario. ¿Tienes razón?

¿Cómo se dice en inglés?
pasta de dientes
centro comercial
plaza mayor
estación de autobuses
tarjeta de crédito

¿Cómo se dice en español?
telephone call
coloured pencil
lunch hour
textbook
weekend

♣ Busca otros ejemplos.

1 Tiene demasiados alumnos.
2 Tendrá muchos profesores de informática.
3 La profesora de inglés no me hará trabajar.
4 Es un instituto mixto.
5 Será muy cómodo.
6 Habrá tres gimnasios.
7 Hace demasiado frío en las aulas.
8 Hay muchos profesores severos.
9 No hay un gimnasio.
10 Será un instituto masculino/femenino.
11 La piscina es demasiado pequeña.
12 No es muy cómodo.
13 No tiene ningún profesor de informática.
14 No habrá que llevar uniforme.
15 No tendrá muchos alumnos.
16 No habrá profesores severos.
17 La profesora de inglés me hace trabajar mucho.
18 No hará frío en las aulas.
19 La piscina será enorme.
20 Hay que llevar uniforme.

6 El instituto actual e ideal

◆ **a** Lee la conversación entre Juan Antonio y Virginia. Virginia habla de su instituto actual…
Pero Juan Antonio piensa en su instituto ideal. ¿Quién habla? Apunta si es Virginia (**V**) o
Juan Antonio (**JA**).
Ejemplo **1 V**.

b Lee las frases de Virginia. ¿Tu instituto es parecido (**P**) o diferente (**D**)?

c Lee las frases de Juan Antonio. Apunta si estás de acuerdo (✔) o no (✘).

7 ¿Y tú?

◆ ¿Cómo es en tu instituto actual? ¿Y cómo será tu instituto ideal? Trabaja con tu compañero/a.
Utiliza la conversación y el cuadro siguiente para hacer dos listas. Graba la conversación.

En mi instituto actual….
Hay muchos alumnos.

En mi instituto ideal…
No habrá tantos alumnos…

Actualmente	En el futuro
Es (un instituto mixto)	Será (un instituto femenino)
Hay (demasiados alumnos)	No habrá (demasiados alumnos)
Hace (calor en las aulas)	(no) hará (calor en las aulas)
Tiene un laboratorio	tendrá muchos laboratorios

6.4 **Mi uniforme actual y mi uniforme del futuro**

La madre de Concha es científica. Ha escrito un libro sobre el instituto del futuro.

• *¿Cómo será el instituto del futuro, Mamá?*
En el instituto del futuro los alumnos irán al instituto solamente un día por semana.

• *¡Qué bien! ¿Podré ir a la playa los otros días?*
No, porque los otros días trabajarás en casa con tu ordenador.

• *¡Trabajaré en casa! Oh, ¡qué bien! y ¿...los deberes?*
Los recibirás por correo electrónico.

• *¡Oh! ¿Tendremos nuevos profesores?*
No habrá un profesor para cada asignatura. Tendréis un sólo profesor... Pero, por ejemplo, en la clase de geografía, podrás visitar otros países por medio de imágenes virtuales.

• *¿Habrá un polideportivo?*
El polideportivo estará en un enorme globo climatizado así que nunca hará demasiado calor durante el verano y siempre podréis jugar al fútbol con los amigos.

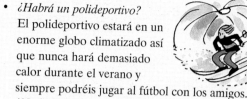

• *¿No habrán otros juegos?*
Sí, claro. Podrás escoger otros muchos deportes - por ejemplo, la bici volante, el esquí de arena y el canoe de nieve.

• *Y los edificios, ¿cómo serán?*
No habrá despachos - porque el director y las secretarias serán hologramas. Trabajaréis en grandes salas, cada persona con su ordenador personal.

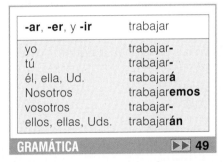

• *No sé si me gustará ir allí.*
No te preocupas, Conchi. ¡Dentro de cincuenta años, tú tendrás sesenta!

8 El instituto del futuro

♣ Completa el cuadro para los verbos en futuro. Todos están en el artículo anterior.

-ar, **-er**, y **-ir**	trabajar
yo	trabajar-
tú	trabajar-
él, ella, Ud.	trabajar**á**
Nosotros	trabajar**emos**
vosotros	trabajar-
ellos, ellas, Uds.	trabajar**án**

GRAMÁTICA ▶▶ **49**

9 ¿Qué más?

a Haz una lista de todos los otros verbos en futuro en la entrevista. *Ejemplo* será, irán…

b ¿Cómo se dicen en inglés? *Ejemplo* irán: *they will go.*

♣ **Práctica: lengua**

10 Un resumen

♣ Empareja las dos partes de cada frase para hacer el resumen de Concha. *Ejemplo* **1 – a**.

1 En el futuro no iré al instituto
2 Pero no podré bañarme en el mar
3 Me enviarán los deberes
4 Podremos practicar cualquier deporte
5 Las secretarias no serán
6 Para mí no es importante

a porque trabajaré en casa con el ordenador.
b personas físicas.
c durante todo el año.
d todos los días de la semana.
e porque no iré al instituto entonces.
f por Internet.

11 Mi instituto en el futuro

♣ Imagínate cómo será tu instituto en el futuro. *Mi instituto será...*

5-6 Acción: lengua

How to … • use the present tense (part three – reflexive verbs) and the future tense.

● ¿Preparados?

a Maribel y su hermana son un poco perezosas. Lee lo que dicen acerca de su rutina. Elige la palabra correcta.
Ejemplo ¿A qué hora te levantas?

¿A qué hora *(me, te)* levantas?
–¡Tarde! No soy muy madrugadora. *(Me, Te)* ducho y *(me, te)* visto de prisa, y salgo de casa a las ocho y cuarto. Mi hermana es peor. ¡Ella *(te, se)* queda en la cama hasta las ocho y cuarto!
¿Tu hermana no *(te, se)* lava?
–La cara y las manos, sí. Pero no *(me, se)* peina. ¡Es un desastre!

b Maribel piensa en el futuro - cuando no será necesario salir de casa para aprender. Rellena los huecos correctamente con *será, habrá, tendrá,* o *hará.* *Ejemplo* **1** *habrá.*

En el futuro, no …**1**… institutos. Todo el mundo …**2**… un ordenador-profesor en casa. Y …**3**… más interesante y divertido. No …**4**… clases a horas fijas, y cada persona …**5**… más tiempo libre.
Como el clima va a cambiar, en el futuro …**6**… más calor. No …**7**… posible salir al mediodía, y cada casa …**8**… su propia piscina y aire acondicionado. ¡Fenomenal!

● ¿Listos?

Lee las secciones de gramática 38 (verbos reflexivos) y 49 (el futuro).

● ¡Ya!

¿Cómo será el futuro? ¿Cuál de las alternativas **a** y **b** te parece más probable? Cambia los verbos subrayados en la forma correcta del presente y los verbos *en cursiva* en la forma correcta del futuro.

1 ¿Cómo eres tú? ¿Despertarse tarde? En el futuro…
  a tu cama *(tener)* un mecanismo especial para echarte en el suelo.
  b un robot doméstico *(poner)* música suave a la hora debida.

2 ¿Qué opináis vosotros del instituto? ¿Aburrirse un poco? En el futuro…
  a No *(haber)* clases: ¡vas a aburrirte en casa solo/a!
  b Cada alumno/a *(poder)* pasar horas en Internet o trabajando con el ordenador en clase.

3 ¿Muchos alumnos portarse mal en tu instituto? En el futuro…
  a ¡Las clases *(ser)* tan interesantes que estos alumnos *(querer)* trabajar!
  b Estos alumnos no *(venir)* al instituto. *(Hacer)* cursos más prácticos en centros especiales.

Informándose
De viaje

g

.../53 31 52

. LA REINA *
...ina, 1
.../53 39 39

☎ 988/53 28 75

H. EL SAYAGUES * * *
Pza. Puentica, 2
☎ 988/52 55 11

**HOTEL
CUATRO NACIONES * ***
Alfonso IX, 11
☎ 988/53 22 75

**HOSTAL REY
DON SANCHO * * ***
Ctra. Villacastín-Vigo, Km. 276
☎ 988/52 34 00

H.S. SAN CARLOS *
Ctra. Tordesillas, Km. 61
☎ 988/52 79 95

H.S.R. ARANDA *
Alfonso IX, 5
☎ 988/53 46 57

H.S. SAN ISIDRO *
Ctra. Tordesillas, Km. 62
☎ 988/52 13 81

H.S. SANABRIA *
Pza. de la Puebla, 8
☎ 988/52 66 72

H.S. SIGLO XX *
Pza. Eugenio Cuadrado,
☎ 988/53 29 08

P. ANGELES, LOS
Parque León Felipe, 9
☎ 988/52 10 65

P. BALBORRAZ

Red de Autobuses

	Identificación:	Interurbano
Km.	Origen del tren:	36121
	Circulación	MADRID P. PÍO
0	**MADRID-CHAMARTÍN**	DIARIO
31	VILLALBA DE GUAD.	9.46
0	**MADRID-P. PÍO**	10.25
38	VILLALBA DE GUAD.	10.10 ✳
		10.47

e

d

a

c

f

AMPING

...RID			
...a	2.ª	I 8	Getafe
... Iris	2.ª	I 8	Villaviciosa de Oc...
...anda	2.ª	I 8	Arganda
...rpe Alai	2.ª	I 8	S.Sebastián los R...
...mp.Mun.	2.ª	H 8	Aldea del Fresno
...mping	2.ª	H 8	Valdemorillo
...aldemorillo			
...ravaning	1.ª	H 8	Escorial (El)
...el Escorial	2.ª	H 7	Cabanillas de la S...
...Oremor	2.ª	I 7	Soto del Real
...esneda, La	2.ª	H 8	Escorial (El)
...errería, La			
...go Coto			
...Cisnero	2.ª	I 8	Arganda
			Madrid

Categoría | Kategorie | Cuadrícula en el Mapa
Categorie | Categorie | Graticule dans le Carte
Categorie | Category | Grid square on the map
| | Planquadrat gedeelte
| | Betreffende gedeelte
| | op de kaart

Situaci...
Situatio...
Site...
Lage...
Situat...

¿Te acuerdas?

1 ¿Qué hora es?

En la Oficina de Turismo, todo el mundo habla al mismo tiempo.

Empareja el globo con el reloj.
Ejemplo **1** – **d**.

a   b   c

d   e   f

1 las ocho y media
2 la una y veintisiete
3 las tres y cuarto

4 las diez menos trece
5 las once y diez
6 las cuatro menos cuarto

2 Hay dos maneras de decir la hora:

Copia y completa el cuadro.
(¡Cuidado! 1p.m. = 13 horas)

a Las cuatro y veinte = Las dieciséis veinte.
b Las tres y media
c Es la una y cuarto
d Las diez menos cuarto
e Medianoche
f Mediodía menos cinco

3 ¿Qué tiempo hace?

Para cada dibujo escribe una o dos frases.

Ejemplo **1** Hace calor.

hace	buen mal	tiempo
	sol calor frío fresco malo bueno	

hay	(mucho) (mucha) (muchos) (muchas)	hielo lluvia chubascos tormentas
está	nublado despejado	
nieva llueve		

1 2 3 4 5 6 7 8 9 10 11 12 13 14

4 ¿Dónde está Kiko?

Para cada dibujo, escribe una palabra o frase del cuadro.   *Ejemplo* **1** enfrente.

entre
detrás
enfrente
debajo
encima
delante
al lado

5 ¿Para ir a la estación?

Escribe las instrucciones para ir:

a al cine

b a la piscina

c a la Oficina de Turismo

d a la estación de tren.

Ejemplo **a** Siga todo recto, y a los semáfóros…

tome la tercera calle	cruce el puente	pase la rotonda
tome la primera calle	a los semáforos	al final de la calle
al cruce	tome la segunda calle	tuerza a la derecha
siga todo recto	a la derecha	tuerza a la izquierda
cruce la plaza	sube la calle	
a la izquierda	baje el paseo	

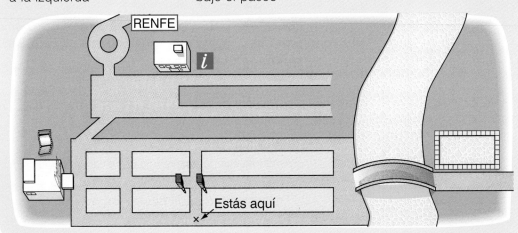

RENFE

i

Estás aquí

7A

OBJETIVO
En la Oficina de Turismo

Yessica y Consuelo van a la Oficina de Turismo para pedir
información sobre Madrid. ¡Hay mucha gente!

1 • *¿Tiene un mapa de España?*
Sí, aquí tiene.
• *¿Cuánto es?*
Son trescientas pesetas.

2 • *Quisiera un folleto sobre Madrid.*
Muy bien.
• *¿Es gratuito?*
Sí.

3 • *¿Tiene un horario de trenes, de Madrid a Sevilla?*
Sí. Un momento…

4 • *Quisiera una lista de albergues juveniles.*
Lo siento, no quedan. Sólo tengo una copia. Pero tengo una lista de campings…

5 • *Quisiera un plano o una guía.*
¿De Madrid?
• *Sí, del centro.*
Muy bien. Aquí tiene.

6 • *Busco una lista de hoteles.*
¿En Madrid?
• *No, en Zamora.*
Aquí tiene.
• *¿Cuánto cuesta?*
Es gratis.

7 • *¿Tiene un horario de autobuses?*
Tengo un plano de la red de autobuses.
• *Vale.*

1 En la Oficina de Turismo

a ◆ Empareja correctamente las expresiones <u>subrayadas</u> con los artículos de la foto en la
página 67. Sobra una expresión. *Ejemplo* **1 – c**.

♣ Completa el anuncio
en la pared con las
palabras que faltan.

gratis   mapas   red
albergues

> La mayoría de nuestros folletos, planos de la
> …1… de transportes, y listas de alojamiento
> (hoteles, …2…, campings) son …3… A veces,
> por …4… u otras publicaciones semejantes,
> tenemos que cobrar.

b Lee los diálogos con tu compañero/a. Inventa otros - cambia las expresiones <u>subrayadas</u>.

¿tiene…? busco quisiera	un mapa, un plano, una guía un horario, un plano de la red una lista un folleto (de información)	de (Madrid), de la ciudad/región de trenes, de autobuses, del metro de hoteles, de campings, de restaurantes, de albergues sobre (Madrid), la ciudad
¿cuánto es/cuesta?		son/cuesta… pesetas, es gratis/gratuito
sí, aquí tiene / lo siento, no quedan		

REPASO 2 ¿Qué hay de interés?

a En un grupo, haz una lista de lugares de interés para el/la turista.

b Haz el Juego de la Cadena:

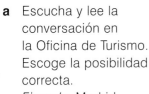

A *Quiero visitar el centro.*

Quiero visitar el centro, y la piscina.

C *Quiero visitar el centro, la piscina y la playa.*

c Lee lo que dice Kiko y escribe seis lugares para tu compañero/a. Él o ella las escribe correctamente.

el mercado...

Lugares para comprar · Monumentos históricos · Instalaciones deportivas · Lugares de diversión

A escribe una palabra **sin** vocales. *Ej.* **ply**
B la escribe correctamente. *Ej.* **playa**

3 Consuelo pide información

a Escucha y lee la conversación en la Oficina de Turismo. Escoge la posibilidad correcta.
Ejemplo Madrid.

- Buenos días. ¿Qué hay de interés en **la ciudad/Madrid/la capital**? ¿De interés **turístico/histórico/general**?
- Lugares de interés para **los niños/los jóvenes/los adultos**. En cuanto a instalaciones deportivas, está **el polideportivo/la pista de correr**.
- ¿Hay algo más divertido? **El Zoo/el Parque del Retiro/el Parque de Atracciones**.
- ¡Qué bien! ¿Dónde está? **En el centro/en las afueras/en el parque Casa de Campo**.
- ¿A qué hora abre y cierra? Abre a las **9.00/10.00/11.00** y cierra a las once de la noche.
- ¿Está abierto **los sábados/los domingos/los lunes**? Sí. Está abierto toda la semana sin interrupción.

A mí no me interesa ese tipo de diversión. Me quedo en la cafetería.

¡Por fin sola, Mamá! Iñaki viene conmigo – ¿verdad, Iñaki? ¡Lo vamos a pasar bomba!

b ◆ Con tu compañero/a, inventa dos diálogos en la Oficina de Turismo. Utiliza la conversación anterior como modelo. Cambia los lugares y las horas.
♣ No utilices el libro y haz las preguntas en diferente orden: ¡hazlo más difícil para tu compañero/a!

7.1 Buenos días, ¿qué desea?   **7.2** ¿Qué tiempo hará?

¿qué hay	de interés (turístico, histórico, general)	(para los niños/jóvenes)
	en cuanto a espectáculos, diversión	instalaciones deportivas, monumentos
hay	(un polideportivo, una piscina climatizada)	en el centro/las afueras/la ciudad de...
¿a qué hora abre / cierra el (castillo), la (iglesia)?		abre / cierra a (la una), a las (dos)
está cerrado/a, abierto/a el (lunes)	entre (las nueve) y (las tres)..., desde...(la una) hasta (las...)	

¡Ven a Madrid! ¡Todo para los turistas!

¡El visitante encontrará todos los atractivos de una gran ciudad, llena de historia y de presente!

Museo del Prado: *¡Una experiencia inolvidable!* Galería de arte, con una de las colecciones más grandes del mundo, con obras de artistas famosos españoles. Mar.-Sáb. 9h-19h; Dom. 9h-14h; cerrado lunes. Estudiantes de la Comunidad Europea gratis.

El Rastro: el mercadillo más grande de España que tiene lugar los domingos de 10.00h a 15.00h. Aquí se vende de todo: antigüedades, ropa, animales, libros, pinturas ... Entrada gratis. *¡Para no perdérselo!*

Palacio Real: aquí vive la familia real española. Abierto al público, lun.-sáb. 9h-18.15h (verano), 9.h-17.15h (invierno); dom. 9h-14.15h. Jóvenes y estudiantes, 350 ptas en invierno, 450 pesetas en verano. *¡Merece una visita!*

Casa de Campo: parque natural enorme con piscina al aire libre (abierta sólo verano 8h-20h, entrada 500 ptas); un zoo (abierto 10h-20h diariamente, adultos 750 ptas, niños 2-12, 400 ptas.); Parque de Atracciones (10h-23h, cerrado lunes) 1200 ptas. *¡Lugar ideal para descansar en medio de una gran belleza!*

Cultura: se necesitaría una guía completa para describir la extensísima oferta de Madrid. La capital del teatro, aquí se pone en escena todo tipo de representaciones, desde obras clásicas a las de vanguardia. Cafés teatro, conciertos musicales, salas de fiesta, tablaos flamenco, famosos cafés como el café Gijón y discotecas a la última conforman una oferta para satisfacer todos los gustos. *¡Madrid es una ciudad con una intensa vida diurna y nocturna!*

Ocio: *Hay que destacar* las fiestas mayores de San Isidro, patrón de la ciudad, y la feria taurina más importante del mundo a lo largo del mes de mayo. Para los amantes de los deportes, en los alrededores de Madrid existen cuatro estaciones de esquí y numerosos campos de golf.

4 Madrid

a Lee el extracto del folleto y contesta a las preguntas *1–8*. *Ejemplo* Hay un palacio...

1 ¿Qué hay de interés histórico o cultural?
2 ¿Qué instalaciones deportivas hay?
3 ¿Qué lugares no están abiertos los lunes?
4 Estamos en enero: ¿cuándo se cierra el Palacio Real entre semana?

5 ¿Cuándo hay corridas de toros?
6 ¿Qué hay de interés para ti?
7 ¿A qué hora se abre el mercadillo?
8 ¿Cuánto cuesta visitar el zoo para ti, tus padres y tu hermano de once años?

b Es un fin de semana en agosto. Tienes 1200 ptas. para gastar en entradas. ¿Qué lugares quieres visitar y cuándo? Escribe tu horario para el sábado y el domingo, y cuánto gastas en cada lugar.

c Estudia las frases *en cursiva*. Adáptalas para hablar de lugares de interés en tu ciudad o región. *Ejemplo* ¡El castillo de Warwick: una experiencia inolvidable y magnífica!

5 Mi ciudad

Prepara un folleto turístico sobre tu ciudad o una ciudad cerca. Utiliza el ejemplo de la actividad 4 **c** como modelo y las expresiones de la actividad 3, p.71: adapta las frases. Describe:

- cómo es la ciudad (añade un plano)
- qué hay de interés turístico (act.4)
- el clima: qué tiempo hace normalmente (act.3, p.68)

6 Los anuncios publicitiarios

a Trabajas en una agencia de viajes. Lee los apuntes sobre la familia Robertson y la publicidad sobre las tres excursiones. ¿Cuál les va a gustar más?

> El grupo Robertson quiere una excursión de un día completo o de medio día: el grupo consta de los señores Robertson y sus dos hijos: Harry (16 años) y Rachel (17 años). No quieren visitar muchos monumentos ni tiendas. Les gusta el campo y la oportunidad de ir a su aire.

b El guía explica los detalles de la excursión Burro Safari. Lee la publicidad otra vez y pon las frases *1–12* en el orden correcto. *Ejemplo 6 ...*

1 Nos bañaremos en la bonita piscina natural.
2 Visitaremos la marina en Puerto Banús.
3 Almorzaremos allí: un plato de paella y ensalada.
4 Continuaremos a la finca 'La Albuquería'.
5 Cenaremos en un bar pesquero del puerto.
6 Saldremos de Sevilla a las ocho de la mañana.
7 Pasaremos dos horas en el barrio antiguo.
8 Regresaremos por la carretera de la costa.
9 Desayunaremos chocolate con churros en el pueblo.
10 Bajaremos a la famosa ciudad de Marbella.
11 Iremos primero al pueblo de Coín.
12 Podremos participar en varias actividades e ir de paseo en burro.

c Utiliza los verbos *1–12* de la actividad **b** para explicar a tu compañero/a los detalles de la excursión a Ronda.

Ronda (1 día)
*MARTES, y SABADOS *(todo el año)*
Recorrido por la famosa Sierra de Ronda. Comienzo de la visita de esta original y hermosa ciudad andaluza de orígen celta con la antigua Catedral (maravillosos estilos románico, árabe y gótico); deberá incluir el barrio antiguo, con sus tortuosas calles, y la plaza de toros más antigua de España. Almuerzo en el Hotel Reina Victoria y visita a las tiendas de antigüedades. Regreso por Jiménez de la Frontera y visita de su castillo magnífico. (TODO INCLUIDO)

Burro Safari y Costa (1 día)
*MIÉRCOLES *(todo el año)*
*LUNES *(abril a octubre)*
Salida a las ocho de la mañana, y llegada al maravilloso pueblo de Coín. Aquí será servido un abundante desayuno de chocolate con churros, para después continuar el recorrido hasta la finca <La Albuquería>, donde podrá participar en concursos, juegos, premios, obtener el Carnet de Conducir Burros, tomar la sangría y bañarse en la piscina natural. Almuerzo en plena naturaleza, a base de paella y ensalada variada con refrescos para los niños. A continuación, bajada a la Costa del Sol con vistas magníficas, y dos horas en el centro antiguo de Marbella. Visita a la marina en Puerto Banús y cena en un restaurante típico. Regreso por la costa. (DESAYUNO, ALMUERZO Y CENA INCLUIDOS)

La Alpujarra (1 dia)
*DOMINGOS *(todo el año)*
Entre sol, nieve y verdor se encuentra la Alpujarra, aislada entre sus montañas. Visita a los pueblos más típicos y afamados, como Capileira, para ver sus calles, sus <tinaos> llenos de flores, y su Horno de Pan. Almuerzo típico alpujarreño, con lo mejor de su gastronomía. Bajada al pueblo de Lanjarón (balneario - ¡hay que probar el agua mineral!) y tiempo libre. Por la tarde, paseo de dos horas por el paisaje con guía experto. Regreso a Sevilla. (ALMUERZO INCLUIDO)

7 El intercambio

Tu instituto de intercambio quiere detalles de una excursión en tu región para sus alumnos que vienen a Gran Bretaña. Prepara un anuncio publicitario y graba un mensaje, explicando los detalles.

8 ¿Qué excursiones ofrece?

Consuelo va a la agencia de viajes, y pide información sobre las excursiones. Escucha la conversación y contesta a sus preguntas.

a ¿Qué excursiones ofrece?
b ¿Adónde va(n)?
c ¿De dónde sale(n) y a qué hora?
d ¿Cuándo regresa(n)?

e ¿Hay paradas?
f ¿Cuánto cuestan por persona?
g ¿El almuerzo está incluido?
h ¿Hay descuento para jóvenes?

 7.3 **En la agencia de viajes** 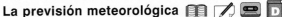 **7.4** **La previsión meteorológica**

7B OBJETIVO
¿Para ir a...?

Los amigos van a pasar el fin de semana en otro hotel de la cadena para ver cómo es. Llegan en dos coches al piso de Consuelo, para recogerla. Yessica no está contenta.

CONSUELO: *Yessica, iva directamente a la estación de tren!*
PABLO: *¿Qué le pasa a Yessica?*
CONSUELO: *No quiere pasar el fin de semana en Toledo con su padre. Quiere venir conmigo.*
· · · · · · · · · · ·
SEÑORA: *Perdone, ¿me puede ayudar?*
SEÑOR: *¿Sí?*
SEÑORA: *¿Por dónde se va a la estación de Chamartín?*

SEÑOR: *Lo siento, no soy de aquí. Soy extranjero.*
YESSICA: *Hay que ir en metro.*
SEÑORA: *¿Y para ir a la estación de metro más cercana?*
RAÚL: *Suba la calle hasta los semáforos, pase la rotonda, doble la esquina y vaya todo recto por la avenida hasta el final.*
YESSICA: *No, estás equivocado.*
RAÚL: *¿Sí?*

YESSICA: *Sí. Cruce el puente, siga todo recto hasta el final, tuerza a la derecha y tome la primera a la izquierda.*
RAÚL: *Sí, es verdad. Tienes razón.*
SEÑORA: *¿A qué distancia está? ¿Está lejos?*
YESSICA: *A unos diez minutos andando. Yo voy a Chamartín también.*
SEÑORA: *¡Qué bien!*
YESSICA: *¡Adiós, Raúl!*
RAÚL: *¿Por qué quiere ir a la estación de Chamartín? Para ir a Toledo, la estación es Atocha...*

1 ¿Por dónde se va...?

◆ Escoge los símbolos para corresponder con las instrucciones de Yessica y Raúl.
Ejemplo Raúl: 4.

♣ Túrnate con tu compañero/a. **A** dice un número, **B** dice la instrucción pero no mira el libro: ¡hazlo de memoria!

1 **2** **3** **4**

5 **6** **7** **8**

9 **10** **11**  **12**

⭐**A**

John, número dos.

No estoy seguro... Tuerza a la derecha.

No, ¡estás equivocado! Tuerza a la izquierda.

⭐**B**

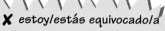

✗ estoy/estás equivocado/a
✓ tengo/tienes razón
? no estoy/estás seguro/a

2 ¿Hay un banco por aquí?

◆ Escucha las seis conversaciones **a-f** y dibuja o apunta los símbolos (de la actividad 1) para las instrucciones en el orden correcto.

Ejemplo **a** + ?

♣ ¿A qué distancia está? Contesta verdad (V) o mentira (M) a las preguntas.

Ejemplo **a** V.

a Está a cinco minutos andando.
b Está a diez minutos en coche.
c Está a cien metros.

d Está a unos doce kilómetros.
e El banco está muy cerca.
f Está un poco lejos para ir a pie.

3 ¿Me puede ayudar...?

Trabaja con tu compañero/a: utiliza los dibujos para hacer diálogos. Empieza y termina los diálogos cortésmente.

A

Perdone, ¿me puede ayudar?
¿Por dónde se va al castillo?

B

¿Al castillo? Pase la rotonda y siga todo recto.

¿A qué distancia está?

A unos doscientos metros.

Vale, gracias. Adiós.

Adiós...

Perdone, estoy perdido/a
¿Me puede decir...? ¿Me puede ayudar?

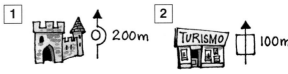

1 200m

2 TURISMO 100m

3 1km

4 POLIDEPORTIVO

5 5mins

6 Café 500m

7 300m

8 2km

4 ¿Dónde está/n...?

Mira otra vez el símbolo para el lugar en cada diálogo **5–8** (actividad 3). ¿Cómo se dice en español: *Where's the nearest (bar)?*?

el (bar) más cercano	los (...) más cercan?
la (...) más cercan?	las (...) más cercan?

GRAMÁTICA ▶▶ **13**

¿por dónde se va a...? para ir a... ¿hay... por aquí?		perdone, estoy perdido/a	
lo siento,	no soy de aquí, soy extranjero/a	tuerza	a la izquierda/derecha
siga/vaya	todo recto/derecho, al final, hasta el cruce	tome/coja	la (primera) a la (derecha)
pase	la rotonda, los semáforos, por la calle...	doble	la esquina
suba/baje	la calle/avenida/carretera, el paseo	cruce	la plaza, la calle, la puente
¿a qué distancia está?		está a (unos) 5 minutos/100 metros andando/en(coche)	
¿dónde está el/la... más cercano/a?		dónde están los/las... más cercanas?	

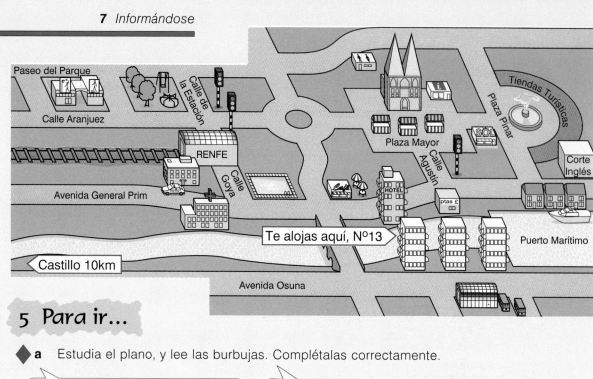

5 Para ir...

a Estudia el plano, y lee las burbujas. Complétalas correctamente.

El banco está ... **1** ... del hotel.

La Oficina de Turismo está ... **5** ... la Plaza Mayor.

El mercado está ... **2** ... de la catedral.

Los servicios están ... **6** ... de la catedral.

La estación de tren está ... **3** ... de la rotonda.

El bar Sol está ... **7** ... de las tiendas turísticas.

El castillo está ... **4** ... del centro.

El hospital está ... **8** ... la estación y el río.

delante   detrás   enfrente   al lado   cerca   lejos   entre   en

b Trabaja con tu compañero/a. Estáis en la Plaza Mayor. Explica cómo ir a seis lugares diferentes y dónde están exactamente.
Ejemplo

> Para ir a la cafetería, baje la calle Agustín, y tuerza a la derecha. Siga por la Avenida General Prim hasta el cruce. La cafetería está a la derecha.

la estación de autobuses
la cafetería
el polideportivo
la comisería
El Corte Inglés
las tiendas

c Tu familia del intercambio invita a tu profesor/a a cenar y le escribe instrucciones para ir desde la estación de tren a su casa. Pero el papel se ha mojado. Estudia el plano y escribe bien las instrucciones.

Al salir de la estación, coja la calle de enfrente, la calle ⬚ hasta el cruce. En los ⬚, tuerza a la derecha y suba la calle ⬚ hasta la rotonda. Pase la rotonda, y siga todo recto hasta la Plaza Mayor. ⬚ la plaza y coja la calle Agustín hasta el final. ⬚ a la izquierda y siga todo recto hasta el puerto. Mi casa está ⬚ del Corte Inglés.

d Escribe una serie de instrucciones para tu profesor/a de cómo llegar de la estación de tren al apartamento donde te alojas con tu familia del intercambio.

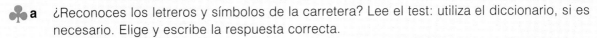

6 ¡Problemas!

♣a ¿Reconoces los letreros y símbolos de la carretera? Lee el test: utiliza el diccionario, si es necesario. Elige y escribe la respuesta correcta.

1 *Este letrero significa:*
  – nieve   - hielo
  – obras   - mucho tráfico

3 *Este letrero significa:*
  – atascos   - circunvalación
  – desvío   - enlace

2 *La carretera:*
  – está cortada   - es estrecha
  – está cerrada   - es peligrosa

4 *Ésta es...*
  – una carretera   - una autovía
  – una autopista   - una senda

b Para cada uno de los letreros **5–12**, busca su título en el test anterior.
Ejemplo **5** - enlace.

5   6   7   8   9   10   11   12

7 ¿Cuál es la mejor ruta para...?

♣a Lee el cuadro de vocabulario, y escucha la conversación. Rellena los blancos.

• ¿Cuál es la mejor ...**1**... para ir a Navacerrada?
  Sería mejor tomar la ...**2**... hasta el enlace 2, y luego ...**3**... M614.
• ¿Y cuál es la ruta más ...**4**...?
  Se puede coger la M607 pero hay ...**5**... después de Colmenar.
• ¿Y para ir de Navacerrada a Rascafría?
  ¡Uf! Cuidado - hay peligro de ...**6**... Me parece que la carretera está cerrada por ...**7**...
• ¿Cuánto tiempo se tarda en llegar?
  Por la autopista, unos ...**8**... minutos, pero por la carretera normal, alrededor de ...**9**...

b Túrnate con tu compañero/a para inventar conversaciones. Utiliza la actividad **a** como modelo.

A *quiere ir...*
Madrid - Segovia (¿pasando por Navacerrada?)
Segovia - Madrid (ver amigos en Brunete)

B *quiere ir...*
Madrid - San Ildefonso (¿ruta pintoresca?)
El Molar (E5, N1) - Torrejón de Ardoz

7.5 **Problemas en la carretera**

¿cuál es la mejor ruta/carretera para ir a...?		¿cuál es la ruta/carretera más rápida/pintoresca...?
hay que	tomar, coger	la carretera (principal), la autovía, la autopista
sería mejor	seguir	hasta (Segovia), el enlace con..., la salida para...
el problema, es que hay		un desvío, mucho tráfico, atascos
la carretera está cerrada/cortada por		obras, hielo, nieve
¿cuánto tiempo se tarda en (ir/llegar) a...?		unos (veinte) minutos, alrededor de (una) hora

8A

OBJETIVO
¿Qué tengo que hacer?

Yessica toma el metro.
Pero ¿adónde va?

Buenos días. Un billete, por favor.

Buenos días, señorita. ¿Qué tipo de billete quiere?
¿Un billete sencillo o un bono-metro?

¿Un bono-metro? ¿Qué es?

Es un billete para diez viajes.

No... Deme un billete sencillo, por favor. ¿Cuánto es?

Son doscientas pesetas.

¿Qué tengo que hacer
para ir a Chamartín?

Hay que cambiar en Plaza de
Castilla. Hay una conexión allí.

¿Qué número de línea es?

Es la línea ocho, hacia
Fuencarral. Chamartín es
la próxima parada.

¿Cuántas paradas hay?

A ver... hay siete paradas.

¡No, no! Hay que bajar en
Cuatro Caminos y coger
la línea seis.

¿Qué dirección es?

Hacia Avenida de América.

¿Dónde tengo que cambiar?

En Nuevos Ministerios.

¿Cuántas paradas hay?

¡Hay seis paradas!

Pero hay que
cambiar dos veces.

Sí, pero solamente hay seis paradas.

Gracias. Adiós.

1 En el metro

Empareja las preguntas **1–6** con las respuestas **a–f**. *Ejemplo* **1** – **d**.

1 ¿Qué tipo de billete quiere?
2 ¿Cuánto es?
3 ¿Hay que cambiar?
4 ¿Qué línea es?
5 ¿Qué dirección?
6 ¿Cuántas paradas hay?

a Sí, en Plaza de Castilla.
b La línea ocho.
c Hacia Fuencarral.
d Un billete sencillo, por favor.
e Hay seis paradas.
f Son doscientas pesetas.

2 Una conversación

Trabaja con tu compañero/a. Haz la conversación de la actividad 1.

3 En Ríos Rosas

◆ Mira el plan del metro. Escucha y contesta **Sí** o **No** a los viajeros **1–6**. *Ejemplo* **1** Sí.

♣ Escucha otra vez. Contesta con una frase completa. *Ejemplo* **1** Sí, está en la línea uno.

4 ¿Para ir a...?

Mira el plan del metro otra vez. Túrnate con tu compañero/a para preguntar y contestar. (Estás en Ríos Rosas.)

¿Para ir a Cuzco?   *Hay que cambiar en Plaza de Castilla.*

¿Qué línea?   *Es la línea ocho.*

¿Qué dirección es?   *Hacia Nuevos Ministerios.*

5 ¿Qué hay que hacer?

◆ Trabaja en un grupo de tres. Utiliza el cuadro para preparar conversaciones.

♣ Utiliza el plan y el cuadro para hacer otras conversaciones.

¿Qué tipo de billete quiere? ¿Cuánto es?	Un billete sencillo/para diez viajes Un bono-metro Son (doscientas) pesetas.		
¿(Qué hay que hacer) para ir a (Chamartín)? ¿Dónde hay que bajar/cambiar?	Hay que Tiene que	tomar la línea (2)	
		bajar cambiar	en la (próxima) parada en (Pacífico)
¿Cuántas paradas hay? ¿Qué número de línea es? ¿Qué dirección es? ¿Hay una conexión en (Plaza de Castilla)?	Hay (dos) paradas. Es la línea (tres) Hacia (Fuencarral) Sí/No		

6 En el aeropuerto

◆ Esta semana Rodri y Felipe trabajan en Barajas, preparando anuncios para el aeropuerto y la estación de autobús. Escucha el altavoz y completa los tablones con el número o la hora que falta. *Ejemplo 1* 11.03.

LLEGADAS DE AUTOBÚS

Hora de llegada	Procedente de	Andén
...(1)...	Madrid	6
11.47	Madrid	...(2)...
...(3)...	Madrid	1

SALIDAS DE AVIÓN

Número de vuelo	Hora de salida	Puerta
LN-939	9.16	...(4)...
...(5)...	10.22	48
PS 293	...(6)...	39

7 El altavoz

◆ Completa los huecos con las palabras del cuadro. *Ejemplo 1* procedente.

El autobús ...(**1**)... de Madrid llega al ...(**2**)... tres.
Los pasajeros del vuelo ...(**3**)... PS 230 con ...(**4**)... a París tienen que embarcar por la puerta número 42.
El autobús para Madrid ...(**5**)... a las dieciséis veinte del andén número cinco.
Los pasajeros del ...(**6**)... número MD 425 procedente de Bruselas, desembarcarán por la ...(**7**)... 54.
El ...(**8**)... autobús sale del andén número 4 en dos minutos.
El ...(**9**)... número LN 107 procedente de Londres tiene una ...(**10**)... de retraso.

vuelo   destino   sale   procedente   puerta   próximo   andén   número   vuelo   hora

8 Los tablones

◆ Prepara preguntas y respuestas para estos vuelos y estas salidas de autobuses.
Ejemplo ¿A qué hora sale el autobús para Madrid?

SALIDAS DE AUTOBÚS

Hora de salida	Destino	Andén
18.33	Madrid	9
21.42	Guadalajara	4

LLEGADAS DE AVIÓN

Número de vuelo	Procedente de	Puerta
LA 167	Lisboa	62
PS 219	París	57

9 Te toca a ti

◆ Prepara anuncios para los vuelos y las salidas de autobús.
Ejemplo El autobús para Madrid...

¿A qué hora	sale llega	el autobús el avión	de para (Madrid)?
El autobús El avión	de para (Madrid)	llega sale	a (las tres) del andén (9)

8.1

En la estación de tren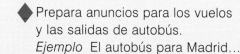

10 En el tren

♣ El revisor quiere ver el billete de Yessica. Completa las respuestas de Yessica con los verbos del cuadro. ¡Cuidado! Sobran tres.
Ejemplo **1** Quiero ir a Ávila.

¿Adónde quiere ir, señorita?
¿Tiene un billete?
¿Me lo puede mostrar?
¿Cuándo lo compró?
¿Cómo lo pagó?
¿Sacó un billete de qué clase?
¿Hizo una reserva?
¿Qué tipo de asiento reservó?
¿Qué tipo de tren es éste?
¿A qué hora salió Ud. de Madrid?
¿A qué hora llegará a su destino?

...(**1**)... ir a Ávila.
Sí, ...(**2**)... un billete.
Sí le ...(**3**)... mostrarlo.
Lo ...(**4**)... hoy.
Lo ...(**5**)... con una tarjeta de crédito.
...(**6**)... un billete de primera clase.
Sí, la ...(**7**)... esta tarde.
...(**8**)... un asiento en un compartimiento de fumadores.
...(**9**)... un Interurbano.
...(**10**)... de Chamartín a las quince cinco.
...(**11**)... a las dieciséis veintiséis.

saqué	reservé	es	hice	puedo
llegué	cambié	tengo	salí	pagué
fui	quiero	compré	llegaré	

11 El billete

♣ Mira el billete de tren. Mira las preguntas del ejercicio anterior, y escribe la letra donde está la información más apropiada. *Ejemplo* **a – 1**.

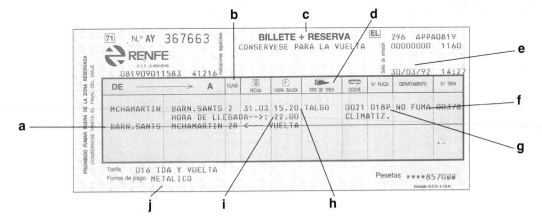

12 ¿Qué opinas?

♣ ¿Es éste el billete de Yessica? Prepara respuestas apropiadas para este billete.
Ejemplo **1** Quiero ir a Barcelona.

8.2 ♣ **La tarjeta joven**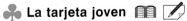

8B

OBJETIVO
¿Tiene habitaciones libres?

El grupo llega a Ávila para inspeccionar un hotel competidor.

RECEPCIONISTA:	Aquí está la cuenta, señor. ¿Cómo quiere pagar?
CLIENTE:	En metálico...
RECEPCIONISTA:	Buenas tardes, señora. ¿Hizo una reserva?
CONSUELO:	No. ¿Tiene habitaciones libres para esta noche?
RECEPCIONISTA:	... Sí. ¿Para cuántas personas?
CONSUELO:	Para seis personas.
RECEPCIONISTA:	¿Para cuántas noches?
CONSUELO:	Para dos noches.
RECEPCIONISTA:	¿Qué tipo de habitación desea?
CONSUELO:	Bueno... para mí, una habitación individual ... con baño. Iñaki, ¿tú también, quieres una habitación individual?
IÑAKI:	Sí, con ducha.
CONSUELO:	Raúl y Pablo, ¿queréis una habitación doble?
RAÚL:	Sí, con ducha...
PABLO:	... y televisión.
BELÉN:	¿Cuánto cuesta una habitación individual?
RECEPCIONISTA:	Son 5.500 pesetas por noche.
BELÉN:	¡Es mucho! Voy a coger una habitación doble con Ana, con baño, televisión y balcón.
RECEPCIONISTA:	Muy bien... El desayuno está incluido. ¿Quieren media pensión o pensión completa?
CONSUELO:	Para mí, media pensión.
IÑAKI:	Para mí también.
BELÉN:	Y para nosotros, pensión completa.
PABLO:	Sí. ¿A qué hora se sirve la cena?
RECEPCIONISTA:	Entre las ocho y las once.
RECEPCIONISTA:	¿Quiere firmar aquí? Gracias. Aquí están las llaves. Las habitaciones están en el cuarto piso. Hay un ascensor allí, a la derecha.
CONSUELO:	Muy bien, gracias.

1 En el hotel las Golondrinas

Escucha y lee la conversación.

◆ **a** Apunta si cada pregunta es del cliente o de la recepcionista.
Ejemplo **1** cliente (Consuelo).

1 ¿Tiene habitaciones libres?
2 ¿Para cuántas personas?
3 ¿Para cuántas noches?
4 ¿Qué tipo de habitación?

5 ¿Cuánto cuesta?
6 ¿Media pensión o pensión completa?
7 ¿A qué hora se sirve la cena?

b En la conversación, busca una respuesta apropiada para cada pregunta.

♣ **c** Completa los detalles de la reserva para cada persona.
Ejemplo Consuelo: habitación individual/con baño/dos noches/media pensión.

2 ¿Qué hay en el hotel?

El grupo comprueba lo que hay en el hotel.
Escucha y dibuja símbolos para lo que hay
y lo que no hay.

Ejemplo

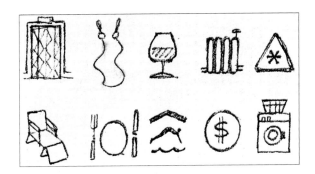

Hay   No hay

3 ¿Hay...?

Utiliza la lista de la actividad 2. Túrnate con tu compañero/a para preguntar y contestar.

A *¿Hay ascensor?*   *Sí, hay ascensor.* **B**

No, no hay calefacción central.   *¿Hay calefacción central?*

4 Una sorpresa para Consuelo

Escucha la llamada telefónica. Apunta respuestas a las preguntas de Consuelo.

1 *¿Quién?*   **7** *¿Cuál es el número?*
2 *¿Dónde?*   **6** *¿Cuánto?*
3 *¿Cuándo?*   **4** *¿Cómo?*   **5** *¿Por qué?*

8.3 **En el albergue juvenil**   **8** **Práctica: lengua**

✎ 5 En la recepción

◆ Hay otros clientes en el hotel Las Golondrinas. Escribe la conversación, sustituyendo a los símbolos.

💬 6 Te toca a ti

◆ Trabaja con tu compañero/a. Practica la conversación.

8.4 **¿Tiene habitaciones libres?** 💬

✎ 💬 7 Otras conversaciones

◆ Utiliza la conversación y el cuadro para hacer otras conversaciones.

¿Tiene habitaciones libres para (la noche del 21)?	Sí/No/Depende…
¿Para cuántas personas?	Para (dos) personas.
¿Para cuántas noches?	Para (cuatro) noches.
¿Qué tipo de habitación desea?	Una habitación individual/doble con ducha/baño/balcón.
¿Media pensión o pensión completa? ¿El desayuno está incluido?	Pensión completa. Sí/No.
¿Cuánto cuesta?	(5,500) pesetas por persona por noche.
¿Quiere hacer/hizo una reserva?	Sí quiero hacer/hice una reserva.
¿A qué nombre?	A nombre de (Blanco).
¿Hay (un ascensor)?	Por aquí/a la derecha/izquierda/siga todo recto.
¿A qué hora se sirve la cena/el desayuno?	Entre (las ocho y las once).
¿Me da (la cuenta/ las llaves)?	Aquí está(n).
¿Cómo quiere pagar?	En metálico/con tarjeta de crédito.
¿Quiere firmar aquí?	Sí.

8 Los paradores

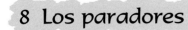

♣ Lee el artículo. Contesta **Es verdad** o **No es verdad** a las frases *1–6*.

1 Los paradores no están nunca en edificios modernos.
2 Hay paradores por toda España.
3 Solamente las personas ricas se alojan en paradores.
4 Solamente son accesibles en coche.
5 Algunos están en el campo o en la montaña, y otros en pueblos o ciudades.
6 Hay muy pocos paradores en España.

En tiempos pasados mientras que los viajeros pobres se alojaban en la posada, el parador servía de hotel a los viajeros más ricos.

En los años 20, con el aumento del turismo en España, el Comisario Regio de Turismo tuvo la idea de abrir hoteles en lugares lejos de los hoteles comerciales y que dejaban entre ellos una distancia que se podría recorrer en una jornada de coche. Muchas veces, se reutilizaron antiguos monumentos como viejos hospicios, palacios, castillos o conventos. Así el viajero se encontrará hoy con la sorpresa de que puede dormir en la misma habitación que Carlos V o comer en las salas de una antigua universidad.

En este momento, la Red de Paradores tiene más de ochenta establecimientos, repartidos por toda España.

Parador de BIELSA ***

El Parador se encuentra al fondo del maravilloso Valle de Pineta a 14 km. de Bielsa, capital del alto Cinca, junto al nacimiento de dicho río y a los pies de Las Tres Sorores (Monte Perdido, Cilindro y Soum de Ramond, picos que superan los 3.350 metros de altitud). Por su ubicación es un lugar ideal para visitar el Parque Nacional de Ordesa y Monte Perdido, hacer montañismo y toda clase de excursiones por los bellos parajes que le circundan. Asimismo la caza y la pesca son muy abundantes en la zona. Desde este lugar se pueden visitar los bonitos pueblos cercanos con sus iglesias del siglo XIII dotadas de retablos de gran interés.

Valle de Pineta 22350 BIELSA (Huesca)
Tel.: (974) 50 10 11   Fax: (974) 50 11 88

Hostería de PEDRAZA

La Hostería se ha instalado en la antigua Casa de la Inquisición de la villa de Pedraza. Villa señorial y petrificado ensueño del siglo XVI, en el que todavía parecen resonar ecos de su pasado caballeresco. Es imprescindible la visita a la Plaza Mayor y al Castillo.

40172 PEDRAZA (Segovia)
Tel.: (911) 50 98 35   Fax: (911) 50 98 36

9 ¿Qué parador?

♣ Lee los folletos de arriba. ¿Qué parador recomiendas a las personas **A** y **B**?

A
20 de junio > 6 días
3x hab. indiv. + ducha, teléfono
sitios históricos, en una ciudad

B
24 de agosto > 8 días
1x hab. doble + televisión
pesca, sitios históricos, montaña

8.5 **Vamos de camping**

10 Quiero reservar...

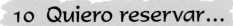

♣ Escribe una carta de reserva para cada persona.

7-8 Acción: lengua

How to ... • use positive commands

¿Preparados?

a Lee las instrucciones y el cuadro de verbos. ¿Cada instrucción habla de *tú* o de *usted*? *Ejemplo **1** – tú.*

1 Pasa la rotonda, y el bar Sol está allí.
2 Suba la calle hasta los semáforos.
3 Toma la primera a la derecha.
4 Baje la avenida y el bar está al final.
5 Dobla la esquina, y sube la calle.
6 Tome la segunda a la derecha.

doblar (la esquina)
pasar (la rotonda)
tomar (la calle Gil)
bajar (la avenida)
subir (la calle)

		tú *(informal)*	usted *(formal)*
(- **ar**)	pas**ar**	¡pas**a**!	¡pas**e**!
(- **er**)	com**er**	¡com**e**!	¡com**a**!
(- **ir**)	sub**ir**	sub**e**!	¡sub**a**!

Irregulares

cruzar: cru**z**a > cru**c**e
coger: co**g**e > co**j**a / torcer: t**ue**rce > t**ue**r**z**a
seguir: si**g**ue > si**g**a

¿Listos?

Lee la sección de Gramática 51.

¡Ya!

b ◆ Lee el poema acerca de cómo ir al bar, y completa los verbos correctamente con la forma *usted*.
Ejemplo Suba la calle...

¿Para ir al bar?

Sub_ la calle hasta el cruce,
Pas_ el Hostal Sol y Mar,
Dobl_ la esquina y baj_ la avenida,
Cruc_ la plaza y allí está el bar.
Si necesita aspirinas cuando sale de allí,
Co_ _ la Calle Ramón y Cajal,
Tuer_ _ a la derecha y sig_ todo recto,
¡La farmacia de guardia está al final!

c Ahora escribe los verbos en la forma *tú*.

♣ La pobre Señora Gutiérrez recibe sus órdenes el primer día de su nuevo puesto. Escribe los verbos *en cursiva* en la forma correcta *usted*.
Ejemplo Escriba esta carta...

El primer día de trabajo

(Escribir) esta carta en el ordenador.
(Poner) este póster en el escaparate.
(Salir) a la calle para ver si está bien.
Luego, *(ir)* a Correos para comprar sellos.
(Tener) cuidado, porque hay mucho tráfico.
A la vuelta, *(pasar)* por el supermercado.
(Traer) una brik de leche desnatada.
(Hacer) café para todo el mundo.

De vacaciones
En el restaurante

PIZZA MÓVIL

Pesetas

PAELLADOR

Una PAELLADOR, joven y mediterránea

Hechas al horno con los ingredientes y receta original de PAELLADOR. INDIVIDUALES

Paellador de Marisco
1.150 ptas.

Paellador Fideuá
990 ptas.

Paellador Arroz Negro
990 ptas.

Paellador Fideuguoy
890 ptas.

PAELLADOR
La paella al horno

HELADOS

PESCADOS

INCLUYE
PATATAS
Y ENSA-
LADA

45. Merluza a la romana
46. Lenguado a la plancha
47. Calamares a la romana

CARNES

INCLUYE
PATATAS
Y ENSA-
LADA

Raciones

Jamón Pata negra._1650.
Caña Lomo Serrana..1500.
Queso Manchego oveja.985.

Lomo al Jerez _____
Pollo al ajillo _____1125.
Paella (Mediodía) __825.
Croquetas caseras _850.
"Doña Paqui" _____
Albóndigas caseras _805.
"Doña Concha" ___795.
Tortilla española ___775.
Espinacas c/garbanzos.810.
Menuda _____875.
Puntas de Solomillo
al Whisky _____925.

48. 1/2 Pollo
49. Pechuga pollo a l
50. Pechuga pollo em
51. Chuletas de cerdo
52. Bistec de ternera

54. Banana Split
55. Cafe Irlandes
56. Fantasia
57. Venus
58. Sofia
59. Tri Color
60. Soufle
61. Flan Buscuit
62. Trufito

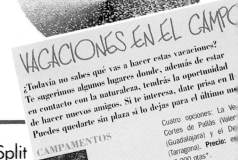

VACACIONES EN EL CAMPO

¿Todavía no sabes qué vas a hacer estas vacaciones? Te sugerimos algunos lugares donde, además de estar en contacto con la naturaleza, tendrás la oportunidad de hacer nuevos amigos. Si te interesa, date prisa en ll Puedes quedarte sin plaza si lo dejas para el último m

CAMPAMENTOS

Cuatro opciones: La Ve
Cortes de Pallás (Valen
(Guadalajara) y el De
(Tarragona). **Precio:** e
45.000 ptas*.

Pirineos
▲ **Edad:** a partir de
ción: Programa de
días. **Organiza:** Gen
478 01 11. **Lug**
(Lleida). **Precio:** 3
o 54.900 ptas*

Granada
▲ **Edad:** hasta 14 años. **Duración:** tur-
nos de 10 días entre el 22 de julio y el
24 de agosto. **Organiza:** Centro de
Innovación Educativa Huerto Alegre,
tel.: 958 - 79 32 62. **Lugar:** Aula de
Naturaleza "Ermita Vieja", muy cerca
del Parque Natural de Sierra Nevada.
Precio: 39.250 ptas*.

▲ **Edad:**
días dura
Arcoiris,
Valle c
Aragón

Asturias
▲ **Edad:** hasta 14 años. **Duración:** del
16 al 30 de julio. **Organiza:** Fundación
Fonat, tel.: 91 - 319 63 62. **Lugar:**
Albergue de Balmori, en Llanes. **Precio:**

¿Te acuerdas?

1 Los países

¿Reconoces los países por las letras que se ponen en las pegatinas? Empareja las con los países. ¡Cuidado! – sobran dos países.
Ejemplo GB Gran Bretaña.

Rusia Finlandia Luxemburgo

Italia Austria Gran Bretaña

Dinamarca Alemania Suiza

Francia Pakistán España

Polonia Bélgica Israel India

A	PL	I
F	RUS	PK
GB	B	E
IL	D	CH
L	IND	

2 Las bebidas

◆ Túrnate con tu pareja: **A** inventa una combinación, **B** dice

'¡Qué rico!' o ¡Qué asco!

un café
un té
un zumo
un batido
un granizado
un agua mineral

con limón
con leche
sin gas
con gas
solo
de chocolate
de fresa
de fruta

A Un café con limón   ¡Qué asco!   **B**

3 La comida

a Haz una lista de cosas que se comen y se beben para el desayuno. *Ejemplo* cereales...

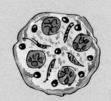

c Inventa tres pizzas nuevas. ¡Pueden ser raras, si quieres! *Ejemplo* Pizza 1: con queso, pimiento, tomate y piña.

b Describe tus bocadillos favoritos. *Ejemplo* un bocadillo de jamón ...

d ¿Te gusta la mermelada? ¿Cuántas variedades puedes apuntar? *Ejemplo* mermelada de fresas...

4 ¿Te gustó Inglaterra?

¿Qué opinó Juan de sus vacaciones en México? Para cada dibujo, sustituye la palabra o expresión correcta de la lista. ¡Cuidado: sobran muchas!

tiempo	me aburrí
me divertí	música
gente	paisaje
basura	humo
ritmo de vida	visita
comida	

Me gustó bastante mi visita a México. Me gustó el que era impresionante, y me gustó mucho la . La era buenísima también. Lo peor era el y la en la capital.

Pero mucho en general.

5 ¿Lo pasaste bien?

Lee los comentarios de los jóvenes 1-6, y decide si cada uno/a es positivo/a (P) o negativo/a (N).

1. Fui a Alemania con mi familia, y lo pasé muy bien.

2. El año pasado, visité Marruecos con mi mejor amigo y me divertí mucho.

3. Fui a Sevilla para celebrar la Semana Santa, pero hizo mal tiempo y me aburrí un poco.

4. Visité a mis parientes en Francia, y lo pasé bomba.

5. El verano pasado, fui de intercambio a los Estados Unidos. No me gustó la familia, y lo pasé muy mal.

6. Fui en avión – el viaje era muy largo, pero emocionante.

6 ¿Cómo te gusta viajar?

◆ Pilla al intruso en cada grupo.

a
autobús
coche
tren
avión

b
lento
práctico
divertido
emocionante

c
cómodo
sucio
caro
ruidoso

d
taxi
moto
bicicleta
vespino

e
limpio
relajado
incómodo
barato

f
ferry
metro
aerodeslizador
barco

♣ Escribe cuatro frases: utiliza los tipos de transporte ■ y los adjetivos ■.

1 Me gusta viajar en ■ porque es ■.
2 Odio ir en ■ porque es ■
3 Lo bueno de ir en ■ es que es ■
4 Lo malo de viajar en ■ es que es ■.

9A

OBJETIVO
¿Adónde vas de vacaciones?

Raúl y Ana leen un folleto publicitario en la recepción del hotel.

RAÚL: ¡Qué bien! ¿Te interesa?

ANA: ¡Claro! ¿Lo hacemos juntos?

RAÚL: Sí - escribimos las mismas cosas...

ANA: ¡Y así ganaremos un premio!

RAÚL: Uno: <u>¿adónde vas de vacaciones normalmente?</u>

ANA: Voy al campo.

RAÚL: Dos: <u>¿para cuánto tiempo?</u>

ANA: Una semana.

RAÚL: Tres: <u>¿dónde te alojas?</u>

ANA: Me alojo en casa de mis abuelos.

RAÚL: Cuatro: <u>¿adónde vas a ir de vacaciones este año?</u>

ANA: Voy a ir a la montaña.

RAÚL: A los Pirineos.

ANA: Cinco: <u>¿cómo vas a ir?</u>

RAÚL: Voy a ir en bici.

ANA: Seis: <u>¿cuándo y con quién?</u>

RAÚL: En junio... con mi mejor amigo.

ANA: Siete: <u>¿cuánto tiempo vas a quedarte?</u>

RAÚL: Mm... ¿Una semana?

ANA: Ocho: <u>¿dónde vas a alojarte?</u>

RAÚL: Voy a alojarme en un camping.

ANA: Yo, en un albergue juvenil.

RAÚL: Nueve: <u>¿qué vas a hacer?</u>

ANA: Quiero explorar la sierra...

RAÚL: Voy a visitar lugares nuevos, y hacer turismo...

ANA: Quiero bañarme en los ríos...

RAÚL: Diez: <u>¿qué haces normalmente durante las vacaciones?</u>

ANA: Me encanta ir a conciertos...

RAÚL: Pero no me gusta tomar el sol...

ANA: No quiero ponerme morena.

RAÚL: ¡Bueno, ya está!

Mmm... ¡ya veremos!

¡Qué útil es el corrector! ¡Este formulario es mío!

Y el tercer premio: una cena romántica para Raúl y... Belén!

---

1 Las vacaciones

Para cada dibujo, escribe una frase de la conversación.

Ejemplo **1** voy a ir en bici.

2 Pablo charla de las vacaciones con sus amigos

◆ Escucha los fragmentos **1–8**. ¿Cada fragmento se refiere a lo que hace normalmente (N) o lo que va a hacer este verano (V)? *Ejemplo* **1** – N.

Futuro...
voy a ir, quedarme, alojarme...

♣ Copia y completa la lista con los detalles de sus vacaciones.

destino
alojamiento
cuánto tiempo
actividades

normalmente
la montaña

este verano

3 Me gusta, quiero, voy a...

◆ Trabaja con tu compañero/a. Inventa 7-10 frases para hablar de las vacaciones.
Ejemplo **1** me gusta comprar recuerdos / quiero practicar el esquí / voy a ir a Italia.

| me gusta |
| quiero |
| voy a |

comprar...

practicar...

bailar...

visitar...

alquilar...

salir por la noche (a)...

merendar...

dar un paseo...

ir (a)...

♣ Añade también otras expresiones que conoces. *Ejemplo* quiero montar en globo.

4 Túrnate con tu compañero/a

Prepara tus respuestas a las preguntas **1–10** (subrayadas) de la actividad 1.

 A   *¿Adónde vas de vacaciones normalmente?*

 B

Algunas veces, voy al extranjero y otras veces me quedo en casa.

normalmente	*este verano*	
voy...	voy a ir...	a (Rhyl) en el (norte) de (Gales); a (Francia), a la costa, al campo, al extranjero, con mi familia, mi mejor amigo/a
me quedo	voy a quedarme/pasar	una semana, dos semanas, quince días, un mes
me alojo	voy a alojarme	en casa, en casa de (mis tíos), en (Gran Bretaña), en un hotel, en un camping, en un albergue juvenil, en un chalé
me gusta me encanta	voy a... quiero...	tomar el sol, visitar/explorar (lugares nuevos), aprender a (...) hacer deporte/turismo, bañarme, ponerme moreno/a

  Una carta a la Oficina de Turismo 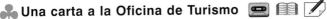   **Mis vacaciones**

5 ¿Qué vas a hacer en las vacaciones?

◆ **a** Lee el poema de las vacaciones de la profesora: utiliza la sección de vocabulario.

◆ **b** ¿La profesora va a hacer las actividades **1–6** o no? Escribe ✔ o ✘ .

 Las Vacaciones de la Profesora

¿Qué voy a hacer en las vacaciones?

No quiero levantarme a las cinco –
Quiero quedarme en la cama hasta las nueve.
No voy a desayunar de prisa –
Voy a tomar un café tranquilamente en el jardín.

No quiero salir al instituto a las siete y media –
Quiero ir al centro de la ciudad a las once.
No voy a mirar libros y cuadernos,
Voy a mirar escaparates en la zona comercial.

No quiero preparar clases –
Quiero descansar y leer novelas en el sofá.
No voy a acostarme a las doce de la noche,
Voy a bailar en una discoteca por la noche.

 ¡No voy a trabajar! ¡No señor!

1 2 3

4 5 6

◆ **c** Escribe tu proprio poema – utiliza *voy a/no voy a... quiero/no quiero...*

6 La postal de Belén

◆ **a** Lee la postal y rellena los huecos. *Ejemplo* **1** días.

explorar	salir
cómodo	voy
noche	buena
pronto	días

b Escribe otra postal: explica...

dónde te alojas
cuánto tiempo vas a quedarte
cómo es el hotel
qué vas a hacer o quieres hacer

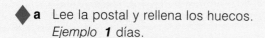

¡Hola, Margarita!
Estoy en el Hotel Golondrinas y voy a pasar tres ...1... aquí. El hotel es muy ...2... y bonito, y la comida es bastante ...3.... Mañana por la tarde, ...4... a visitar un pueblo cercano - me gusta ...5... lugares nuevos. Esta ...6... voy a cenar con un compañero Raúl (¡es muy guapo!). Quiero ...7... con él, pero no sé si él quiere o no. ¡A ver!
Hasta ...8..., Belén.

7 Las vacaciones de un/a compañero/a

◆ Entrevista a otro/a compañero/a de tu clase sobre las vacaciones. Utiliza las preguntas de la actividad 1. Toma apuntes y escribe un párrafo sobre sus vacaciones.

Normalmente, mi compañero Alex va a Devon en el sur...

va...	va a ir...
se queda...	va a quedarse...
se aloja...	va a alojarse...
le gusta...	quiere...

Las dos caras del turismo: ¿bueno o malo?

Carlos: El problema es que los viajes en avión gastan muchísimo carburante y contribuyen a la contaminación. Y hay mucha masificación en las playas españolas - es imposible bañarse tranquilamente. Pero hay que reconocer que el turismo facilita el trabajo a los nativos.

Alejandro: Los dueños extranjeros hacen mucho dinero, pero los empleados nativos, no. Eso no es justo. Es un tipo de explotación. No son los habitantes que sacan provecho de un 'boom' turístico. ¿Y después del boom? El desempleo.

Irene: La industria fuerte o manufacturera ensucia el medio ambiente. El turismo es una industria 'limpia', por lo menos. Pero si los habitantes no cultivan ni fabrican cosas, dependen demasiado de los turistas. Y esto conduce a un desarrollo inestable del país.

Mariola: Muchos habitantes españoles trabajan en el sector turismo: son obreros en la construcción de hoteles, conducen taxis, trabajan como empleados de la industria hotelera, o de restauración.

Vanessa: Cuesta un dineral construir un complejo hotelero - sería mejor utilizar el dinero para construir colegios, clínicas, fábricas. Y muchos hoteles son feos - rascacielos enormes, sin ningún mérito arquitectónico.

Rafael: Muchos sitios bonitos - playas, campos - son privados. Están cerrados a los españoles pero abiertos a los extranjeros. Esto no debe ser. Hay mucha explotación del entorno natural también - después de cierto tiempo, los sitios bonitos ya no lo son.

8 El turismo: ¿a favor o en contra?

♣ **a** Lee los comentarios de los jóvenes. ¿Están *a favor* (F) o *en contra* (C) del turismo, o los dos (FC)? *Ejemplo* Carlos: FC.

♣ **b** ¿Quién o quiénes está(n) de acuerdo con los comentarios **1–5**? *Ejemplo* **1** Carlos + ...

1 A largo plazo, el turismo contamina el medio ambiente.
2 El turismo no es una industria 'sucia': favorece el entorno natural.
3 El turismo quita a los habitantes del país el derecho de acceso libre a los lugares más bonitos.
4 El turismo proporciona trabajo y empleo a los habitantes del país.
5 La inversión económica extranjera en el turismo no favorece a los habitantes del país.

9 Los países en vías de desarrollo

♣ En cuanto a los países del Tercer Mundo, ¿es bueno o malo el turismo? ¿Qué opinas? Prepara una corta presentación. Adapta las frases del artículo y de los comentarios.

9.3 ♣ **Los consejos para las vacaciones** 📖

el turismo, el sector de servicios, la industria manufacturera...		
(no)	proporciona / facilita favorece / conduce a contamina	trabajo, empleo, desempleo, dinero un desarrollo estable/inestable, la explotación el medio ambiente, el entorno natural

9B

OBJETIVO
¿Qué tal lo pasaste?

Yessica habla de su visita a Ávila para ver a
Iñaki y a los otros compañeros de su madre.

(1)

¡Yessica! ¿Qué tal el fin de semana en Toledo con tu padre?

¡No fui a Toledo! Llamé a Papá para explicárselo.

(2)

¿No? ¿Adónde fuiste?

Fui a Ávila para ver a Iñaki.

(3)

¿Cómo fuiste?

En tren.

(4)

¿Dónde te alojaste? ¿En un hotel?

No. Llegué muy tarde el viernes por la noche. Me alojé en el albergue juvenil.

(5)

¿Qué hiciste?

El sábado por la mañana, fui al hotel para ver a Iñaki. Pasé todo el día con él.

(6)

¿Cuánto tiempo te quedaste?

Me quedé una noche solamente. Volví a Madrid con mi madre el sábado por la noche.

(7)

¡No lo pasaste bien, entonces!

Lo pasé bomba con Iñaki, pero con mi madre – ¡fatal!

1 ¿Lo pasaste bien?

Lee el resumen de Yessica, y rellena los huecos correctamente.   *Ejemplo* **1** fui.

...**1**... a Ávila en tren pero ...**2**... tarde. Esa noche ...**3**... en el albergue juvenil. Sólo ...**4**... una noche. ...**5**... a Madrid el día siguiente. i ...**6**... muy bien con Iñaki, pero no con mi madre!

llegué
me quedé
lo pasé
fui
volví
me alojé

REPASO 2 ¿Qué hiciste?

a Estudia la lista de actividades. ¿Cómo se dicen en inglés? Utiliza la sección de vocabulario. *Ejemplo* alquilar – *to hire*.

b Estudia el cuadro de verbos. Escribe cada verbo de la lista en la forma *yo* y termina la frase con algo adecuado.
Ejemplo alquilé una bici.

alquilar	hacer una excursión
bailar	ir (a)
beber	ir de compras
comprar	merendar
comer	mirar escaparates
coger	nadar
cenar	salir
conocer	tomar
dar * una vuelta (por)	ver *
descansar	viajar
escribir	visitar

yo	-**ar** (tomar)	-**er** (comer)	-**ir** (escribir)	ir	hacer	*dar > **di**
	tom**é**	com**í**	escrib**í**	**fui**	**hice**	* ver > **vi**

GRAMÁTICA ▶▶ **40**

3 Las vacaciones

♦ Túrnate con tu compañero/a. **A** dice una frase. **B** da otra versión. Utiliza las frases de la actividad 2b.

Alquilé una bici.

¡Aquilé una moto!

♣ Túrnate con tu compañero/a. Utiliza los verbos de la actividad 2b. ¡Inventa frases complicadas!

Alquilé una bici en una tienda cerca de la estación.

Bailé toda la noche con un chico muy guapo en una discoteca.

4 Las preguntas

♦ Escucha lo que dicen las personas **1**–**7**. ¿Contestan a qué pregunta **a**–**h** del cuadro?
Ejemplo **1**–**c**.

♣ ¿Lo pasó bien cada persona, o no? Escribe

Ejemplo **1**–**c**, 😟 .

a	¿adónde fuiste de vacaciones?	fui a (España), al extranjero, me quedé en casa
b	¿cómo fuiste? ¿con quién?	fui en (avión, barco, aerodeslizador, coche) con...
c	¿te gusta viajar en...?	es (un poco/muy) aburrido, interesante *(act.6, pág.89)*
d	¿qué tal el viaje?	salí a las (ocho), cogí (el tren), llegué... volví...
e	¿cuánto tiempo te quedaste?	me quedé / pasé (una semana) (quince días) (un mes) allí
f	¿dónde te alojaste?	me alojé en (un hotel), en casa de unos amigos / mis tíos
g	¿qué hiciste?	hice turismo, visité... compré... tomé el sol...
h	¿lo pasaste bien?	lo pasé bien/mal, me divertí/me aburrí *(act.5, pág.89)*

9.4	♦ ♣ **¿Adónde fuiste?**	**9.5**	♦ ♣ **Por teléfono**

5 De vacaciones en Menorca

◆ **a** Empareja las frases **1–9** con las fotos de la postal. *Ejemplo* **1 – g**.

1 Me quedé en un apartamento cerca de una playa bonita.
2 Visité una playa bonita y casi desierta, lejos de la ciudad.
3 Di una vuelta por la catedral, y comí en un bar en el puerto.
4 Fui de paseo en bici a un talyot: un monumento prehistórico.
5 Pagué mil pesetas por un par de sandalias muy bonitas.
6 Saqué muchas fotos de la bahía, con la ciudad al fondo.
7 Vi una fiesta típica en un pueblo, ¡pero yo no bailé!
8 Un día, subí la montaña en el centro de la isla.
9 Conocí a un chico menorquino, y vi el puesto del sol con él: ¡fue muy romántico!

> **¡Atención!**
>
> pa**g**ar > pa**gu**é
> sa**c**ar > sa**qu**é
> cru**z**ar > cru**c**é
>
> lle**g**ar, ju**g**ar > ?
> practi**c**ar, bus**c**ar > ?
> empe**z**ar, comen**z**ar > ?
>
> **GRAMÁTICA** ▶▶ **41**

6 ¡Qué bien! ¡Qué mal!

◆ **a** Busca las fotos de tus vacaciones favoritas o utiliza dibujos/fotos de revistas o de publicidad. Escribe una o dos frases para cada foto o dibujo.

◆ **b** ¡Fuiste de vacaciones – y fue un desastre! Prepara una presentación oral: describe lo que pasó, y cómo fue.

El año pasado, fui de vacaciones a España. Fui al sur, a Málaga, con mi familia. ¡Fue un desastre! Me alojé en un hotel de tres estrellas pero era horrible...

9 **Práctica: lengua, actividades 1, 2.**

7 El pretérito grave

♣ Estudia el cuadro de verbos. ¿Cómo se dicen en inglés? Utiliza la sección de vocabulario, si es necesario.
Ejemplo andar – *to walk*, anduve – *I walked*.

infinitivo	'yo' pretérito	infinitivo	'yo' pretérito
andar	> **anduve**	poder	> **pude**
estar	> **estuve**	poner	> **puse**
caber	> **cupe**	tener	> **tuve**
saber	> **supe**	decir	> **dije**
querer	> **quise**	conducir	> **conduje**
venir	> **vine**	traer	> **traje**

8 El fracaso

♣ **a** Lee el relato de Consuelo. Escribe los infinitivos **en negrita** en la forma *yo* pretérito. Escucha la cassette para verificar. *Ejemplo* No supe nada de Yessica.

El sábado, no vi a Iñaki todo el día. No **(saber)** nada de Yessica hasta que llegaron al hotel a las seis.

'**(Estar)** todo el día con Iñaki, Mamá. ¡Lo pasé bomba!' me dijo.

'Me quedo aquí en el hotel esta noche. ¿Vale, Mamá?' me dijo. Le **(decir)** que no.

Yo no **(querer)** arruinar el fin de semana a los demás. **(Tener)** que insistir.

Yessica estaba furiosa. La metí en el coche con su mochila y le **(poner)** las cosas claras.

A la vuelta, ¡**(conducir)** a ciento diez kilómetros por hora! Ni la **(poder)** mirar siquiera. Y estoy enfadada con Iñaki también...

♣ **b** Empareja las dos partes de las frases correctmente. *Ejemplo* **1** – **e**.

1 Iñaki y Yessica estuvieron
2 Consuelo no supo nada
3 Yessica quiso pasar
4 Consuelo le dijo
5 Yessica se puso
6 Volvieron a Madrid

a la noche en el hotel.
b en coche.
c de eso.
d furiosa.
e juntos todo el día.
f que no.

yo	pus**e**
tú	quis**iste**
él, ella, usted	sup_
nosotros	pud**imos**
vosotros	tuv**isteis**
ellos, ellas, ustedes	estuv_

GRAMÁTICA ▶▶ **42**

♣ **c** Copia y rellena el cuadro de verbos correctamente.

9.6 ♣ ¡Lo pasé fatal!

9.7 ♣ ¡Las vacaciones infernales!

9 **Práctica: lengua, actividad 3**

10A

OBJETIVO

¿Qué van a tomar?

Belén y Raúl están en el restaurante, en una cena romántica. Belén llama al camarero, Juan.

BELÉN: ¡Oiga, camarero! ¿Me trae el menú?

CAMARERO: ¿El menú del día o la carta?

BELÉN: La carta, por favor.

(Diez minutos más tarde)

CAMARERO: ¿Qué van a tomar ustedes de primero?

RAÚL: Para mí, gazpacho.

BELÉN: Yo quiero ensaladilla rusa.

CAMARERO: ¿Y de segundo plato?

RAÚL: ¿Qué recomienda?

CAMARERO: La trucha con almendras es muy rica.

RAÚL: No la he probado nunca. La trucha entonces.

BELÉN: Para mí, calamares en su tinta.

CAMARERO: Muy bien. ¿Y para beber?

BELÉN: ¿Me trae la lista de vinos, por favor?

CAMARERO: En seguida, señorita.

(Una hora más tarde)

CAMARERO: ¿Qué van a tomar de postre?

BELÉN: ¿Tiene tarta helada?

CAMARERO: Lo siento, señorita, no queda.

BELÉN: ¿Qué es el 'pastel de Caribe' exactamente?

CAMARERO: Es un pastel con una mezcla de frutas y nata, con una salsa de chocolate.

BELÉN: ¡Mm, delicioso! Me gustaría probarlo.

RAÚL: Y para mí, peras al vino.

CAMARERO: Muy bien, en seguida.

¿Es tu amiga? Es muy guapa y elegante. Hacen una pareja muy buena, ¿no te parece?

1 ¡Oiga, camarero!

◆ Escucha y lee la conversación. Identifica los platos siguientes, y si son *de primero*, *de segundo* o *de postre*. *Ejemplo* **1** pastel de Caribe – *de postre*.

1

2

3

4

5

6

♣ Para cada plato **1–6**, escribe la frase: No (*lo/la/los/las*) he probado nunca. Pero me gustaría probar (*lo/la/los/las*).
Ejemplo **1** ¿El pastel de Caribe? No *lo* he probado nunca, pero me gustaría probar*lo*.

	it	them
masc.	lo	los
fem.	la	las

GRAMÁTICA ▶▶ **28**

REPASO 2 El menú

a Ayuda al camarero Juan a preparar el menú. Pon los platos del cuadro en la categoría correcta. *Ejemplo* Sopas y huevos – 20,

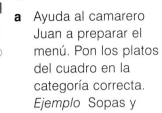

Sopas y huevos
Pastas y arroces
Pescados y mariscos
Carnes
Verduras y legumbres
Postres

1 **albóndigas** caseras
2 **arroz** primavera con zanahorias
3 **bacalao** dorado
4 **bistec** a la pimienta
5 **calamares** en su tinta
6 **champiñones** al ajillo
7 **chuleta de cerdo**
8 cóctel de **gambas**
9 cocido de **lentejas**
10 **col**
11 **coliflor**
12 empanada de **atún**
13 **ensalada** mixta
14 **ensaladilla** rusa
15 **cordero** asado
16 **espaguettis** en salsa boloñesa
17 filete de **ternera**
18 **flan** con nata
19 **garbanzos** asturianos
20 **gazpacho** andaluz
21 **guisantes** con jamón
22 **habas** con almejas

23 **helados** rellenos
24 **huevos** a la flamenca
25 **judías verdes**
26 **lasaña** verde
27 **lechuga** con tomate
28 **manzana** asada con nata
29 **merluza** a la romana
30 **paella** valenciana
31 **patatas** fritas
32 **pimientos** rellenos
33 **piña** en almíbar
34 **plátanos** flambés
35 **pollo** con alubias y tomate
36 fabada de **salchichón**
37 **sardinas** rellenas
38 **sopa** de cebolla y ajo
39 **sorbete** de melocotón
40 **tarta** de ciruela y limón
41 **tortilla** de patatas
42 **tortilla** francesa
43 **trucha** con almendras
44 **uvas** frescas con sandía

b Túrnate con tu compañero/a. Utiliza la lista de platos. **A** pregunta, **B** da su opinión.

 ¿Te gustan las albóndigas?   No, no me gustan nada. ¡Soy vegetariano!

 me gustan (mucho)

 me encantan / me chiflan

 no me gusta(n) (nada)

 no (lo/la/los/las) aguanto

 no está(n) mal

? no (lo/la/los/las) he probado nunca

? me gustaría probar (lo/la/los/las)

V soy vegetariano/a

3 En un grupo de tres

Estudia la cuenta a la derecha. Con tu compañero/a, inventa un diálogo entre el camarero y dos clientes.

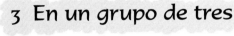

para mí, para ti
para él, para ella

GRAMÁTICA ▶▶ 9

```
Restaurante Ca'n Moll
Ses Sivines, Ciutadella
Tel. 38.46.90
Mesa: 25

      DESCRIPCIÓN        CANTIDAD      IMPORTE
=============================================
1°   ENSALADA MIXTA          2            800
1°   GAZPACHO                1            550
2°   TORTILA DE PATATA       1            675
2°   MERLUZA A LA ROMANA     2           1500
P    FLAN CON NATA           2            850
P    HELADO DE FRESA         1            475
BEB. FANTA DE NARANJA        2            600
BEB. CERVEZA                 1            315
                                     =========
TOTAL (IVA y servicio incluido)         5765
```

10.1 ¿Qué van a tomar?   10.2 Los clientes tiquismiquis

Taberna El Cordobés,
San Jerónimo 7

<u>Especialidades</u> pringa
bocadillos, gazpacho,
salmorejo, rabo de toro
y otros platos típicos
andaluces. *Música y
tablado flamenco.*

Cafetería Carmencita,
Avenida San Martín 82

Bollería y repostería,
helados, tortas, pastas…
Para cumpleaños, fiestas,
desayunos y meriendas.
Baile domingo 5.00.

Mesón Vigo

Gambas y mariscos, pez
espada, bacalao, bonito,
recepción diaria. Reserva
de mesas. Tel. 953 68 24,
C/ Bolivar 42.
*Cerrado domingos.
Local climatizado.*

Cinco de Mayo,
c/ Reforma 112

Burritos, chilaquilas,
enchiladas, machaca,
quesadillas, y otras
especialidades mexicanas.
*Viernes y sábado tarde:
grupo merengue.*

En casa de Roberto,
Plaza Mayor

Chuletas a la parrilla,
callos, jamones, jarrete
de ternera, barbacoa en
la terraza amplia.
*Aparcamiento gratuito
privado.*

Martín,
c/ Independencia 194

Hamburguesas, perritos
calientes, pizzas, las
mejores patatas fritas,
¡todo a los mejores
precios!
Abierto toda la noche.

Centro Naturista,
Pl. Pujol

Especialidades
vegetarianas, comida
sana y macrobiótica.
Ambiente acogedor.
*Cerrado lunes. Metro
Tetuán.*

Sushi Tako,
Plaza Benavente

Extenso surtido de
platos y tapas japoneses,
vinos y aperitivos. Salón
privado para
conferencias. *Abiertos
todos los días.*

4 Los restaurantes

◆**a**   Lee los anuncios y para cada frase **1–10**, elige un restaurante.
Ejemplo **1** – Mesón Vigo.

1 Te gustaría probar varios tipos de pescado.
2 Quieres comer especialidades de Andalucía.
3 Te apetece tomar algo oriental.
4 Te interesa probar la comida latinoamericana.
5 El restaurante debe tener aire acondicionado.

6 Te gusta mucho la carne.
7 Te encantan los dulces.
8 No tomas ni carne ni pescado.
9 Te gusta la comida rápida.
10 Tus padres tienen coche.

◆**b**   Inventa un anuncio para un restaurante en tu ciudad: describe las especialidades, las
horas de apertura y las instalaciones. Utiliza los anuncios de la actividad a como modelo.

5 La comida rápida

◆Lee el anuncio y decide si las frases **1–5** son
verdaderas (✔) o falsas (✘).

1 Si compras una pizza, la bebida no cuesta nada.
2 Puedes elegir la bebida.
3 En inglés *integral* se dice 'wholewheat'.
4 La oferta es válida los fines de semana también.
5 'Servicio a domicilio' quiere decir 'llevamos
la pizza a tu casa'.

Pizzería **TIFFANY**

¡¡Pizzas elaboradas con masa integral!!

Avda. Federico García Lorca, 124 ☎ 244 75 31

¡¡Ahora!! Servicio a Domicilio GRATIS

—— **OFERTA** ——
**Llévate con tu Pizza…
La bebida gratis.**
Oferta válida de lunes a jueves.
Bebida incluida en la oferta: Coca-Cola o Cerveza.

PIZZAS DESDE 450 PESETAS

¿me trae… ? tráigame	el menú del día la carta la lista de vinos	¿qué va a tomar (usted)? ¿qué van a tomar (ustedes)? ¿y para beber?	de primer plato/ de primero de segundo (plato) de postre?
para mí, para mi amigo/a… quisiera…, quiero probar… ¿tiene… ? ¿qué me recomienda (usted)? ¿qué es… ? ¿qué hay en… ? ¿qué hay para vegetarianos?		muy bien, en seguida, lo siento, no queda ¿algo más? ¿y con esto? el (pescado) / la (sopa) es muy bueno/a, rico/a, fresco/a es…, es una mezcla/salsa de…, hay… hay…	

6 Reservando una mesa

♣ Escucha y lee la conversación y escoge la palabra correcta de la lista: ¡sobran palabras!

> RECEPCIONISTA: *Restaurante Cuatro Estaciones. ¡Buenas ...1...!*
> SRA. ÁLVAREZ: *Buenas noches. Quisiera reservar una mesa.*
> RECEPCIONISTA: *¿Para qué fecha?*
> SRA. ÁLVAREZ: *Para ...2... catorce de junio.*
> RECEPCIONISTA: *¿Para qué hora?*
> SRA. ÁLVAREZ: *A eso de las ...3... de la tarde.*
> RECEPCIONISTA: *¿Para cuántas personas?*
> SRA. ÁLVAREZ: *Para ...4...*
> RECEPCIONISTA: *¿Dónde prefiere la mesa - en la ...5... , o en el comedor?*
> SRA. ÁLVAREZ: *En el comedor. ¿Tiene una mesa en ...6...?*
> RECEPCIONISTA: *Sí, hay una cerca de la puertaventana, y otra cerca de ...7...*
> SRA. ÁLVAREZ: *Cerca de la entrada es ideal.*
> RECEPCIONISTA: *Muy bien, señora. ¿A ...8... de quién?*
> SRA. ÁLVAREZ: *Señora Álvarez.*
> RECEPIONISTA: *Muy bien, señora, está reservada.*

nueve
noches
la entrada
nombre
cuatro
sábado
la ventana
terraza
tardes
cinco
viernes
diez
un rincón

7 Por teléfono

♣ **a** Escucha las cinco conversaciones y coloca cada grupo **A–E** en su mesa correcta.
Ejemplo **A** – mesa 2.

♣ **b** Trabaja con un/a compañero/a: **A** es recepcionista y **B** quiere reservar una mesa. Utiliza la actividad 6 como modelo.

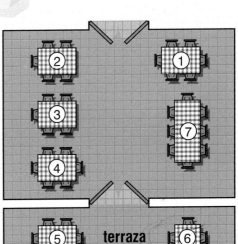

8 ¡Qué pesadilla!

♣ **a** ¿Cuáles de las frases siguientes son del recepcionista (R) y cuáles del cliente furioso (C)? *Ejemplo* **1** – C.

♣ **b** Pon las frases en orden, y practica el diálogo con tu compañero/a. (El/la cliente es furioso/a, y el/la recepcionista puede ser cortés o descortés.)

1 *No, no hemos reservado.*

2 *Somos tres. ¿Quedan mesas libres en la terraza?*

3 *¿Cuántos son ustedes?*

4 *¿Qué me dice usted? ¡Quiero hablar con el gerente!*

5 *Sólo quedan mesas cerca de la entrada. Pero no se sirven comidas después de las once.*

6 *Buenas noches, señores. ¿Tienen ustedes una reserva?*

10B OBJETIVO
¿Le gustó?

No tengo tenedor.

¡Camarero! ¡Falta un tenedor!

Mi vaso está sucio.

Y la mostaza está mala.

En seguida, señores.

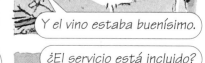

¿Qué tal la comida? ¿Les gustó?

Sí, gracias. Estaba riquísima.

Y el vino estaba buenísimo.

Y tú, Belén, estás guapísima esta noche.

¡La cuenta, por favor!

¿No hay un error? Aquí pone once mil quinientas pesetas. Debe poner diez mil quinientas.

Lo siento, señor. Es verdad.

¿El servicio está incluido?

No, señora. Es aparte.

¡Pues, nada entonces por el servicio! ¡Es carísimo!

¿Dónde está el teléfono?

Está al final del pasillo.

¿Y dónde está el servicio?

Al fondo, señorita.

¡Ana!

¡Te odio, Belén!

---

1 ¡La cuenta, por favor!

◆ ¿Los clientes están contentos con las cosas siguientes **1–6**? Escribe (✔) o (✘). *Ejemplo* **1 ✘**.

1

2

3

4

5

6

♣ Otra manera de decir *muy*, es añadir *-ísimo/a* a un adjetivo. Copia y completa el cuadro.

bueno/a	buen**ísimo/a**
guapo/a	?
caro/a	?
malo/a	?
barato/a	?
rico/a	riqu**ísimo/a**

GRAMÁTICA ▶▶ **18**

2 ¿Qué pasa?

a ◆ Escucha las ocho conversaciones. Para cada una, apunta el problema: falta (**F**), está sucio/a (**S**) o está malo/a (**M**). *Ejemplo* **1 – F.**

♣ Escucha también el tono de la voz de cada cliente: es cortés 😊 o descortés ☹ ?

Ejemplo **1 – F,** 😊

1 la sal

2 la pimienta

3 la mostaza

4 el vino

5 el tenedor

6 el cuchillo

7 el vaso

8 la cuchara

b Utiliza los dibujos *1–8* para hacer diálogos. **A** es camarero/a; **B** es cliente.

A

¡Oiga, camarero/a!

Este tenedor está sucio. ¿Me trae otro?

¿Sí, señor/a? ¿Qué pasa?

Lo siento. En seguida, señor/a.

B

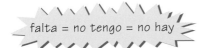
falta = no tengo = no hay

| **el** ... está mal**o**/suci**o** | **la** ... está mal**a** / suci**a** |

3 ¿Le gustó la comida?

◆ Lee las opiniones: ¿cuántos clientes son positivos 😊 y cuántos son negativos ☹ ?
Utiliza la sección de vocabulario, si es necesario. *Ejemplo* 😊 **1** + ...?...

1 *El helado estaba muy rico.*

2 *El postre estaba delicioso.*

3 *El pescado estaba muy salado.*

4 *La salsa estaba demasiado picante.*

5 *La comida estaba buena.*

6 *La sopa estaba fría.*

♣ ¿Cómo se dicen estas palabras en español? Utiliza el diccionario.

sweet, bitter, sour, hot, tasty, disgusting

¡Cuidado! Son *adjetivos*. Busca **adj**.

sweet *n (candy)*   dulce *m*, caramelo *m*
(BRIT: pudding) postre *m*; **adj.** dulce

4 Trabaja con tus compañeros/as

◆ Una persona es camarero/a (*Cam.*), los otros son los clientes (*A, B*). Practica la conversación: explica los problemas (*i!*), las opiniones acerca de la comida (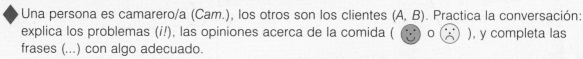 o ☹), y completa las frases (...) con algo adecuado.

A: ¡Oiga camarero/a!
CAM.: ¿Sí, señor/a? ¿Qué pasa?
A: (i!)
B: (i!)
CAM.: Lo siento, se lo arreglo en seguida.
      (una hora más tarde)
CAM.: ¿Qué tal la comida? ¿Les gustó?
A: ☺
B: ☹

A: La cuenta, por favor.
CAM.: Muy bien. Aquí tiene.
B: ¿No hay un error? Aquí pone (...), pero debe poner(...)
CAM.: ¡Ay, perdón! Es verdad.
A: ¿El servicio está incluido?
CAM.: (...)
A: ¿Dónde están los servicios?
CAM.: Están (...)
B: ¿Dónde está el teléfono?
CAM.: Está (...)

5 Una carta

◆ **a** Lee la carta de Raúl a su amigo y contesta *verdad* o *mentira* a las preguntas **1–6**.

1 A Raúl le gustó el restaurante.
2 Le gustó mucho toda la comida.
3 El gazpacho estabo malo.
4 Le gustó el pescado.
5 El vino no era bueno.
6 A Raúl le gusta mucho Belén ahora.

b Copia la carta y sustituye las palabras subrayadas con las palabras siguientes:

rica   picante   bastante
estupendo   malísimo   tres

> ¡Hola, Manolo!
> ¿Qué tal estás? Aquí, estupendo. Estoy pasando el fin de semana en un hotel aquí. Ayer, ¡cené en un restaurante de _cuatro_ tenedores! Era muy bonito, y me gustó _mucho_ el plato principal. De primero, comí un gazpacho muy bueno, y de segundo probé la trucha - muy _deliciosa_, pero la salsa era un poco _salada_. De postre, comí un plato de peras al vino - ¡estaba _asqueroso_! El vino era _buenísimo_. Cené con una compañera - Belén: era súper elegante, muy guapa y amable... ¡Me parece que estoy un poco enamorado de ella!
> Te llamo el fin de semana,
> Raúl

6 Te toca a ti

◆ Haz una descripción escrita de una comida que te gustó (o no te gustó), o prepara una presentación oral.
Utiliza la carta de Raúl como modelo. Describe...

el restaurante   qué comiste/bebiste   cómo era   qué (no) te gustó y por qué

la sal, la pimienta, la mostaza, el vino	está malo/a	¿me trae otro/a?
este tenedor / cuchillo / vaso, esta cuchara	está sucio/a	
falta / no tengo / no hay	un tenedor / cuchillo / cubierto / vaso, una cuchara	
¿qué tal (la comida)? ¿le(s) gustó?	era rico/a, delicioso/a, picante, salado/a; estaba frío/a	
la cuenta, por favor	me parece que hay un error: aquí dice/ debe decir...	
¿está incluido el servicio/el IVA?	sí, está incluido / no, es aparte	
¿dónde está el teléfono/el servicio?	está al fondo / al final del pasillo	

El servicio era muy lento - tardaron media hora en traer el primer plato. Y pedimos el bistec poco hecho: pero estaba muy hecho y muy seco. (Sr. Sánchez Donaire)

Las sillas eran incómodas, y la mesa estaba mal colocada entre la puerta de la cocina y la terraza. (Sra. Velázquez Aguilar)

Para decir la verdad, la camarera no era muy cortés. No sonrió ni una vez. (Sr. Ruiz Díaz).

La música ambiental era demasiado fuerte y nos irritó mucho. Era difícil mantener una conversación normal sin gritar. (Sra. Rufo Pedrero)

Pedimos merluza, pero nos trajeron bacalao. Estaba riquísimo, ¡pero no era lo que pedimos! (Sra. Munafo Vidal).

No estamos nada contentos - nos cobraron tres postres en vez de dos. Era carísimo. (Sr. Bonilla Olivera).

Pedimos una mesa en la terraza, pero nos dieron una en el interior, donde hacía muchísimo calor. Además, era una mesa para cuatro, y no había suficiente espacio para seis. (Sr. García Rubiano).

7 El libro de reclamaciones

♣ Lee las quejas del Libro de Reclamaciones. ¿Quién(es) no está(n) contento(s) con ...

- el trato personal
- la comida
- el precio
- las instalaciones/los alrededores?

Ejemplo:

El trato personal – Sr. Sánchez Donaire.

8 Pues, mire usted...

♣ Tú eres gerente. Escucha a los seis clientes y apunta sus quejas.

1 comida fría, mesa mal colocada en un rincón — no había suficiente espacio.

9 ¡Qué desastre!

♣ ¡Estás furioso/a! Fuiste a un restaurante para comer o cenar, ¡y fue un desastre! Explica lo que pasó. Haz una versión escrita o explícalo a tu grupo.

El viernes pasado, fui a un restaurante con mis amigos. ¡Qué desastre! Primero, pedimos una mesa para seis en un rincón, pero nos dieron una mesa para cuatro...

10.5 ♣ **Mis platos favoritos**

el servicio, el/la camarero/a la (carne), el bistec la música ambiental pedí/pedimos...	(no) era (muy) lento/a, rápido/a, cortés estaba poco/a hecho/a, era muy hecho/a era muy/demasiado fuerte, me/nos irritó pero me/nos trajeron..., dieron..., cobraron...	
la mesa estaba mal colocada	las sillas (no) eran (in)cómodas	no había suficiente espacio

Acción: lengua

How to … • talk about the past, using the preterite tense

● ¿Preparados?

Lee las burbujas. ¿Cada persona habla de sus vacaciones este año (**E**) o del año pasado (**P**)? Escribe **E** o **P**. *Ejemplo* **1 E**.

1	*Voy a ir a las Islas Canarias.*
2	*Me alojé en un hotel de cuatro estrellas.*
3	*Quiero aprender a hacer windsurf.*

4	*Fui con la familia de mi mejor amigo.*
5	*Hice turismo con mis padres: ¡qué aburrido!*
6	*Creo que voy a quedarme quince días en total.*

● ¿Listos?

Lee las secciones de Gramática 40–42.

● ¡Ya!

◆ Lee la conversación. Elige el verbo correcto para cada hueco. Cuidado: ¡sobra uno! *Ejemplo* **1** vas.

1 JORGE   ¿Qué ...... a hacer en las vacaciones este año?
2 ELENA   Voy a ...... en casa de mis tíos.
3 JORGE   ¿No .... a ese pueblo el año pasado?
4 ELENA   Sí, pero ...... en un camping cerca.
5 JORGE   ¿No te ...... tus tíos?
6 ELENA   Sí, es gente buena. Pero siempre ...... allí. El ritmo de vida es muy lenta.

gustan
me alojé
fuiste
vas
voy
me aburro
quedarme

♣ Lee el extracto de la carta y elige el verbo correcto para cada hueco. *Ejemplo* **1** fui.

1 va, voy, fui, fuiste
2 puedo, pude, pudo, podemos
3 quise, quiere, quiero, quisimos
4 dice, digo, dije, dijo
5 hace, hizo, hice, hago
6 estamos, estuvo, estuvimos, estar
7 vino, viene, vengo, vine
8 traje, traer, traigo, trajo

El año pasado, ...**1**... a Irlanda con mi mejor amiga, Pili. Ella se quedó dos semanas, pero yo sólo ...**2**... quedarme ocho días. Cogimos el avión a Dublín, y luego alquilamos bicicletas. Yo ...**3**... llevar ropa de verano (pantalón corto, camisetas etc.), pero mi madre me ...**4**... que no, que todo el mundo sabe que hace frío en Irlanda. Pero en realidad, ¡ ...**5**... mucho calor! Nos gustó mucho Wexford: ...**6**... tres días allí antes de volver a la capital. La antigua corresponsal irlandesa de Pili ...**7**... a vernos allí, y nos ...**8**... regalos de la parte de su familia. ¡Lo pasamos bomba – la gente era simpatiquísima!

¿Qué ponen?
De compras

a

b

c

d

e

CAPITANES
INTRÉPIDOS
Rudyard Kipling

ANAYA

f

g

h

i

j

k

l

WIPP
PROGRESS

El frotar se va a acabar.

Detergente para automáticas
WIPP, maleta de 3,5 kg,

m

n

o

p

1.300

q

r

s

t

u

PESCAPICA

v

w

ERTOIL
ACEITE MOTOR

5 LITROS

x 3x2

¿Te acuerdas?

1 ¿De qué se trata?

Empareja cada libro con la descripción apropiada.
Ejemplo **1 – e.**

1 un secuestro
2 un robo
3 un atentado
4 un viaje
5 un chantaje
6 una misión secreta
7 una historia de amor
8 una misión científica
9 una lucha entre el bien y el mal
10 una amistad
11 fantasmas
12 vampiros

a   b   c   d

e   f   g   h

i   j   k   l

2 ¿Cómo es?

Pon los adjetivos siguientes en tres categorías:

favorable ,

indiferente 😐,

desfavorable ☹.

Ejemplo *Favorable*: interesante...

**interesante
emocionante
horrible
aburrido/a
divertido/a
bonito/a
tonto/a
extraño/a
estupendo/a
buenísimo/a
malísimo/a
feo/a**

♦ **11** Práctica: lengua

3 ¿Qué tipo de películas te gustan?

Empareja cada frase con el globo correcto.

1 Me chiflan las películas policíacas y las de ciencia-ficción. Odio los westerns.
2 Me encantan las películas de terror y de guerra. Detesto las comedias y las películas románticas.
3 Me dan igual las películas históricas y de aventuras. Me gustan los dibujos animados.

4 ¿Dónde se compra...?

Pablo tiene problemas en el supermercado. Empareja los artículos en su lista con la sección apropiada. *Ejemplo* **1 – e**

1 pimientos
2 pastel
3 barra de pan
4 revista de fútbol
5 gambas
6 helados
7 leche
8 zumo de fruta
9 café
10 tisús
11 mis antibióticos

a sección de lacteos
b droguería
c pescadería
d sección de bebidas
e frutería
f pastelería
g farmacia
h panadería
i quiosco
j sección de congelados
k sección de alimentación

5 ¿Demasiado caro o muy barato?

Para cada precio escribe la reacción de Pablo. *Ejemplo* **1** ¡Muy barato!

1 350 ptas ✔
2 7900 ptas ✗
3 800 ptas ✔
4 150 ptas ✔
5 15000 ptas ✗
6 4500 ptas ✗

6 ¿Más o menos?

Pablo está comparando los precios. Completa cada frase **con más** (+)**... que, menos** (-)**... que o tan... como**.
Ejemplo **1** La limonada es **menos** cara **que** el zumo de fruta.

1 La limonada es _____ cara _____ el zumo de fruta.
2 El café normal es _____ barato _____ el café descafeinado.
3 Los tomates son _____ caros _____ los pimientos.
4 Los tisús rosa son _____ baratos _____ los tisús blancos.
5 El bocadillo de jamón es _____ caro _____ el bocadillo de queso.
6 La revista de fútbol es _____ barata _____ la revista de pop.
7 El pastel de café es _____ caro _____ el pastel de chocolate.
8 Las naranjas son _____ baratas _____ los plátanos.

11A OBJETIVO
La tele

TVE1	La 2	TELE 5	ANTENA 3	TV3
19.15 Cine club HOGAR, DULCE HOGAR: Comedia	**19.15** Vuelta ciclista de España	**19.50** La ruleta de la fortuna: Concurso	**19.45** Los vigilantes de la playa: Telenovela	**19.30** Ironside: Telenovela
21.00 Telediario	**21.30** Telecupón: Entrevista	**21.30** Estudio Estadio: Fútbol, Alemania-Italia	**20.20** Impacto TV	**20.30** Mira: Programa-concurso
			21.00 Noticias: Presentador Luis Marinas	**21.00** Las noticias
				21.30 El tiempo

BELÉN: ¿Qué ponen en la tele esta noche?
RAÚL: A ver ... en este momento en TVE1 hay una película...
ANA: ¡Oh!... es una comedia. ¡Qué divertido!
BELÉN: No me gustan las comedias. No las veo nunca.

ANA: ¿Qué ponen en la 2?
RAÚL: La vuelta ciclista...
BELÉN: ¡Oh! ¡Estupendo!
ANA: ¡Ah, no! Odio los programas deportivos...

ANA: En Tele 5 hay la Ruleta de la Fortuna.
RAÚL: ¿Qué tipo de programa es?
ANA: Es un concurso.
BELÉN: ¡Uf! Los concursos son muy tontos.

ANA: ¿Qué ponen en las otras cadenas?
RAÚL: ¿Te gustan las telenovelas? Hay unas telenovelas americanas.
BELÉN: Sí, me chiflan.
ANA: ¡No aguanto las telenovelas! ¿Y tú, Raúl:? ¿Qué quieres ver?

RAÚL: Yo quiero ver las noticias. ¿A qué hora las ponen?
ANA: A las 21.00. Y a las 21.30 hay el parte meteorológico.

1 ¿Qué ponen en la tele?

◆ Empareja las preguntas con las respuestas. *Ejemplo* **1 – f**.

1 ¿Qué ponen en la tele esta noche?
2 ¿Qué ponen en la 2?
3 ¿Qué quieres ver?
4 ¿Qué tipo de programa es?
5 ¿Te gustan las telenovelas?
6 ¿A qué hora ponen las noticias?

a Hay un programa deportivo.
b A las 21.00.
c Sí, me chiflan.
d Quiero ver el Telediario.
e Es un concurso.
f En este momento hay una película.

♣ ¿Y tú? Contesta a las preguntas *1–6*.

2 ¿En qué cadena y a qué hora?

◆ Trabaja con tu compañero/a. Mira la guía.

A *¿A qué hora ponen Estudio Estadio?*   *A las 21.30.*   B

   ¿En qué cadena?   *En Tele 5.*

♣ Apunta también…

A   *¿Qué hay en Antena 3 a las 21 horas?*   *Hay noticias.*   B

| OHT 11 | **¿Qué ponen en la tele?** |

3 ¿Qué tipo de programa es?

Paco está haciendo zapping. Escucha y busca el programa correcto **a–m**.   *Ejemplo **1** – **g**.*

a un drama

b un documental

c una telenovela

d un concurso

e una entrevista

f una comedia

g un programa infantil

h un programa de música

i un programa deportivo

j unos dibujos animados

k el parte meteorológico

l los anuncios

m las noticias

4 ¿Qué es?

Trabaja con tu compañero/a.

A   *Eastenders…*   *Una telenovela…*   B
                          Match of the Day…

Un programa deportivo…
News at Ten…

| 11.1 | **La guía** |

5 ¿Qué quieres ver?

¿Qué ves normalmente en la tele? ¿Y qué quieres ver? Prepara un reportaje o un párrafo.

¿Qué hay ¿Qué ponen ¿Qué quieres ver ¿Qué ves	en la tele	esta noche? ahora? mañana? normalmente?	Ponen Hay Voy a ver Veo	*(Estudio Estadio)* *(Only Fools and Horses)*
¿En qué cadena es? ¿En qué estación es?			En (TVE1/la 2/Tele 5) (BBC1/Meridian)	
¿A qué hora es?			A las (diez y media)	
¿Qué tipo de programa es?			Es (un drama/una comedia/ un programa (infantil/deportivo) *(act.3)*	
¿Te gustan (los dramas/las comedias)?			(Me los/las chiflan/no los/las aguanto)	

6 ¿Qué hay en el quiosco?

◆ **a** Mira las fotografías anteriores. Apunta si se refieren a una revista, un periódico, o un tebeo. *Ejemplo* **a** una revista.

◆ **b** En el cuadro siguiente busca unas palabras para describir las publicaciones **a–l**. *Ejemplo* **a** Es una revista de fútbol.

Es	una revista un periódico un tebeo	que sale seis días por semana, (cada semana) (cada mes). sobre la música popular/la casa y el jardín con la programación de la tele de fútbol/informática/un instituto para jóvenes/adultos/pequeños/las personas sin hogar/mujeres

7 ¿Y tú?

◆ Utiliza el cuadro para preparar descripciones de las revistas y periódicos que lees.

11.2 ◆ **Entrevista con Juan Antonio** 📖 Ⓓ ✐   **11.3** ¿De qué se trata? ✐ 📖

11 **Práctica: lengua**

8 En mis ratos libres...

♣ **a** Busca en el diccionario las frases del cuadro.

♣ **b** Rellena los huecos en la carta de Lidia
con las frases apropiadas del cuadro.
Ejemplo
1 me parece.

♣ **c** Escucha a Lidia contestando a su correspondiente inglesa. ¿Tienes razón?

creo que	en mi opinión
tampoco	sin embargo
al mismo tiempo	es cierto que
al	después de
me parece	ciertamente
como	antes de

Querida Charlotte:　　　　　　　　　　　*Madrid, 3 de marzo*

Me preguntas si veo mucho la tele. Es que antes me gustaba mucho pero ahora no la veo con regularidad porque ...(1)... muy aburrida con demasiadas telenovelas americanas y concursos tontos. Además, en las cadenas comerciales cada 15 minutos hay anuncios que resultan una molestia.

Tú me dices que en casa tienes televisión por satélite y por cable. ...(2)... esto es bastante corriente en Inglaterra pero aquí en España no, i...(3)... será porque la mayoría de programas por satélite son en inglés! ...(4).... mis padres pagan un suplemento de 3000 pesetas al mes para otras dos cadenas: la de Sky, porque a mi madre le apasionan los programas deportivos, y Canal + porque a mi padre le gusta ver películas viejas. (i...(5)... mis padres ven demasiado la televisión!) En el futuro quizás podremos recibir más programas ingleses.

Algunas veces voy con mi hermano mayor a una cafetería donde hay televisión por satélite. Es muy agradable tomar un café, charlar con los amigos y ver unos vídeos ...(6)... ...(7)... tengo que leer mucho en el instituto, no leo muchos libros en mis ratos libres. ...(8)... leo un periódico pero leo una revista semanal que se llama Chica. Prefiero la sección de moda y la del consultorio.

Me chifla escuchar música en la radio o en discos compactos porque puedo hacer otras cosas mientras la escucho. Pongo la radio inmediatamente ...(9)... volver del insti, ...(10)... levantarme y ...(11)... acostarme, y también cuando estoy haciendo los deberes. ...(12)... la música me ayuda a concentrarme, y lo mejor es que siempre sé qué canciones están de moda. Me gustaría tener una cadena en mi dormitorio.

¿Y tú? ¿Qué haces en tus ratos libres? ¿Escuchas la radio con regularidad? ¿Lees alguna revista?

Escríbeme pronto,

Lidia.

9 ¿Y tú? ¿Qué haces en tus ratos libres?

♣ Escribe una carta a Lidia utilizando unas frases del cuadro.

11 **Práctica: lengua**

11B

OBJETIVO
¿Quieres venir conmigo?

BELÉN:	Hola, Ana. ¿Qué tal?
ANA:	Hola Belén. Quiero ir al cine, pero no me dejan entrar.
BELÉN:	¿Qué categoría es?
ANA:	Es para mayores de 18 años.
BELÉN:	Hay un concierto de los Escarabajos, el sábado. ¿Quieres venir conmigo?
ANA:	¿A qué hora empieza?
BELÉN:	A las nueve y media.
ANA:	No sé... ¿A qué hora termina?
BELÉN:	Oh... a las once y media, creo.
ANA:	¿Cuánto cuesta entrar?
BELÉN:	Mil quinientas pesetas... no es mucho.
ANA:	Bueno... de acuerdo. Voy contigo.
RAÚL:	Hola Ana, hola Belén.
BELÉN:	Hola Raúl... ¿Quieres venir al concierto con nosotras?
RAÚL:	¿A un concierto...? ¿Qué tipo de concierto es? ¿Es de música clásica?
ANA:	Es un concierto de rock, con los Escarabajos.
RAÚL:	¿De rock? Ah, ¡no gracias!.

a
LA BODA DE MI MEJOR AMIGO

Con Julia Roberts. La comedia más divertida y romántica desde *Pretty Woman*. No recomendada para menores de 7 años.

Cine Goya *Horarios*: 3.00, 4.55, 6.50, 8.45 y 10.40

b
MIMIC

La última batalla entre el hombre y la naturaleza. El mejor thriller de ciencia-ficción desde *Alien*. Verdaderamente espeluznante.

Multicine 1 *Horarios*: 3.20, 5.15, 7.10, 9.05 y 11.00

c
LA CAMARERA DEL TITANIC

Una película de Bigas Luna. Una extraordinaria historia de amor. No recomendada para menores de 13 años.

Cine ABC *Horarios*: 3.20, 5.15, 7.10, 9.05 y 11.00

d
LOS ESCARABAJOS

Gira de verano del famoso grupo. Con Alberto (guitarra), Jordi (bajo), Carlos (teclado) y Felipe (batería).

Teatro Principal, Sábado a las 21.30

e
LES LUTHIERS

Desde Buenos Aires, quinteto de música argentina. Músicos, cantantes y maestros del humor.

Teatro Municipal. Lunes y martes a las 19.00h

f
NADA QUE PERDER

Película trágica de Steve Oedekerk. Uno sin trabajo. Otro sin ganas de vivir. No recomendada para menores de 13 años.

Cine Alcázar *Horario*: 3.20, 5.10, 7.00, 8.55

1 ¿Quieres venir a un concierto conmigo?

◆ **a** Apunta a qué tipo de película o concierto se refieren los anuncios **a–f**. *Ejemplo* **a** – comedia.

b Las frases siguientes se refieren al concierto de rock. ¿Son *verdad*, *mentira* o *no se sabe*? *Ejemplo* **1** mentira.

1 El concierto empieza a las 21 horas.
2 Termina a las 23.30.
3 Carlos toca la batería.
4 El grupo consta de cinco personas.

5 Es un concierto de música rock.
6 No está recomendada para menores de 18 años.

♣ Corrige las frases falsas.

2 El contestador automático

◆ Escucha el contestador automático y apunta los horarios y los precios de las películas o conciertos **1–6**.
Ejemplo **1** 15.00, 17.00, 19.00, 21.00; 850 ptas

♣ Apunta también el título y para quién está recomendada.   *Ejemplo* La boda de mi mejor amigo: mayores de siete años.

3 ¿A qué hora?

Túrnate con tu compañero/a. Mira los horarios de los anuncios **a–f**.

 A qué hora empieza (Mimic)?   *A las tres veinte, las cinco quince…*

4 Una conversación

◆ Utiliza los anuncios **a–f** y el cuadro siguiente para hacer unas conversaciones.

♣ Prepara conversaciones sobre otras películas o conciertos que conoces.

¿Quieres venir	a un concierto a una película	conmigo? con nosotros?	Sí, voy No, no quiero venir	contigo/con vosotros
¿Cómo se llama	la película? el grupo?		Se llama	(Nada que perder) (Los Escarabajos)
¿Qué tipo	de película de concierto	es?	Es una película	(policíaca) *(ver pág.108)*
			Es un concierto	de música rock/pop/clásico
¿Qué categoría es?			No está recomendada para menores de (18) años.	
¿Dónde se pone?			En (el cine Goya)	
¿A qué hora		empieza? termina?	Empieza Termina	a las (diez) a la (una y media)
¿Cuánto cuesta		una entrada?	Cuesta (quinientas pesetas)	

5 ¿Cómo fue...?

◆ **a** Lee las opiniones **1–14** de Belén y Ana. ¿Quién habla, Belén o Ana?

¿Te gustó?

¿Cómo fue?

¿Estás de acuerdo?

Me gustó el concierto porque…

No me gustó el concierto porque…

1 Las canciones eran malísimas.	**2** Es cierto que había mucha gente pero el ambiente era maravilloso.
3 Los músicos eran estupendos.	**4** La música era muy aburrida.
5 Había demasiado humo.	**6** La música era buenísima, y era muy diferente.
7 La música era demasiado fuerte.	**8** Las canciones eran muy emocionantes.
9 Es cierto que el sonido era fuerte pero muy interesante.	**10** Las canciones eran bonitas.
11 La música era diferente pero ciertamente muy extraña.	**12** El cantante principal era muy guapo.
13 No estoy de acuerdo, el músico principal era horrible.	**14** Había demasiado ruido y demasiada gente.

◆ **b** Escucha la conversación.
¿Tienes razón?
Ejemplo **1** Ana.

6 Una carta

◆ Utiliza las opiniones de Ana para escribir una carta de queja al director del Teatro Principal.

Muy señor mío:

No me gustó el concierto de los Escarabajos porque el cantante era horrible y la música era aburrida. También es cierto que…

Le saluda atentamente
Ana

7 Críticas de cine

♣ **a** Busca en el diccionario las palabras o frases siguientes que no conoces.

♣ **b** Rellena los huecos en las críticas con las palabras o frases siguientes. Algunas se utilicen dos veces.

basada en una verdadera historia
es la primera película de
hace el papel
los decorados son fantásticos
mucho sentido de humor
mucha acción

una banda sonora
cuenta las aventuras
cuenta la historia de
una de las mejores películas del año
la mala

¡Llega Batman IV!

George Clooney es muy divertido porque ...(**1**)... del hombre murciélago con ...(**2**)...
Su compañero Robin tiene una ayudante femenina, y hay más sorpresas: Arnold Schwarzenegger es Mr Freeze. Uma Thurman es ...(**3**)... Poison Ivy. Por supuesto, los trajes y ...(**4**)... .

Las Spice, estrellas de cine

Spice, the movie, ...(**5**)... las "chicas picantes", que coincide con el lanzamiento de su segundo disco. Esta divertida comedia con ...(**6**)... y mucha música ...(**7**)... de las chicas en Londres.

Jóvenes aventureros

Esta película ...(**8**)... de tres hermanos que abandonaron su casa en Arkansas para filmar a los animales en peligro de extinción en su país. Está ...(**9**)... .

The Full Monty

La comedia de Peter Cattaneo ...(**10**)... cinco parados sin trabajo y sin dinero. Robert Carlyle ...(**11**)... del personaje principal. Ciertamente es ...(**12**)... Además tiene ...(**13**)... estupenda con muchas canciones y mucha música de baile.

8 Te toca a ti

♣ Utiliza las críticas y el cuadro para preparar la crítica de una película que has visto recientemente.

11.4   ♣ **Las noticias**

OBJETIVO
¿Dónde puedo comprar...?

GUÍA DE DEPARTAMENTOS

6ª Cafetería – Agencia de viajes – Cambio – Oportunidades

5ª Imagen y sonido – Informática – Jardín – Automóvil – Juguetes

4ª Hogar textil – Hogar menaje – Electrodomésticos – Muebles

3ª Confección señoras – Confección señores – Confección bebés

2ª Moda Joven – Zapatería – Deporte – Tienda de música

1ª Complementos – Artículos de viaje – Bolsos – Regalos

PB Perfumería – Papelería – Librería – Pastelería – Bisutería

S Supermercado – Bricolaje – Saneamiento – Droguería

Raúl y Pablo van a los grandes almacenes. Belén va a cumplir dieciocho años dentro de poco, y Pablo busca un regalo.

Perdón, ¿dónde puedo comprar unos pendientes, por favor?

¿Dónde está la sección de regalos?

En la sección de bisutería. O en la sección de regalos.

En la primera planta, al lado de los ascensores.

¿La ves?

¡Entre las escaleras mecánicas y los servicios! ¿No ves? ¡Necesitas gafas!

¿Qué le vas a comprar a Belén?

No sé. Algo práctico. Un monedero, o un paraguas...

Sí, allí. Cerca de las escaleras mecánicas.

¿Dónde?

¡Buena idea! ¿Dónde se venden gafas, entonces?

¡Qué aburrido!

Mi regalo es más guay...

1 En los grandes almacenes

◆ Sustituye las palabras correctas por los dibujos para completar las frases.

1 ¿Dónde puedo comprar ?

2 ¿Dónde se venden ?

3 ¿Dónde está la sección de ?

4 ¿Dónde están ?

5 Está al lado de las ?

6 Está cerca de los

♣ *¿Verdad, mentira o no se sabe?*

1 Belén va a cumplir dieciocho años.
2 Los dos chicos quieren comprar regalos.
3 Raúl necesita gafas.
4 Belén prefiere los regalos prácticos.
5 Según Raúl, Pablo tiene mucha imaginación.

2 La sección de...

Mira las fotos **a–x** de la página 107, y empareja cada una con la sección correcta de la guía de departamentos (actividad 1). *Ejemplo* **a** – confección bebés.

12 De compras

3 Las compras

a Con tu compañero/a, escribe dos o tres cosas que se pueden comprar en cada sección. Utiliza el diccionario si es necesario. *Ejemplo* sección de artículos de viaje: *una bolsa, una maleta.*

b Túrnate con tu compañero/a para preguntar y contestar. Utiliza tu lista de cosas de la actividad **a** y la guía (actividad 1).

> **A** *Perdón, señor(a). ¿Dónde se pueden comprar (bolsas)?*
>
> **B** *En la sección de artículos de viaje.*
>
> *¿Dónde está, por favor?*
>
> *En la planta baja.*
>
> *Vale, gracias.*

4 ¿Dónde está exactamente?

◆ a Escucha los fragmentos de conversación **1–6** y mira los planos. ¿Qué sección busca cada cliente? *Ejemplo* **1 – D**.

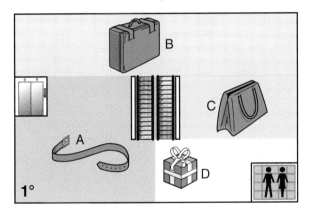

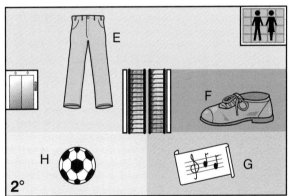

♣ Apunta también para quién cada cliente **1–6** quiere hacer su compra.
Ejemplo **1 – D**, para su padre.

b Utiliza el plano de la segunda planta y el cuadro de vocabulario para inventar más conversaciones con tu compañero/a:

> **A** *¿Dónde está la sección de moda joven?*
>
> **B**
>
> *Está en la tercera planta, al lado de los ascensores.*

 ¿Dónde se venden ...? **Los letreros**

¿dónde está la sección de... *(act.2)*	en el sótano, en la planta baja
¿dónde está la sección de (bisutería... *act.1*)?	en la (primera segunda, tercera) planta
¿dónde están (los servicios)?	en la (cuarta, quinta, sexta) planta
¿dónde puedo comprar (un paraguas)?	al lado de / cerca de / entre... y...
¿dónde se venden (recuerdos)?	los ascensores, la escalera mecánica, las escaleras

ciento diecinueve **119**

Yo vivo en un campamento del Sáhara. Sólo hay una tienda donde se vende comida. Los productos vienen de organizaciones humanitarias. A veces, no hay nada para comprar y muy poco para comer. **Omar**

Soy de Guatemala. No hay grandes almacenes en el barrio. Vamos de compras al mercado - hay de todo, y es barato. Se vende mucha fruta y verduras, y hay una sección de artesanía también. *Virginia*

Vivo en Sevilla, una ciudad grande en el sur de España. Hay una gran variedad de tiendas: grandes almacenes, supermercados e hipermercados. ¡Incluso hay una sucursal de Marks y Spencer! *Íñigo*

5 Ir de compras

◆ Mira las fotos, lee las tres descripciones y las frases **1–8**. ¿Quién habla en cada frase **1–8**?
Ejemplo **1** – Íñigo.

1 Voy a la sección de música en el Corte Inglés, porque tienen las últimas novedades.

2 ¡No hay muchas tiendas en el desierto! Aquí, sólo hay una tienda de comestibles.

3 Fui de compras el sábado pasado, y compré un regalo para mi madre: una jarra.

4 No soy muy aficionada a la compra. Es aburrido. A veces, no hay nada que comprar.

5 Soy adicto/a a ir de compras. Hay muchas tiendas donde vivo.

6 Me gusta ir de compras a los grandes almacenes porque la calidad es buena – pero es barato.

7 Prefiero visitar el mercado. Es grande, hay mucha variedad y no es caro.

8 La última vez que fui a la tienda, compré un refresco y dos latas de conserva.

6 ¿Qué opinas tú?

◆ Prepara una presentación oral sobre la compra: contesta a las preguntas **1–6**. Utiliza el cuadro de vocabulario y los comentarios de la actividad 5 como modelo.

1 ¿Te gusta ir de compras?
2 ¿Cómo son las tiendas donde vives?
3 ¿Qué grandes almacenes hay? ¿Cómo son?

4 ¿A qué tienda vas a menudo?
5 ¿Por qué te gusta esa tienda?
6 ¿Qué compraste la última vez que fuiste de compras?

12.3 ◆ **La lista de Pablo**

(no) me gusta mucho ir de compras		soy adicto/a a ir de compras, no aguanto ir de compras
(no) hay muchas tiendas; (sólo hay...)		no hay grandes almacenes/hay una sucursal de...
voy a (la tienda de música) (no) me gusta ir (a las tiendas pequeñas) prefiero ir (a los grandes almacenes) es aburrido/divertido ir (al mercado)	porque	es pequeño/a, caro/a, barato/a, grande (no) hay mucha variedad la calidad es buena/mala, mejor/peor (que) (no) tienen las últimas novedades
compré (un regalo de cumpleaños)		para (mí, mi mejor amigo/a, mi madrastra, mi padre)

– ¿Prefieres ir de compras a un mercado o a las tiendas? ¿Por qué?

21% es más barato
33% los productos están más frescos

14% es más cómodo
22% la calidad de los productos es mejor

– ¿Cuáles son las ventajas de los supermercados?

(25%) la calidad de la comida es mejor
(18%) es fácil aparcar
(27%) ahorras tiempo
(35%) están abiertos sin interrupción

– ¿Cuáles son las ventajas de los grandes almacenes?

(34%) venden de todo en un edificio
(11%) no cierran al mediodía
(42%) hay un surtido más grande de productos
(6%) hay rebajas u ofertas muy interesantes
(7%) el ambiente es divertido y animado

– ¿Cuáles son las desventajas de los grandes almacenes?

(14%) son más impersonales
(27%) son más caros, a veces
(10%) no venden cosas originales
(2%) no hay muchas gangas
(26%) quita la clientela a las tiendas más pequeñas

– ¿Te parece bien que las tiendas permanezcan abiertas los domingos?

(11%) ofrecen más posibilidades al público
(54%) cada persona tiene la libertad de ir de compras cuando quiere
(9%) el domingo pierde su carácter 'especial': ya no es un día de descanso
(26%) el personal tiene que trabajar, aún cuando está en contra de sus principios religiosos o culturales

7 Ventajas e inconvenientes

a Lee la encuesta anterior de un instituto de intercambio, y completa las conclusiones **1–8** con el porcentaje correcto. *Ejemplo* **1** – un 35%.

Uno de los atractivos para ...**1**... es que los supermercados no cierran al mediodía.
...**2**... prefieren comprar al mercado.
A ...**3**... les gusta encontrar todo bajo un mismo techo.
Para sólo ...**4**... son los productos un factor importante en comprar en un supermercado.
A ...**5**... no les gusta tener que pagar más en los grandes almacenes.
...**6**... están a favor de poder ir de compras los domingos.
En cuanto a las ofertas u oportunidades en los grandes almacenes, la opinión pública está dividida: ...**7**... dicen que sí hay muchas, pero ...**8**... opina que no hay.

b Lee otras veces los comentarios.
Copia frases útiles y haz tres listas para hablar de...

los productos
'*están más frescos*'   *las instalaciones*   *los precios*

8 En mi opinión

Escribe una carta al instituto de intercambio, y explica lo que opinas tú: dónde prefieres comprar y por qué; cuáles son las ventajas y desventajas de los varios tipos de tiendas en tu país.

A mí me gustan varios tipos de tiendas.
Vivo en una ciudad bastante grande, y
depende de lo que quiero comprar y del
tiempo. Si hace buen tiempo, me gusta
mucho ir de compras en el mercado,
porque...

12.4 ¿Adónde ir de compras?

12B OBJETIVO
¿Qué desea?

En la sección de bisutería...

DEPENDIENTA:	*Buenos días. ¿Qué desea?*
RAÚL:	*Quisiera comprar unos pendientes.*
DEPENDIENTA:	*¿Para quién son? ¿Para un chico o una chica?*
RAÚL:	*Son para mí.*
PABLO:	*¿Para ti? ¿No son para Belén?*
RAÚL:	*¡Sí, claro! ¡Le estoy tomando el pelo*!*
DEPENDIENTA:	*¿De qué colores quiere?*
RAÚL:	*No sé...*
DEPENDIENTA:	*¿De oro o de plata?*
RAÚL:	*Mm... de plata.*
DEPENDIENTA:	*¿De qué tamaño: grande, pequeño, mediano...?*
RAÚL:	*Mediano. Algo moderno, joven...*
DEPENDIENTA:	*¿Le gustan éstos?*
RAÚL:	*¿Cuánto son?*
DEPENDIENTA:	*Seis mil.*
PABLO:	*¡Uf! ¡Qué caro!*
RAÚL:	*¿Tiene algo más barato?*
DEPENDIENTA:	*Ésos son muy bonitos. Los azules...*
RAÚL:	*Mm... ¿Puedo ver aquéllos? ¿Los verdes?*
DEPENDIENTA:	*Sí, aquí tiene.*
RAÚL:	*¡Qué bonitos! ¡Me van muy bien! Me los llevo.*
DEPENDIENTA:	*¿Algo más?*
RAÚL:	*No, nada más, gracias.*
DEPENDIENTA:	*¿Es todo?*
RAÚL:	*Sí, es todo. ¿Cuánto es?*
DEPENDIENTA:	*Doce mil pesetas, por favor.*
RAÚL:	*¡Doce mil!*
DEPENDIENTA:	*No, no... dos mil. Le estoy tomando el pelo*, señor.*
RAÚL:	*Aquí tiene. Gracias.*
DEPENDIENTA:	*De nada. ¡Adiós!*

*I'm just having her/you on!

1 Quisiera comprar...

◆ Termina la frase con tres expresiones de la lista:

Raúl compra unos pendientes...

azules	de 2.000 ptas
verdes	de 12.000 ptas
de oro	de 6.000 ptas
de plata	

♣ Copia y completa el cuadro con las palabras que faltan. Están en la conversación anterior.

	m	f
this one *these ones*	éste ...?...	ésta éstas
that one *those ones*	ése ...?...	ésa ésas
that one (over there) *those ones (over there)*	aquél ...?...	aquélla aquéllas

2 Túrnate con tu compañero/a

◆ Mira los dibujos siguientes. Para cada dibujo, busca una frase de la conversación de la actividad 1. Túrnate con tu compañero/a para hacer los dos diálogos.

A *Buenos días, ¿qué desea?* *Buenos días. Quisiera comprar unos pendientes.* **B**

Dependiente/a	Cliente
¿ 😊 ?	😊 earrings
¿ ◯ ◯ ◯ ?	◯
¿ ✔ ?	1000 ¿ ?
5000	!!!?
earrings 2000	✔ ✔
¿todo?	✔ 👍
👋	👋

Dependiente/a	Cliente
¿ 😊 ?	socks
¿ ◯ ◯ ◯ ?	◯
¿ ♥ ?	¿cuánto?
2.500	→ socks ¿ ?
✔	✔ ✔
¿todo?	✔ 👍
👋	👋

♣ Inventa tres conversaciones: compra uno de los dos artículos de cada conversación. Adapta la conversación de la actividad 1. ¡Cuidado con *éste*, *ésta*, etc!

un reloj

una pulsera

unas gafas de sol

3 En la tienda

◆ **a** Escucha las cinco conversaciones. Copia el cuadro y apunta los detalles.

Artículo/prenda	*Tamaño/talla/número*	*Color*	*¿Lo/la compra?: sí/no*
1 *abanico*	*grande*	*negro/lila*	*no*

♣ Apunta también el pequeño problema con cada artículo/prenda. *Ejemplo* **1** es muy caro.

 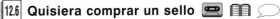

REPASO **4 Comprando ropa y zapatos**

◆ **a** Lee las frases. Haz dos listas: las frases del cliente, y las frases del dependiente.

Ejemplo

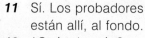
Dependiente	Cliente
1	

◆ **b** ¿Cada frase se oye en la sección de moda joven (MJ), en la zapatería (Z) o en los dos (MJ + Z)?
Ejemplo **1** MJ + Z.

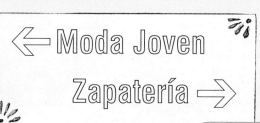
← Moda Joven
Zapatería →

¿?

1 Buenos días. ¿Qué desea?
2 Quisiera comprar unos vaqueros.
3 Busco un par de zapatos.
4 ¿Qué talla usa?
5 ¿Qué número calza?
6 La 42, creo.
7 El 37, me parece.
8 ¿Qué colores prefiere?
9 Azul marino o negro.
10 ¿Me los puedo probar?

11 Sí. Los probadores están allí, al fondo.
12 ¿Qué tal están?
13 No me van muy bien.
14 Son un poco grandes.
15 Son un poco holgados.
16 ¿Quiere probar éstos?
17 Sí, éstos son mejores.
18 ¿Cuánto son?
19 Tres mil pesetas.
20 Muy bien. Me los llevo.

◆ **c** Utiliza las expresiones de la actividad **b** para inventar dos conversaciones: (i) en la sección de moda joven; (ii) en la zapatería.

 A *Buenos días, ¿qué desea?* *Quisiera comprar unos vaqueros.* **B**

 ¡Extra! Añade otras expresiones que conoces: colores (*ej.* azul claro), problemas (*ej.* demasiado estrecho).

Buenos días, ¿qué desea?		quisiera comprar... / busco... / ¿tiene...?	
¿De qué tamaño?	pequeño, mediano, grande	¿Qué talla usas?	La (42)
¿De qué color?	azul (claro, oscuro, marino)	¿Qué número calzas?	El (37)
¿Me lo/la/los/las puedo probar?		Sí, los probadores están (al fondo/ahí a la derecha/izquierda)	
¿Qué tal (la camisa)(los vaqueros)?		(no) me va(n) / queda(n) bien; sí, me (lo/la/los/las) llevo	
¿Por qué?	es	un poco,	grande, pequeño/a, estrecho/a, holgado/a
	son	muy, demasiado	grandes, pequeños/as, estrechos/as, holgados/as
Pase por caja / ¿Cómo quiere pagar?		con tarjeta de crédito, con un cheque, en metálico/en efectivo	

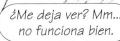

Quisiera devolver este paraguas. Lo compré aquí ayer para mi amiga, pero está roto.

¿Me deja ver? Mm... no funciona bien.

¿Puede reparármelo?

Sí – o cambiárselo.

Perfecto. Gracias, Pablo. El paraguas es muy útil.

¿Adónde vamos ahora? ¿A la cafetería?

No. A la óptica y a la sección de bisutería.

Acabo de comprar estas gafas de sol. Pero están estropeadas ya. ¿Puede arreglármelas?

Sí.

¿Cuándo estarán listas? ¿Y cuánto costarán?

Dentro de treinta minutos. No costarán nada.

Mi amigo Raúl me compró estos pendientes ayer – pero no me gustan mucho.

¿Puede cambiármelos por algo más práctico? ¿Una correa de reloj?

¡Prefiero los regalos prácticos!

5 Belén y los regalos de cumpleaños

a Escucha la historia, y las frases **1**–**7**. Una de las alternativas **A**, **B** o **C** no es correcta: ¿cuál es? *Ejemplo 1 – B.*

	A	B	C
1 Belén quiere visitar	la sección de bisutería	la cafetería	la óptica
2 El paraguas	está sucio	está roto	no funciona
3 La señora recomienda	cambiarlo	repararlo	dejarlo
4 Está(n) estropeado/a(s)	los pendientes	el paraguas	las gafas de sol
5 Reparar las gafas	No costará nada	Costará muy poco	Es gratis
6 Estarán listos	dentro de media hora	dentro de poco	mañana
7 Belén prefiere los regalos	prácticos	imaginativos	útiles

b Escucha otra vez la historia, y completa el cuadro con las palabras que faltan.

me **lo** puede reparar	puede ?
me **la** puede limpiar	puede limpiármela
me **los** puede cambiar	puede ?
me **las** puede arreglar	puede ?

¡Problemas!

GRAMÁTICA ▶▶ 28

acabo de comprar, compré, (mi amigo) me compró...
quisiera devolver este..., esta..., estos..., estas...
¿me (lo/la/los/las) puede cambiar/reparar/limpiar/arreglar?
¿cuánto costará?
¿cuándo estará(n) listo(s)/a(s)?

está roto/a, estropeado/a, sucio/a
no funciona(n)
falta (un botón), tiene un agujero
alrededor de... pesetas; es gratis
(pasado) mañana, dentro de (dos) días

Acción: lengua

How to … • say *it/them* (direct object pronouns) and *to/for me, you* etc. (indirect object pronouns)

● ¿Preparados?

◆ Empareja correctamente las preguntas (**1–4**) y las respuestas correctas (**a–d**).

| **1** | ¿Le gusta el pantalón? | **c** | Sí. Me la puedo probar, ¿no? |

| **a** | Me quedan bien. Me las llevo. | **3** | ¿Le gusta la chaqueta? |

| **b** | Son bonitos. ¿Me los puedo probar? | **4** | ¿Qué tal las sandalias? |

| **2** | ¿Qué le parecen los vaqueros? | **d** | No mucho. Es un poco grande. Lo dejo, gracias. |

♣ Busca las dos partes de las frases que van juntas.

1 Acabo de comprar este jersey ayer, pero es un poco corto.

2 Mi padre me compró esta camisa ayer, pero falta un botón.

3 Esos zapatos son muy sucios, María.

4 Compré estos pendientes para mi amiga, pero no le gustan.

a ¿Los puedo devolver?

b ¿Puedo limpiártelos?

c ¿Me lo puede cambiar?

d ¿Puede arreglármela?

● ¿Listos?

◆ Lee la sección de Gramática 24.

♣ Lee las secciones de Gramática 24-27.

● ¡Ya!

◆ Escribe la palabra correcta (*lo, la, los, las*) en cada hueco.

1 El chandal es demasiado caro: … dejo, gracias.

2 Me encanta la camiseta: ¿dónde me … puedo probar?

3 Las zapatillas son baratas - me … llevo.

4 No me gusta mucho los zapatos marrones: … tiene en negro?

5 Esta sudadera está muy de moda. ¿Me … puedo probar?

♣ Elige los pronombres correctos para rellenar los espacios.

| se lo |
| me lo |
| me la |
| se la |
| me los |
| se las |

El reloj no funciona. ¿…**1**… puede arreglar?

Esta falda está sucia. ¿…**2**… puede limpiar?

Estos vaqueros no me van bien. ¿…**3**… puede cambiar?

Mi madre compró estas medias ayer, pero tienen un agujero – ¿…**4**… puede cambiar?

Mi amiga compró esta pulsera ayer – pero el cierre está roto. ¿…**5**… puede arreglar?

No hay problema – si no le queda bien el abrigo, …**6**… puede cambiar.

¿Cómo es donde vives?
En casa

¿Te acuerdas?

1 ¿Dónde vives?

a Lee los comentarios *1–6*. Empareja cada comentario con el lugar correcto del mapa. *Ejemplo* **1** – Madrid.

1 Vivo en un barrio antiguo en el centro de la capital de España.

2 Vivo en un pueblo en las afueras de la capital.

3 ¿Yo? Vivo en una ciudad en el sureste, no muy lejos de la costa.

4 Vivo en una ciudad grande en el sur de España, junto a un río.

5 ¿Dónde vivo? En un pueblo en la costa noroeste de España.

6 Vivo en un pueblo en la sierra, en el norte.

2 ¿Cómo es tu región?

◆ Busca las frases que quieren decir (casi) la misma cosa. *Ejemplo* **1** – **e**.

1	Hay mucho dinero.	**a**	Mucha gente no tiene trabajo.
2	Hay mucho comercio.	**b**	La región es agrícola - hay muchas granjas.
3	Hay mucho desempleo.	**c**	Hay mucha basura y todo es muy sucio.
4	Hay mucho turismo.	**d**	Hay mucho campo y árboles.
5	Hay mucha agricultura.	**e**	Hay mucha gente rica.
6	Hay mucha contaminación.	**f**	Hay muchas fábricas en la zona.
7	Hay mucha industria.	**g**	Hay muchas tiendas y empresas.
8	Hay mucha diversión.	**h**	Vienen muchos turistas.
9	Hay mucho ruido.	**i**	Hay mucho que hacer.
10	Hay mucho verde.	**j**	Es muy ruidoso.

♣ Adapta las frases para describir tu región: escribe un párrafo corto.

En mi región no hay mucho comercio ni industria. La región es agrícola, y hay muchas granjas. Vienen muchos turistas, pero no hay mucho que hacer para los jóvenes.

3 ¿En qué tipo de casa vives?

Lee las definiciones y busca la expresión correcta del cuadro. *Ejemplo* **a** – un apartamento.

a una vivienda pequeña de una o dos habitaciones.

b una vivienda de tres o cuatro habitaciones en un edificio muy alto.

c una vivienda unifamiliar con jardín.

d una vivienda miserable, generalmente en las afueras.

e una vivienda en una hilera de casas.

f una vivienda en el campo.

g una vivienda que está juntada a otra igual.

un apartamento
una casa adosada
una finca
un piso en una torre
una casa doble
una chabola
un chalé

4 ¿Te gusta tu pueblo o ciudad?

a Descifra estos adjetivos, que describen un pueblo, una ciudad o una región. ¿Cuáles son positivos (P) o negativos (N)? *Ejemplo* **1** – bonito (P).

1	tinobo	**4**	dirubaro	**7**	alridnistu	**10**	rendomo
2	ofe	**5**	ocusi	**8**	quinratol	**11**	imipol
3	ogutina	**6**	diosuro	**9**	citírusto	**12**	ricsíhoto

b ¿Qué opinas de tu pueblo o ciudad y de tu región? Escribe unas frases: utiliza el cuadro siguiente para ayudar. *Ejemplo* Me gusta mucho mi pueblo porque es bonita y limpia, pero la capital de mi región está muy contaminada.

☺	me gusta (mucho)	mi pueblo	porque	es	(bonito/a) *(ver act. a)*
😐	no está mal / me da igual	mi ciudad	lo bueno es que	está	contaminado/a, muerto/a
☹	no me gusta (nada)	mi región	lo malo es que		masificado/a

5 ¿Qué hay en tu localidad?

a Busca parejas: un lugar (**1 – 8**) y una actividad (**a – h**). Haz frases completas: *Hay* (lugar) *donde se puede* (actividad). *Ejemplo* **1** +**d**: *Hay* una piscina climatizada *donde se puede* bañar y nadar.

1	una piscina climatizada	**a**	alquilar vídeos
2	un supermercado y tiendas	**b**	ligar y bailar
3	un vídeoclub	**c**	tomar un refresco
4	un parque	**d**	bañar y nadar
5	una discoteca	**e**	hacer muchos deportes
6	un polideportivo	**f**	pedir prestado libros y discos compactos
7	una biblioteca	**g**	ir de compras
8	una cafetería	**h**	jugar al fútbol

b Haz tres listas de lo que hay, o puede haber, en una ciudad grande. Utiliza un diccionario, si es necesario:

Para comprar, hay: un hipermercado...
Para divertirse, hay: un cine con diez pantallas
Para visitar, hay: la catedral gótica...
Para comer, hay: varias cafeterías...
En cuánto a lugares e instalaciones públicas, hay: una estación de tren...

13A OBJETIVO
¿Cómo es, y cómo era?

Raúl vuelve a su pueblo cerca de Madrid para ver a su madre.

> No hay mucho tráfico en la calle ahora. Antes, había muchos atascos.

> Sí, el pueblo tiene una circunvalación ahora.

> Antes, tenía un parque industrial, ¿no?

> Sí, junto al río. El río estaba muy contaminado antes.

> Hay muchas casas nuevas.

> Ahora es un pueblo dormitorio. De día, está muerto.

> Y hay mucho jaleo en las calles por la noche. No hay mucho que hacer.

> Sí, es verdad. Antes, había más lugares de diversión.

> ¿Te gusta vivir en el centro de Madrid, Raúl?

> Mi barrio no es muy tranquilo.

> Hay mucha masificación. Antes había menos basura. Ahora hay mucha pintada.

> ¿Tienes novia ya, Raúl?

> Tenía dos: Ana y Belén. Pero ahora - ¡no sé!

1 ¿Cómo es, y cómo era?

Lee la lista de factores **a–h**. ¿Cuáles están relacionados con el pueblo y Madrid *ahora*, y cuáles *antes*? Escribe dos listas.

a pintada
b una circunvalación
c atascos
d lugares de diversión
e casas nuevas
f menos basura
g jaleo
h masificación

	Ahora	*Antes*
el pueblo		
Madrid	*pintada*	

2 Ahora y antes

Lee la historia otra vez, y copia y completa el cuadro correctamente con:

es, tenía, era, hay, estaba, había, está, tiene

Ahora	Antes
es	*era*

3 ¿Qué es lo bueno y lo malo de vivir allí?

a ◆ Lee las frases **1–9** y escucha los fragmentos de conversación. Para cada frase, elige la palabra o expresión correcta.   *Ejemplo* **1** – mucho jaleo.

♣ ¿Cada persona habla de *ahora* o *antes*?   *Ejemplo* **1** – ahora (hay).

b Escucha otra vez. Apunta también si le gusta donde vive o no.   *Ejemplo* **1** ☹ .

	ahora	*antes*	
1	hay	había	(mucho) jaleo / ruido / turismo.
2	hay	había	(mucha) gente / basura / pintada.
3	hay	había	(muchos) pubs / teatros / lugares de diversión / atascos.
4	hay	había	(muchas) casas nuevas / instalaciones deportivas / fábricas.
5	tiene	tenía	una circunvalación / una zona comercial / un parque industrial.
6	es	era	tranquilo / ruidoso / turístico / antiguo.
7	es	era	administrativa / comercial / histórica / industrial / sucia / limpia.
8	está	estaba	contaminada / masificada / muerta.
9	vivo	vivía	en un pueblo (dormitorio) / una ciudad (dormitorio) / una chabola.

4 Entrevista a tres o cuatro compañeros

◆ Utiliza las preguntas de **A** y las frases de la actividad 2.

¿Dónde vives?   *Vivo en un pueblo, que se llama…*

¿Cómo es?   *Es un pueblo tranquilo y bonito.*

¿Qué es lo bueno de vivir allí?   *No hay mucha basura y es limpio.*

¿Qué es lo malo?   *No hay muchos lugares de diversión. Está muerto.*

5 Santo Domingo

◆ La carta no está en orden. Pon los fragmentos
en orden según este esquema. *Ejemplo* **1 – e**.

1 dónde está	**4** qué hay para divertirse
2 la región	**5** cómo era
3 qué hay de interés	**6** lo malo

a Alrededor de la capital, hay mucho campo y mucho verde. Al norte está la montaña con el famoso Pico Duarte (3.000 metros de altura). En los valles hay mucha agricultura. La gente vive en casas pequeñas que se llaman bohíos. Al este de la capital hay playas bonitas, pero el fin de semana hay mucha gente.

b En las afueras, hay muchas chabolas. Antes, había mucha miseria y desempleo pero ahora hay más industria y más trabajo. Esta parte estaba muy masificada y contaminada también. Ahora es un poco más limpia, y la gente tiene más instalaciones públicas: un hospital y un colegio, por ejemplo.

c El centro antiguo es muy bonito e histórico. Hay mucho turismo en la capital todo el año. De interés histórico, hay un palacio 'El Alcázar de Colón', varios museos y galerías de arte, muchas ruinas antiguas, y la Catedral.

d Me gusta mucho vivir aquí, porque tengo muchos amigos. Pero en la parte antigua, hay mucho tráfico y muchos atascos. También hay lugares con mucha pintada y basura, y esto es feo.

e ¿Qué tal? Aquí, bien. Quieres saber algo de mi ciudad, ¿verdad? Vivo en la ciudad de Santo Domingo, la capital de la isla de la República Dominicana. Al oeste está el país de Haiti, al norte está el Océano Atlántico, y al sur está el Mar Caribe. La capital está situada en el sur de la isla y tiene unos dos millones de habitantes.

f La capital tiene una parte moderna también, junto al río Ozama. Aquí por la tarde hay mucho jaleo, porque hay muchos lugares de diversión, pubs, discotecas, y cafeterías. La parte moderna tiene muchos chalés y casas nuevas con jardines - aquí vive la gente con mucho dinero.

6 Te toca a ti

◆ Describe tu pueblo o ciudad y tu región. Contesta a las preguntas siguientes. Utiliza los fragmentos de la actividad 4 como modelo también.

- ¿Dónde vives? ¿Dónde está exactamente? *(act.1, p.128)*
- ¿Cómo es tu región? *(act.2, p.128)*
- ¿Qué opinas de tu pueblo o ciudad? ¿Te gusta? *(act.4, p.129)*
- ¿Qué hay en tu barrio, pueblo o ciudad? *(act.5, p.129)*
- ¿Qué es lo bueno y lo malo de vivir allí? *(act.3, p.131)*

13.2 ◆ **¿Qué te parece tu ciudad?**

ahora	antes			
(no) hay (no) tiene	(no) había (no) tenía	(mucho, tanto)	tráfico, ruido, jaleo *(act.3)*	una (carretera de) circunvalación
		(mucha, tanta)	gente, basura, masificación, pintada *(act.3)*	
		(muchos, tantos)	lugares de diversión: pubs, teatros, cines...	
		(muchas, tantas)	casas nuevas, instalaciones deportivas, fábricas	
(no) es	(no) era	(muy)	limpio/a etc. *(act.3)*; un pueblo/una ciudad dormitorio	
está	estaba		contaminado/a, masificado/a, muerto/a	

7 Vivir en el Sáhara

a Lee el relato de Nábila. Para cada dibujo *1–6* busca la expresión apropiada *en cursiva*.

b Copia y completa el cuadro de verbos: están en el relato de Nábila.

	-ar	**-er** / **-ir**
	trabaj**ar**	viv**ir**
yo	trabaj**aba**	viv **?**
tú	trabaj**abas**	viv**ías**
él, ella, usted	trabaj **?**	viv**ía**
nosotros	trabaj**ábamos**	viv **?**
vosotros	trabaj**ábais**	viv**íais**
ellos, ellas, ustedes	trabaj **?**	viv**ían**

GRAMÁTICA ▶▶ **43**

c Estudia las frases *1–6*: elige el verbo correcto.

1 Antes, la República (es/era) española.

2 Nábila *(vive, vivía)* en el desierto.

3 Los tíos de Nábila *(viven, vivían)* de la agricultura.

4 Ahora, *(se cultivan, se cultivaban)* verduras para la gente en los campamentos.

5 Mucha gente *(trabaja, trabajaba)* en la industria pesquera.

6 En los campamentos, no *(hay, había)* casa ni pisos.

¡HOLA! Me llamo Nábila y tengo cuarenta y dos años. Antes, yo vivía en la ciudad de L'Ayoun, que antes era la capital de una zona gobernado por España. Ahora, la zona se llama La République Árabe Saharaui Democrática. Desde el año 1976, Marruecos la quiero anexar y controlar. Y vivo en un campamento de refugiados en el desierto.

HAY muchas diferencias entre mi vida aquí y allí. En L'Ayoun, vivíamos en casas y pisos, pero aquí vivimos en tiendas de campaña. Mi antiguo país era *montañoso* en el norte, pero aquí en el desierto todo es muy *llano* y poco poblado. Allí, había campos y prados; pero aquí sólo hay arena. Aquí no llueve, y es difícil cultivar alimentos. Como consecuencia, la comida es diferente. Antes, comíamos una gran variedad de cosas: carne, verduras, pescado... ¡Pero, claro, en el desierto no hay pescado! En los campamentos se cultivan verduras para la comunidad. Vivimos de *la ganadería* también – hay camellos que nos dan carne y leche, y gallinas que nos dan huevos.

ALLÍ en el este, había más zonas agrícolas. Mis tíos trabajaban en los campos. En la costa, mucha gente vivía de *la pesca*. El sector más importante de la economía era *la minería*. La República Árabe Saharaui Democrática es rica en fosfatos y otros recursos naturales. Ahora se exportan millones de toneladas de fosfatos al año – pero Marruecos es el país que se beneficia, y no nosotros. Se dice que hay reservas grandes de petroleo y que un día *la industria petrolera* va a ser importante. Quiero volver a mi patria: todo el mundo tiene derecho de vivir en su propia tierra.

3.3 ♣ ¡Qué cambios!   **13.4** ♣ **Mi ciudad: presente, pasado y futuro** 📖 ✏️

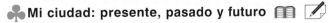

es/era	una región/zona	montañosa, llana, agrícola, rural, lluviosa, (poca) poblada
la gente vive/vivía		del turismo, de la pesca, de la ganadería, de la minería
el sector más importante es/era la gente trabaja/trabajaba en	la industria	ligera / pesada / automovilística / hotelera / petrolera / militar / terciaria / manufacturera
se cultivan/cultivaban, se exportan/exportaban		vinos, frutas, frutos secos, cereales, verduras

13B OBJETIVO

¿Cómo se puede mejorar?

Tengo una carta para ti. Es de tu padre.

¡De Papá!

¡Hola, Raúl!

¿Qué tal estás? Aquí, igual. ¿Qué tal tu proyecto sobre el entorno? En tu última carta, me hiciste tres preguntas sobre el entorno aquí en la cárcel y aquí tienes mis respuestas.

¿Qué es lo importante para ti?
Lo importante, para mí aquí en la cárcel, es un lugar tranquilo - un parque o un jardín, por ejemplo, donde poder descansar y pensar. Aquí en la cárcel, no hay. Sólo tenemos un patio, que no es muy interesante.

¿Cómo se puede mejorar el entorno aquí?
Sería mejor con más instalaciones recreativas: un gimnasio, y una biblioteca, por ejemplo, y más oportunidades deportivas - hay un campo de fútbol, pero no hay posibilidad de aprender el yoga o el tai-chi.

¿Qué te gustaría tener?
¡Me gustaría tener mi libertad! Pero, como no es posible, me gustaría tener más oportunidades educativas: aprender informática o un nuevo empleo...

1 El padre de Raúl

◆ ¿Qué opina el padre de Raúl? ¿Cuáles de las cosas **1–6** son importantes y cuáles le gustaría tener? Escribe (✔) o (✘).

 1   **2**   **3**   **4**   **5**   **6**

♣ Contesta a las preguntas **1–5**: ¿*verdad* o *mentira*?

1 El padre de Raúl está en la cárcel.
2 No le gustaría tener un espacio verde.
3 Es importante para él aprender cosas nuevas.
4 Sería mejor si tuviera* menos libertad.
5 Sería mejor si tuviese* la posibilidad de hacer más ejercicio físico.

* si tuviera/si tuviese... = con...

2 Mi ciudad ideal

a Lee la lista de factores importantes. Elige diez (10) y apúntalos en el orden más importante para ti.
Ejemplo **d** instalaciones deportivas.

b Escucha las entrevistas 1-4. Para cada una, apunta los factores importantes.
Ejemplo **1** – **h** + ? + ?

♣ Apunta los problemas que mencionan también.
Ejemplo – hay mucho tráfico.

Mi ciudad ideal tiene...

a actividades recreativas
b lugares verdes
c lugares de diversión
d instalaciones deportivas
e oportunidades educativas
f una red de transporte eficiente y barata
g buenos servicios médicos
h una gran variedad de tiendas
i alojamiento agradable
j cámaras de seguridad en el centro
k calles peatonales en la zona comercial
l buenas comunicaciones con otras ciudades
m un entorno limpio
n una (carretera de) circunvalación

3 Una encuesta

Haz una encuesta en tu clase: ¿cuáles son los tres factores más importantes para tus compañeros?

A ¿Cómo es tu ciudad ideal? ¿Qué es lo importante para ti?

B

Mi ciudad ideal tiene una gran variedad de tiendas, actividades recreativas, y un entorno limpio.

3.5 **Mi ciudad ideal: una encuesta**

4 Con el diccionario

Lee otra vez la lista de factores importantes (de la actividad 2). Utiliza tu diccionario, si es necesario, para hacer una lista de 2-3 ejemplos de los factores **a** – **i**.
Ejemplo **a** actividades recreativas – un club juvenil, un club de alpinismo, baloncesto...

♣ Haz una lista de factores y ejemplos para estos grupos diferentes:
- *niños (0-11)*
- *familias*
- *la gente mayor*

niños (0-11)
oportunidades educativas: p.ej. un parvulario...

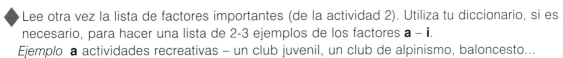

¿Qué es lo importante para ti? ¿Cómo se puede mejorar tu pueblo/ciudad? ¿Qué te gustaría tener?					
lo importante (para mí) es		una piscina, una discoteca...			
mi ciudad ideal tiene/tendría		lugares verdes, buenos servicios médicos... *(ver act.2)*			
sería mejor con	más	instalaciones	(recreativas)	para	los jóvenes, los niños,
me gustaría tener	menos	actividades	(deportivas)		familias, la gente mayor,
se necesitan		oportunidades	(educativas)		la comunidad en general

1 Hay un colegio en mi barrio, y me gustaría tener una biblioteca. Pero lo más importante para mí es tener drenajes - hay mucha basura en la calle y esto no es muy higiénico. *Lucía*

2 Lo importante para mí, son los lugares de diversión. Hay varios clubs y dos discotecas en mi barrio, o cerca, pero me gustaría tener un cine con diez pantallas. *Celia*

vivimos en un país desarrollado

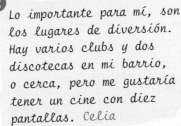

vivimos en un país en vías de desarrollo

3 En mi ciudad, hay colegios y institutos para los jóvenes, pero sería mejor con clases para los adultos o la gente mayor también: por ejemplo, clases de informática. *Nuria*

4 Lo importante para mí es tener luz pública en las calles y agua potable en las casas. Hay una fuente, pero no está muy cerca. *Magda*

5 No hay mucho para los jóvenes en mi barrio. Hay un parque bonito y una piscina para la comunidad, pero me gustaría tener un polideportivo. *Lorenzo*

6 Me gustaría tener un entorno limpio, y más instalaciones para los niños pequeños — un parvulario o un parque público donde se puede jugar al fútbol, o ir de paseo. Aquí no hay nada. Los niños juegan en las calles, que son muy sucias, o en el basurero. *Carlos*

5 Mi barrio, pueblo o ciudad actual y ideal

a Lee los comentarios de los jóvenes. ¿Cuáles viven (probablemente) en un país en vías de desarrollo (V) y cuáles viven en un páis desarrollado (D)? *Ejemplo* Lucía – V.

b ¿Quiénes mencionan: **1** las instalaciones deportivas; **2** las actividades recreativas; **3** las oportunidades educativas? *Ejemplo* **1** – Lorenzo + ..?..

6 Te toca a ti

Prepara tus propias respuestas a las preguntas **1–10**. Haz una presentación oral para tu grupo.

1 ¿Dónde vives? *(act.1, p.128)*
2 ¿Dónde está exactamente? *(act.1, p.128)*
3 ¿Cómo es tu región? *(act.2, p.128)*
4 ¿Qué hay en tu localidad? *(act.5, p.129)*
5 ¿Cómo es donde vives? ¿Es mejor ahora que antes? *(Unidad 13A)*
6 ¿Qué opinas de tu pueblo o ciudad? ¿Te gusta? *(act.4, p.129)*
7 ¿Qué se puede hacer?
8 ¿Qué hay de interés? *Unidad 7A, p.70)*
9 ¿Qué es lo importante de tu pueblo o ciudad para ti?
10 ¿Cómo se puede mejorar tu pueblo o ciudad? ¿Qué te gustaría tener?

Si todo el mundo cumpliera la ley de los tres 'r' (reducir, reciclar y reutilizar), el planeta no estaría hoy en tan mal estado: los bosques no estarían en peligro, el mar sería una de las mayores riquezas en fauna y flora, y no existiría el agujero de la capa de ozono.

En un mundo ideal, ¿qué deberíamos hacer?

1 No utilizaríamos tantos productos con envoltorios.

2 Preferiríamos comprar botellas de vidrio, y usarlas muchas veces.

3 No se producirían tantos productos con componentes tóxicos y contaminantes.

4 La gente no consumiría tanta energía - compraría bombillas 'eficientes', y cerraría los radiadores de las habitaciones que no se utilicen.

5 La gente no tiraría la ropa: daría los jerseys, las camisas etc. a agencias benéficas que las venderían.

6 No echaríamos a la basura las bolsas de plástico: las usaríamos varias veces primero.

7 Las familias no gastarían agua: cerrarían el grifo y se ducharían en vez de bañarse: gota a gota son muchos los litros que se puede llegar a ahorrar.

8 Evitaríamos productos enlatados: compraríamos productos en envases de cristal.

7 En un mundo ideal...

a ¿Qué se debe hacer para mejorar el medio ambiente? Lee el artículo anterior, basado en uno escrito por Sonia Sánchez Hernando, del Colegio San Viator, Madrid.

b Lee las recomendaciones **1–8** otra vez: decide si cada una es un ejemplo de reducir o reciclar. *Ejemplo* **1** – *reducir* .

c Estudia, copia y completa el cuadro de verbos: todos están en el artículo anterior.

d Escribe cada frase **1–8** con el verbo *deberíamos* + infinitivo. *Ejemplo* **1** *no deberíamos utilizar* tantos productos...

	-ar, -er, -ir
yo	comprar**ía**
tú	boicotear**ías**
él, ella, usted	consumir**?**
nosotros	evitar**?**
vosotros	gastar**íais**
ellos, ellas, ustedes	producir**?**

GRAMÁTICA ▶▶ 50

8 ¿Qué deberíamos hacer?

Prepara un póster para una campaña publicitaria. Escribe lo que deberíamos hacer (o no) para proteger el medio ambiente. Busca frases útiles en el artículo anterior. Incorpora el acróstico **MEDIO AMBIENTE**, si quieres.

No deberíamos consu**M**ir tanta energía.
Deberíamos **E**vitar productos enlatados.
Deberíamos **D**ar la ropa a agencias benéficas.
Deberíamos comprar bombillas 'eficientes'.
No deberíamos utilizar pr**O**ductos tóxicos.

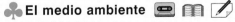 **13.6** ♣ **El medio ambiente**   **13** **Práctica: lengua**

OBJETIVO
¿En qué tipo de casa vives?

Se espera a Raúl...

¡Cuánto has tardado! ¿Dónde vives en las vacaciones, Raúl?

Vivo en un chalé en las afueras, con mi madre.

¿Dónde está?

Está a veinte kilómetros. ¿Y tú, Pablo?

Vivo en una casa adosada.

¿Dónde está?

Está cerca del instituto, pero es muy ruidosa.

Yo también vivo en la zona céntrica ahora.

¿En una casa o en un piso?

En un piso.

¿En qué planta está?

En la cuarta planta.

¿Y tú, Belén? ¿Dónde vives ahora?

Ahora vivo en un piso en una torre a cinco minutos andando, pero no me gusta. Está en la novena planta.

¿En qué planta te gustaría vivir?

Me gustaría vivir en la planta baja.

Me gustaría vivir en un piso más tranquilo.

Me gustaría vivir en una zona céntrica.

Pues yo prefiero vivir en un piso.

Hmm… Vamos a mirar el periódico…

1 ¿Dónde vives?

◆ Empareja las preguntas con las respuestas.   *Ejemplo* **1–c**.

1 ¿En qué tipo de casa vives?
2 ¿Cómo es?
3 ¿Dónde está?
4 ¿En qué planta está?
5 ¿Dónde te gustaría vivir?
6 ¿Prefieres vivir en una casa o un piso?

a Prefiero vivir en un piso.
b Me gustaría vivir en el centro.
c Vivo en un piso.
d Es muy ruidoso.
e Está en la cuarta planta.
f Está en las afueras.

♣ Haz la conversación con tu compañero/a.

2 Los anuncios

a Mira los anuncios. Busca en el diccionario las palabras y frases **en negrita**.

b Escucha las conversaciones **1–6**. ¿Qué anuncio es?   *Ejemplo* **1 – c**.

a CASA DOBLE **amueblada** 4 dormitorios, salón con chimenea, cocina, desván, jardín y garaje.
b PISO EN 6° PLANTA de construcción nueva... **Sin muebles** 2 dormitorios, salón, comedor, cocina.
c FINCA **recién pintada** piscina comunitaria, 3 dormitorios dobles, gran salón, 2 baños.
d CHALÉ **recién reformado** gran salón, **chimenea**, comedor con balcón, lavadero, sótano, garaje doble, jardín con árboles, pista de tenis.
e CASA ADOSADA **amueblada** 2 dormitorios dobles, baño, aseo, cocina, salón-comedor, terraza.
f PISO PLANTA BAJA **calefacción central** 1 dormitorio, cocina, salón con balcón, baño.

3 ¿En qué planta está? ¿Cómo es?

◆ Escucha las conversaciones **1–3**. Mira la lista de Ana y apunta cómo es cada piso.

Ejemplo **1** 6° planta, antiguo y oscuro.

ruidoso   tranquilo
antiguo   moderno
claro   oscuro
pequeño   grande
cómodo   incómodo
bonito   feo

4 ¿Y tú?

Trabaja con tu compañero/a. Utiliza las preguntas **1–6** de la actividad 1.

 ¿En qué tipo de casa vives?   Vivo en un piso.

14.1 **La casa ideal**

5 ¿Qué habitaciones hay?

Trabaja con un compañero/a. Mira los anuncios.

 En la casa doble... ¿cuántas habitaciones hay?   Hay seis habitaciones.

¿Qué habitaciones hay?   Hay una cocina, cuatro dormitorios...

14.2 **Las faenas de casa**   14.3 ♣ **Encuesta**

6 Entrevista

◆ Lee la entrevista con Paquita Perón.

a Para cada frase, busca el dibujo apropiado.
Faltan tres dibujos. *Ejemplo* **1** – **b**.

| a | b | c | d | e | f |

1 Vivo en Oviedo, en una zona céntrica.
2 En el futuro me gustaría vivir en una casa enorme en el campo con un jardín.
3 Mi piso está en la séptima planta de una torre moderna.
4 Hay un salón, que es bastante grande, una cocina pequeñísima, un cuarto de baño pequeñísimo y un dormitorio.
5 Es muy pequeño. Solamente tiene cuatro habitaciones.
6 Es muy bonito con vistas estupendas a las montañas.
7 Ahora vivo sola en un piso en un bloque.
8 Prefiero vivir en una casa pero para mí un piso es más práctico.
9 Paso la aspiradora y plancho algunas veces pero nunca saco la basura.

b Para cada frase **1–9**, busca en el cuadro la pregunta apropiada. *Ejemplo* **1** ¿Dónde vives?

c Pon las preguntas y las respuestas en el orden correcto para hacer una conversación.
Ejemplo **1** ¿Dónde vives? Vivo en Oviedo, en una zona céntrica.

7 ¿Y tú? ¿En qué tipo de casa vives?

◆ Utiliza el cuadro para preparar una descripción de donde vives.

¿En qué tipo de casa ¿Dónde	vives? te gustaría vivir? prefieres vivir?	Vivo Me gustaría vivir Prefiero vivir	en	un chalé un piso un bloque	una casa (adosada/doble) una finca una construcción (nueva)
¿Dónde está?		Está		lejos/cerca en el campo en la costa en el centro	en una zona céntrica en las afueras a (cinco) minutos andando a (diez) kilómetros
¿En qué planta está?		Está en la planta baja/en la (primera/segunda) planta			
¿Cómo es?		Es (claro/ruidoso/bonito/antiguo…)			
¿Cuántas habitaciones hay?		Hay (seis) habitaciones			
¿Qué habitaciones hay?		Hay (una cocina, tres dormitorios…)			
¿Qué faenas de casa haces?		(Paso la aspiradora/preparo la comida) (*ver Hoja de Actividades*14.2)			

Querido Miguel Ángel,

Madrid, 3 de marzo

¿Qué tal? Como sabes, yo soy de Cataluña y antes vivía con mis padres en una casa en el campo a veinte kilómetros de Barcelona. Prefiero vivir en el campo pero ahora soy estudiante y vivo en Madrid.

Comparto un piso con tres amigos. Nuestro piso está en la tercera planta de un bloque moderno. Está en la zona céntrica, a diez minutos andando del Instituto de Hostelería donde estudiamos.

El piso tiene dos niveles. Hay una entrada y a la derecha una cocina. Luego hay un cuarto de baño y más allá el aseo. A la izquierda de la entrada hay un gran salón-comedor. Al final hay dos dormitorios dobles. Entre el salón y los dormitorios hay un pasillo con una escalera y arriba una terraza con un lavadero. En la terraza voy a cultivar flores.

Yo comparto un dormitorio con Ana, la otra chica. Compartimos también las faenas de casa. Todos hacemos la cama y recogemos el dormitorio. Yo hago la compra y cuido el jardín. También limpio el baño, ¡que es horrible!

Me gusta mucho compartir piso con Ana y Raúl. Ana pasa la aspiradora y plancha y Raúl prepara la comida. Pero Pablo es muy perezoso; solamente friega los platos después de dos días y ¡nunca saca la basura! Nosotros tres estamos hasta la coronilla.

¿Y tú? ¿Cómo es dónde vives? ¿Vives en una casa o en un piso? ¿Compartes un dormitorio? ¿Qué faenas de casa haces tú?

Escríbeme pronto. Un saludo, Belén

8 Una carta

♣ ¿Ha comprendido todo Miguel Ángel?

a Contesta si las frases siguientes son *verdad* o *mentira*.

1 Belén prefiere vivir en Madrid.

2 Comparte un piso con tres amigos.

3 Va a cultivar flores en el lavadero.

4 Todo el mundo hace la cama.

5 Pablo friega los platos y saca la basura.

6 A Belén le gusta mucho compartir piso.

b Corrige las frases falsas.

9 Las preguntas de Miguel Ángel

♣ Contesta a estas preguntas en nombre de Belén.

1 ¿Cuántas niveles tiene tu piso?

2 ¿Está cerca del instituto?

3 ¿Cuántas habitaciones hay?

4 ¿Pablo y Raúl comparten un dormitorio?

5 ¿Hay un balcón?

6 ¿Quién pasa la aspiradora?

10 Te toca a ti

♣ Escribe una carta a un corresponsal describiendo tu casa. Utiliza la carta de Belén como modelo.

14 **Práctica: lengua**

Dentro y fuera

ANA: *¿Dígame?*
MADRE: *¿Ana? Soy yo, Mamá.*
ANA: *¡Hola, Mamá!*
MADRE: *¿Qué tal el piso?*

ANA: *Bueno... es moderno, bastante grande, muy claro...*
MADRE: *¿Está limpio?*
ANA: *¿Limpio? Sí, normalmente...*
MADRE: *¿Está bien amueblado?*
ANA: *Pues... depende.*

MADRE: *¿El salón es cómodo?*
ANA: *Sí, Mamá. Hay un sofá y dos butacas... pero no es muy bonito.*
MADRE: *¿Por qué? ¿Cómo es la decoración?*
ANA: *Las puertas están pintadas de verde y las paredes están pintadas de rayas amarillas y rosa.*
MADRE: *¿Hay televisor y vídeo?*
ANA: *Tenemos un televisor pero un vídeo, no.*

MADRE: *¿Y el dormitorio? ¿Tienes tu propio dormitorio?*
ANA: *No, Mamá, comparto un dormitorio con Belén.*
MADRE: *¿Cómo es la decoración?*
ANA: *El techo está pintado de blanco, y las paredes están empapeladas con grandes flores rojas. Las cortinas son azul claro, de lunares. En el suelo hay una alfombra blanca y negra de cuadros.*

MADRE: *¿Qué muebles hay?*
ANA: *Tenemos un lavabo y un armario empotrado, dos camas y una lámpara.*
MADRE: *¿Qué haces en el dormitorio? ¿Haces los deberes?*
ANA: *Sí, sí, hago los deberes, escucho música y leo un poco.*

MADRE: *¿Qué hay en la cocina?*
ANA: *Bueno, una cocina...*
MADRE: *¿Eléctrica o de gas?*
ANA: *Eléctrica, hay un frigorífico...*
MADRE: *¿Hay un congelador?*
ANA: *No, no hay un congelador.*
MADRE: *¿Tenéis lavaplatos?*
ANA: *No, pero tenemos un fregadero... ¡Y a Pablo!*

1 ¿Cómo es el piso?

◆ Para cada pregunta de la madre, contesta **sí** o **no** según las respuestas de Ana. *Ejemplo* **1** sí.

1 ¿El piso es moderno y claro?
2 ¿El salón es bonito?
3 ¿Hay sofá y butacas?
4 ¿Tienes vídeo?

5 ¿Tienes tu propio dormitorio?
6 ¿Tienes televisor en tu dormitorio?
7 ¿Hay cocina de gas?
8 ¿Hay frigorífico?

♣ ¿Y en tu casa? ¿Cómo es? Contesta a las mismas preguntas.

4.4 **Los muebles**

2 ¿Qué muebles hay?

Trabaja con tu compañero/a.

◆ Mira la actividad 1.

♣ ¿Y en tu casa?

¿Qué hay en la cocina?

Hay una cocina eléctrica…

¿Qué hay en tu dormitorio?

Hay…

3 ¿Cómo es la decoración?

Escucha las conversaciones
1–6 y apunta el color y el
dibujo para cada conversación.
Ejemplo **1** 3, 8, c.

1 blanco	**6** malva	**a** de lunares
2 negro	**7** naranja	**b** de cuadros
3 rojo oscuro	**8** amarillo	**c** de rayas
4 azul claro	**9** gris	**d** de flores
5 rosa	**10** verde	

14.5 **Las diferencias**

4 ¡Estás en tu casa!

Utiliza el cuadro para preparar una descripción de tu casa o tu piso.
Ejemplo Mi piso es bastante grande y muy cómodo…

Cómo es (tu piso) ? (la cocina)? (tu dormitorio)?	Es	bastante muy un poco	(grande) (moderno/a) *(ver adjetivos, actividad 2, p.59)*
¿Cómo es la decoración?		Las paredes son El techo está En el suelo hay	empapelado/a(s) de rayas/cuadros/lunares/flores pintado de (blanco) una moqueta (marrón) *(ver actividad 3)*
¿Qué muebles hay?		Hay	(una litera)(una cómoda)
¿Tienes tu propio dormitorio? ¿Compartes tu dormitorio?		Sí/no, comparto con (mi hermano)	

5 ¿Cómo es tu dormitorio?

 a Empareja cada descripción con el dormitorio correspondiente.

a Comparto mi dormitorio con mi hermana. Tenemos una litera, un armario empotrado y dos cómodas. Las paredes están pintadas de verde claro y tenemos unos pósters de nuestros cantantes preferidos. En el suelo hay una alfombra de rayas multicolores.

b Tengo mi propio dormitorio. No es muy grande, solamente tengo una cama, una mesilla con una lámpara y una estantería con mi estéreo, mis CDs y algunos libros. También hay un escritorio donde hago los deberes. Las paredes están empapeladas de rayas blancas y azules. La moqueta y las cortinas son de color azul oscuro.

c Mi dormitorio es muy grande y muy claro. El techo está pintado de amarillo claro y las paredes están pintadas de amarillo vivo. En la cama hay un edredón de cuadros azules y blancos. Hay un lavabo, un armario, un tocador y una mesa con un ordenador. Me gusta mucho estar en mi dormitorio. Leo revistas, navego por Internet, y toco la guitarra.

b Para cada de las descripciones anteriores **a–c**, apunta las preguntas apropiadas **1–5**.
   Ejemplo **a** 1…

1 ¿Compartes tu dormitorio?
2 ¿Cómo es?
3 ¿Cómo es la decoración?
4 ¿Qué muebles hay?
5 ¿Qué haces en tu dormitorio?

6 ¿Y tú?

 Utiliza las descripciones, las preguntas y el cuadro de la página 143 para hacer una descripción de tu dormitorio.

7 Mi hogar

Lee los párrafos siguientes. Busca en el diccionario las palabras que no conoces.

a Rellena los huecos con los verbos apropiados.

> solemos vivíamos vivimos necesita lavar tenemos gustaría dio
> reparar viviendo dormir llaman falta estamos viviremos es

1

A nosotros el gobierno nos …(**1**)… el terreno para construir casas. Hoy en día unas 2800 familias están …(**2**)… aquí. Todavía nos queda mucho trabajo.

Ahora. …(**3**)… en mejores condiciones que el lugar donde …(**4**)… antes. Ya hemos terminado de construir las casas, y tenemos electricidad pero todavía nos …(**5**)… el agua y no hay.

Dentro de siete años lo tendremos todo y …(**6**)… en casas decentes.

Para los jóvenes ya …(**7**)… un campo de fútbol y una escuela. Nos …(**8**)…; tener drenajes, un hospital, agua potable, una biblioteca y luz pública en las calles.

2

El agua …(**9**)… muy importante aquí. Tenemos que ayudar a nuestras madres porque una familia …(**10**)… mucha agua para cada día: primero para beber, segundo para lavarnos y tercero para los servicios y para …(**11**)… la ropa.

Aquí vive mucha gente, pero no …(**12**)… en casa sino en tiendas de campaña que se …(**13**)… jaimas. En la jaima tenemos fotos y recuerdos y nuestras cositas personales. Hay alfombras y cojines y solemos vivir y …(**14**)… en la jaima durante el invierno. En verano …(**15**)… vivir en este cuarto porque es más fresquito. Al lado de este cuarto está la cocina.

Durante el día la temperatura suele llegar hasta más de 40 grados. El viento sopla muy fuerte aquí y a veces destruye las jaimas y tenemos que …(**16**)… las.

b Empareja cada párrafo con la fotografía y el título correcto.

A

B

i **Miguel Ángel nos habla de su nuevo barrio en las afueras de la ciudad de Guatemala.**

ii **Kaltum nos habla de su vida en el campamento de refugiados en el desierto del Sáhara.**

8 Unas preguntas

Contesta a las preguntas siguientes.

1 ¿En qué tipo de casa vive Kaltum?
2 ¿Qué tiempo hace en el Sáhara?.
3 ¿Qué hace falta todavía en las nuevas casas del barrio de Miguel Ángel?
4 Haz una lista de las cosas que son importantes para Miguel Ángel y Kaltum.

14 **Práctica: lengua**   **14.6** **El dormitorio de Yessica**

Acción: lengua

How to … • describe what things were like in the past (the imperfect tense)

● ¿Preparados?

¿Estas personas **1–8** hablan de cómo es la ciudad *ahora* o *antes* de la nueva carretera de circunvalación? Escribe *ahora* o *antes.* *Ejemplo* **1** – *antes.*

1 Había muchos atascos en las calles céntricas.

2 Es más tranquilo, y no hay tanto tráfico.

3 Lo malo es que el nuevo centro comercial está en las afueras.

4 Estaba muy masificado y era muy ruidoso.

5 Era muy sucio con mucha basura por todas partes.

6 De noche, el centro está muerto.

7 En la zona central, había mucha pintada.

8 El antiguo centro tenía muchos lugares de diversión.

● ¿Listos?

Lee la sección de Gramática 43.

● ¡Ya!

◆ Lee lo que dice Julio, y elige el verbo correcto para cada blanco.
Ejemplo De noche, *está* muerta.

Ahora vivo en un pueblo pequeño. No me gusta. De noche … muerto. Para los jóvenes, no … mucha diversión. El centro no… ni pubs ni discotecas, y … muy aburrido.
           hay   tiene   es   está

Antes, vivía en una ciudad más grande que … un centro comercial enorme, y muchas instalaciones deportivas. Lo malo era que … bastante contaminada: … muchas fábricas y … muy ruidoso.
           estaba   era   tenía   había

♣ Lee el párrafo y escribe los verbos subrayados en el imperfecto.
Ejemplo   Yo vivía.

Yo vivo en un piso antiguo. Me gusta mucho porque es grande y soleado, y tiene un balcón que da a una plazuela. Desde allí, veo todo lo que pasa. Las paredes están pintadas de blanco, y en el suelo hay una moqueta verde. Por todas partes tenemos plantas y en verano mi madre pone flores en la terraza. Cenamos allí por la tarde. Yo comparto un dormitorio con mi hermana cerca de la entrada, lo que es un poco ruidoso. Mis padres duermen en un dormitorio más tranquilo, que está empapelado de flores rosa – ¡yo lo quiero para mí!

Los empleos y las fiestas 15·16
Las prácticas de trabajo

15-16 ¿Te acuerdas?

1 Los empleos confusos

a Elige el lugar de trabajo apropiado para cada empleo. ¡Cuidado! Algunos lugares se corresponden a varios empleos. *Ejemplo* **1 – b**.

b Para cada empleo, apunta si es masculino o femenino o los dos. *Ejemplo* **1 masc.**

1 médico	**a** en la calle principal
2 dependiente	**b** en una clínica
3 camarera	**c** en una corrida de toros
4 técnico	**d** en un hospital
5 secretario	**e** en una oficina
6 ingeniero	**f** en una fábrica
7 dentista	**g** en un instituto
8 recepcionista	**h** en un restaurante
9 funcionaria	**i** en una tienda de comestibles
10 torero	**j** en una compañía de informática
11 profesora	**k** en un garaje
12 mecánico	**l** en un hotel
13 programador	
14 enfermero	
15 obrero	
16 cocinera	

2 ¿Quién es?

Elige el empleo **1–16** correcto de la actividad 1 para cada persona **a–i**. *Ejemplo* **a – 8**. **e**

a Contesto al teléfono y hago reservas.

b Trabajo con niños.

c Preparo la comida, y friego los platos.

d Preparo programas de ordenador.

e Cuido a las personas enfermas.

f Vendo alimentos, paso la aspiradora, y quito el polvo.

g Traigo las bebidas, pongo las mesas, y las recojo.

h Escribo cartas.

i Reparo coches.

3 ¿Y tú?

¿Tienes empleo? ¿Dónde trabajas? ¿Qué haces? Elige unas frases de la actividad 2 y un lugar de la actividad 1.

Ejemplo Vendo alimentos en la calle.

4 ¿Qué fiestas celebras?

Empareja cada fiesta con el dibujo correcto.   *Ejemplo* **1 – i**.

Celebro…

1 la fiesta de mi pueblo
2 el día de mi santo
3 el día de Reyes
4 el Año Nuevo
5 la Semana Santa

6 las Navidades
7 el día nacional de España
8 la Nochebuena
9 mi cumpleaños

5 ¿Cómo se celebra? ¿Cómo lo celebráis?

a ¿Cómo se celebran las Navidades en Gran Bretaña? Apunta **Sí** o **No** para las frases **1–10**.
b ¿Qué hacéis en tu familia? Apunta **Sí** o **No** para las frases **a–j**.

1 Se celebra con la familia.
2 Se compran regalos.
3 Se envían tarjetas.
4 Se adorna el pino.
5 Se monta un belén.
6 Se cuelgan calcetines.
7 Se ponen zapatos debajo del árbol.
8 Se va a misa.
9 Se come pastel de Navidad.
10 Se sale con los amigos.

a Las celebramos con la familia.
b Compramos regalos.
c Enviamos tarjetas.
d Adornamos el pino.
e Montamos un belén.
f Colgamos calcetines.
g Ponemos zapatos debajo del árbol.
h Vamos a misa.
i Comemos pastel de Navidad.
j Salimos con los amigos.

6 ¿Qué hacéis para celebrar las fiestas?

Empareja cada pregunta con una respuesta apropiada.   *Ejemplo* **1 – j**.

1 ¿Qué fiestas celebras en diciembre?
2 ¿Qué fiesta prefieres?
3 ¿Cuándo es?
4 ¿Se celebra con los amigos?
5 ¿Qué se hace?
6 ¿Se bebe mucho?
7 ¿Se sale con los amigos?
8 ¿Cómo celebráis la Nochebuena?
9 ¿Vais a la iglesia?
10 ¿Enviáis tarjetas?
11 ¿Adornáis el pino?
12 ¿Salís con los padres?

a Es el 20 de junio.
b No, se celebra con la familia.
c La celebramos con los padres.
d Se hace una comida especial.
e Sí, vamos a la iglesia.
f No, no salimos con los padres.
g Sí, se bebe mucho.
h Prefiero mi cumpleaños.
i No, no adornamos el pino.
j Celebro las Navidades.
k Sí, enviamos muchas tarjetas.
l Sí, se sale con los amigos.

15 **Práctica: lengua**

15A OBJETIVO
¿Tienes empleo?

> Pablo, ¿quieres salir con nosotros?

> No tengo dinero. ¿Y tú? ¿Te dan dinero tus padres?

> ¿Tienes empleo? ¿Qué haces?

> ¿Dónde trabajas?

> No, no me dan dinero. Tengo empleo ahora.

> Soy camarera.

> En un pequeño restaurante en el centro.

> ¿Cuántas horas trabajas por día?

> Trabajo tres horas y media por día.

> Y… ¿cuánto ganas a la semana?

> Normalmente gano siete mil quinientas pesetas.

> ¿Cuándo empiezas?

> No tengo horas fijas, pero esta semana empiezo a las ocho y termino a las once y media.

> Y este trabajo, ¿cómo lo encuentras?

> Es duro pero es bastante interesante.

> ¿En qué gastas tu dinero?

> Bueno, una parte la gasto en ropa y en salir, y la otra parte la ahorro.

> La ahorras. ¿Por qué?

> Para pagar el alquiler y los recibos, Pablo. ¿Y tú? ¿Cómo lo vas a pagar?

1 ¿Qué haces?

Empareja las preguntas **1–10** con las respuestas **a–j**.   *Ejemplo* **1 – j**.

1 ¿Te dan dinero tus padres?	**a** Siete mil quinientas pesetas.
2 ¿Tienes empleo?	**b** A las ocho.
3 ¿Qué haces?	**c** En ropa y en salir.
4 ¿Dónde trabajas?	**d** A las once y media.
5 ¿Cuántas horas trabajas por día?	**e** Es duro pero es interesante.
6 ¿Cuándo empiezas?	**f** Tres horas y media.
7 ¿Cuándo terminas?	**g** En un restaurante.
8 ¿Cuánto ganas a la semana?	**h** Sí, tengo empleo.
9 ¿Cómo lo encuentras?	**i** Soy camarera.
10 ¿En qué gastas tu dinero?	**j** No, no me dan dinero.

 ♣ Haz el diálogo con tu compañero/a.

¿Tienes empleo? ¿Dónde trabajas?   15.1 ¿En qué consiste?

2 ¿Quién habla?

◆ Escucha a estos jóvenes que hablan de su empleo. Apunta la letra correcta cada vez.
Ejemplo **1** – **d**.

a
4 horas
por día
12.00-4.00
10.000 ptas
a la semana

b
2¹/₂ horas
por día
1.00-3.30
1.000 ptas
al día

c
12 horas
por semana
5.00-7.00
900 ptas
al día

d
3¹/₂ horas
por día
8.00-11.30
7.500 ptas
a la semana

♣ Apunta el empleo también.

3 Te toca a ti

Trabaja con tu compañero/a.
Utiliza las preguntas **5–8** de
la actividad 1 y los anuncios
a–d de la actividad 2.

 A

*Letra **a** ¿Cuántas horas trabajas por día?*

 B

Cuatro horas.

¿Cuándo empiezas?

4 ¿Cómo lo encuentras?

◆ Pablo busca un empleo. Escucha la cinta, mira su lista
y apunta su reacción a cada empleo.

♣ Apunta también el empleo.

Ejemplo **1** rutinario, mal pagado (dependiente).

rutinario
aburrido
mal pagado
cómodo
peligroso
duro
interesante
bien pagado
difícil

5 ¿En qué gastas tu dinero?

a Empareja cada frase *(i)–(vi)* con el dibujo apropiado.   Ejemplo *(i)* **d**.

b Escucha a las personas
1–6. Para cada persona elige
el dibujo correcto **a–f**.
Ejemplo **1** – **c**.

a **b** **c** **d** **e** **f**

(i) Lo gasto en ropa.   *(iii)* Lo gasto en salir.   *(v)* Lo ahorro.
(ii) Lo gasto en CDs.   *(iv)* Lo gasto en caramelos.   *(vi)* Lo gasto en revistas.

6 Encuesta

Utiliza las preguntas **1–10** de la actividad 1 para entrevistar a otras personas de la clase.

7 El empleo de Belén

◆ Belén también tiene empleo ahora. Describe a una amiga cómo es:

"¡Tengo una buena noticia! Como sabes, mis padres no me dan dinero. En este momento soy camarera, ¡pero el mes próximo seré recepcionista!"

Busca las preguntas en el cuadro para las respuestas siguientes.

a Normalmente trabajo doce horas por semana, es decir dos horas por día (no trabajo el domingo).

b Gano entre cuatro y cinco mil pesetas por semana. Depende de los clientes. La semana pasada, por ejemplo, gané más.

c Es bastante duro: hago las camas, limpio los cuartos de baño, paso la aspiradora y quito el polvo.

d Esta semana empiezo a las nueve de la mañana y termino a las once. La semana próxima empezaré a las seis y terminaré a las ocho.

e Trabajo en las habitaciones de un hotel de lujo. El hotel está en el centro de la ciudad, a cinco minutos andando de nuestro piso.

f Pago los gastos del piso, por ejemplo la comida, los recibos y el alquiler. Si me queda dinero lo gasto en ropa y en salir.

8 Mi empleo

◆ Utiliza el cuadro y las respuestas de Belén para preparar una entrevista o un reportaje sobre tu empleo actual o ideal.

¿Tienes empleo?	Sí/no tengo empleo	
¿Qué haces? ¿En qué consiste tu trabajo?	Soy (camarero/a) Reparto (periódicos) Ayudo (a mis padres) No hago nada	Cuido (a los) niños Vendo (helados) Lavo (parabrisas)
¿Dónde trabajas?	Trabajo en (un restaurante/ en una peluquería)	
¿Cuántas horas trabajas por día/semana?	Trabajo (diez) horas por día/a la semana No tengo horas fijas	
¿Cuándo empiezas/terminas?	Empiezo/termino a las (cinco)	
¿Cuánto ganas (a la semana)?	Gano (4.000 pesetas), (20 libras esterlinas)	
¿Cómo lo encuentras?	Lo encuentro/es aburrido, interesante duro, difícil, fácil, rutinario, cómodo, bien/mal pagado	
¿En qué gastas tu dinero?	Lo gasto en (caramelos, CDs, ropa, salir) Lo ahorro para (las vacaciones)	

Hace cuatro años que estudio fotografía en un taller de fotografía y me gusta mucho. Cuando sea grande me gustaría ser fotógrafa profesional. Algunas de las fotos que hemos tomado en el grupo, las hemos vendido y hemos publicado un libro también.

El dinero que gano de la venta de las fotos lo reparto en tres partes: La primera es para los gastos del instituto: por ejemplo, compro libros para los estudios y puedo también pagar los gastos del uniforme del instituto y los zapatos. La segunda es para los gastos del taller de fotografía y la tercera es para ayudar a mi familia.

Trabajo con un periódico Guatemalteco que se llama <u>El Periódico.</u> Trabajo como ayudante... soy aprendiz fotógrafa.

Cuando llego por la mañana tengo una reunión con nuestro jefe, Don Rolando. Don Rolando me dice qué trabajo hay que realizar ese día. Hoy tengo que ir al zoológico para fotografiar a los animales y a los vendedores ambulantes. Estoy un poco nerviosa porque mi jefe va conmigo.

Me gusta mucho este trabajo porque no es un trabajo rutinario y todos los días son diferentes. Además, aparte de ser un trabajo técnico, tengo la oportunidad de conocer a mucha gente muy interesante.

Al final del día me siento muy contenta pero muy cansada porque mañana es domingo y tengo que hacer muchos deberes y el lunes tendré que ir al instituto.

9 El empleo de Marisol

♣ Marisol estudia en un taller de fotografía. El fin de semana trabaja para un periódico.

a Lee lo que dice. Busca las palabras que no conoces en el diccionario.

b Contesta **Verdad** o **Mentira** a estas frases. Corrige las frases falsas.

  1 Con el dinero que gana Marisol compra CDs y caramelos.
  2 Trabaja con un periódico que se llama *El Guatemalteco*.
  3 Hoy Marisol tiene que ir al parque zoológico.
  4 Este trabajo Marisol lo encuentra aburrido y rutinario.
  5 Trabaja con el periódico cinco días por semana.
  6 El lunes Marisol tendrá que ir al instituto otra vez.

10 Reportaje

♣ Prepara una entrevista con Marisol utilizando las preguntas del cuadro en la página 152.
  Ejemplo ¿Qué haces? Estudio fotografía...

15.2 ♣ **En el banco**

15B OBJETIVO ¿Qué fiestas celebras?

CONSUELO: Hola. ¿Adónde vais?

ANA: Como mañana es la fiesta de Todos los Santos hay una procesión. Vamos de paseo.

PABLO: ¿Cómo se celebra esta fiesta normalmente en España?

RAÚL: Depende. Por ejemplo, yo me voy a casa. Mis tíos hacen una gran comida para toda la familia. Aquí en Madrid comemos especialidades como el roscón.

PABLO: ¡Qué rico! ¿Y tú, Ana, ¿vas a ver a tus padres?

ANA: Sí. Vamos a visitar a mis primos.

PABLO: ¿Y Belén?

ANA: Belén va a misa con su madre y después sale con sus amigos.

PABLO: ¿Qué se come en tu región?

ANA: En Cataluña comemos mucho bacalao.

CONSUELO: En España se celebran mucho los días festivos... se sale con los amigos, se come mucho... ¿Qué fiestas celebráis en tu país, Pablo?

PABLO: En mi país... La fiesta que los colombianos más celebran es la Semana Santa. Cada pueblo tiene su procesión y todos los habitantes salen a la calle para verla.

CONSUELO: Pablo, yo voy a casa para hacer la comida para Iñaki y Yessica. ¿Quieres venir a comer con nosotros?

1 ¿Cómo se celebra...?

Rellena los huecos con el adjetivo posesivo apropiado.

¿Vas a ver a ...(**1**)... padres?
Belén sale con ...(**2**)...amigos.
En ...(**3**)... país celebramos la Semana Santa.

Ejemplo **1** ¿Vas a ver a **tus** padres?

...(**4**)... tíos hacen una gran comida.
Vamos a visitar a ...(**5**)... primos.
¿Qué coméis en ...(**6**)... región?

2 El resumen

◆ Busca cinco errores en el resumen.
Ejemplo   Se celebra **mañana** el día de…

♣ Escribe el resumen correctamente.

> Se celebra hoy el día de Todos los Santos. Ana y Pablo van a ver la procesión. Raúl va a casa: sus primos hacen una gran comida. Ana va a celebrar el día con sus padres y sus tíos. Belén va a salir con su madre. Pablo va a casa de Iñaki a comer con su familia.

3 ¿Cómo lo celebran?

Elige la buena respuesta **a–l** para cada persona *1–6*.   *Ejemplo   1 – b*.

a   con mi familia
b   con mis padres
c   con tu madre

d   con mi hermana
e   con mis abuelos
f   con mi primo

g   con tu familia
h   con su padre
i   con sus padres

4 ¿Con quién celebras las Navidades?

◆ Trabaja en grupo. Utiliza el cuadro de adjetivos posesivos y la lista de personas.

A   *¿Con quién celebras las Navidades?*   *Con mi familia.*   **B**

Y Tracey, ¿con quién las celebra?   *Con sus padres.*

familia
madre
padre(s)
abuelo/a(s)

primo/a(s)
tío/a(s)
hermano/a(s)
amigo/a(s)

mi, mis	my
tu, tus	your *(fam.)*
su, sus	his, her, your *(pol.)*

GRAMÁTICA   ▶▶ **21**

♣ Utiliza también la lista de fiestas en la página 149 para preguntar y contestar.

5 Pasado y futuro

Mira la lista de fiestas de la página 149.
¿Con quién celebraste las fiestas el año pasado?
Y, ¿con quién las vas a celebrar este año?

Ejemplo

> El año pasado celebré la Semana Santa con mi hermana.
>
> Este año voy a celebrar mi cumpleaños con mis amigos.

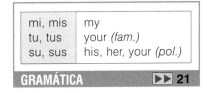

celebré

voy a celebrar

15   **Práctica: lengua**

6 ¿Qué fiestas se celebran en España?

◆ **a** Lee las respuestas de los amigos de Pablo. Busca en el diccionario las palabras que no conoces.

◆ **b** Empareja las fotografías **a–d** con la fiesta apropiada.

1 *El día de San Valentín* Los enamorados envían tarjetas a sus novios.

2 *Las Fallas* Se celebran en marzo. Los artistas valencianos preparan estatuas de personas famosas hechos de madera y cartón. Los pasean por la calle. Después prenden fuego a todas las Fallas, menos una que reservan para el año siguiente.

3 *La Semana Santa* Se celebra en toda España. Unas organizaciones religiosas llamadas cofradías hacen procesiones por la calle, llevando pasos que son esculturas religiosas.

4 *Las Ferias* Se celebran en abril. Los andaluces hacen desfiles a caballo. Llevan trajes típicos andaluces - vestido largo de lunares para las mujeres y pantalón y chaqueta ajustados para los hombres.

5 *La fiesta de San Juan* La celebramos en junio, durante la noche más corta del año. Salimos al campo, y preparamos una hoguera. Algunas personas saltan por encima de a hoguera.

6 *El 8 de septiembre* Muchos pueblos celebran la fiesta de su santo patrón. En mi pueblo tenemos sesiones de fuegos artificiales.

7 *La fiesta de la Virgen del Pilar* El 12 de octubre los zaragozanos bailan la jota en la calle y le ofrecen flores a la Virgen.

8 *Las Navidades* Vamos a misa y cantamos villancicos. Hacemos regalos a los amigos y a miembros de la familia. En mi región tocan música en la calle y después piden dinero o regalos al público.

9 *El día de los Inocentes* Es el 28 de diciembre. Gastamos bromas a los amigos.

7 ¿Qué fiestas celebras? ¿Cómo las celebras?

◆ Haz una descripción de las fiestas que celebras. Utiliza el cuadro y la lista de fiestas en la página 149.

nosotros	ellos/ellas	
bailamos	bailan	en la(s) calle(s)
cantamos	cantan	canciones, villancicos
enviamos	envian	tarjetas (de Navidad, de San Valentín)
tenemos	tienen	sesiones de fuegos artificiales
hacemos	hacen	regalos
pedimos	piden	dinero
preparamos	preparan	una estatua, una hoguera
prendemos	prenden	fuego a la(s) estatua(s)
gastamos	gastan	bromas a los amigos
tenemos	tienen	procesiones por la(s) calle(s)

15.3 **Con tu compañero/a**   15.4 **¿Qué hacemos en Gran Bretaña?**

8 El Festival de la reina indígena

♣ Miguel Ángel ha ido a una fiesta muy famosa de Guatemala. Le explica a Belén cómo era. Escucha a Miguel Ángel. Apunta los cinco detalles que faltan en la carta.

Guatemala, 2 de octubre

Querida Belén:

En Guatemala hay muchas fiestas bonitas, pero el Festival de Coban, una fiesta indígena, es la más famosa de nuestro país.

El primer festival tuvo lugar hace 30 años y normalmente se celebra durante el mes de julio. Empieza aproximadamente a las cinco de la tarde. Algunas veces asisten personas famosas. Por ejemplo, este año vino también el presidente del país.

El festival se celebra por todas las calles de la ciudad. Se ven muchos músicos vestidos de trajes típicos y disfraces que bailan y tocan sus instrumentos tradicionales. ¡Algunas veces tratan de bailar con los turistas también!

El momento más importante del festival es la coronación de la *Rabín Ajau*. *Rabín Ajau* quiere decir *hija del rey* en el idioma Kiche.

Cada año el festival elige a una nueva reina indígena de entre diez finalistas para recordar a todos los Guatemaltecos las tradiciones y la cultura indígena de nuestro país.

Al comienzo de la ceremonia un coro canta. Después hay un desfile de finalistas representando a los diferentes grupos indígenas de Guatemala. Cada mujer lleva el traje típico de su región y al final tiene que pronunciar un discurso.

Para los indígenas guatemaltecos el Festival de Coban es muy importante. Para mí también, porque gané un premio con esta fotografía de la reina. El año próximo volveré y sacaré más fotos.

¿Y tú y Ana? ¿Qué fiestas celebran en su país? ¿Fuiste a alguna fiesta recientemente? ¿A qué fiestas irás este año?

Hasta luego, un abrazo,

Miguel Ángel

9 Una fiesta

♣ ¿Y tú? ¿Fuiste a alguna fiesta en tu pueblo o tu región? ¿Y a qué fiestas irás en el futuro? Utiliza la carta de Miguel Ángel, el cuadro de la página 156 y la hoja de actividades 15.4 para describirla(s).

Fui a una fiesta para celebrar el primero de mayo. Es una fiesta tradicional. En febrero iré a la fiesta de mi pueblo…

16A

OBJETIVO

¿Dónde hiciste tus prácticas?

Yessica visita a los amigos en su nuevo piso. Habla con Pablo de sus prácticas de trabajo.

Yessica, ¿dónde hiciste tus prácticas de trabajo? **1**

Trabajé en un taller de confección aquí en Madrid.

¿Cuánto tiempo duraron las prácticas? **2**

Duraron quince días.

3 ¿Cómo ibas a tu lugar de trabajo?

Iba en bicicleta.

4 ¿Cuánto tiempo tardabas en llegar?

Mucho más de lo esperado: tardaba una hora o más.

¿Cómo era tu horario? **5**

Empezaba a las ocho, y terminaba a las seis.

¿Cuándo era la hora de comer? **6**

Era de una y media a dos y media.

7 ¿Qué hacías en los descansos?

Tomaba un café y charlaba con mis compañeros.

8 ¿Qué tenías que llevar?

Tenía que llevar ropa de vestir. ¡Qué incómodo!

Lo siento, Yessica, pero Pablo tiene que hacer prácticas de trabajo en la cocina - ¡ahora!

Vale. ¡Qué jefa más desagradable!

1 Tus prácticas

◆ Para cada dibujo, escribe la pregunta apropiada.

Ejemplo **1** ¿Qué hacías en los descansos?

1

2 8.00-18.00

3

4 15 días

5 60 min. +

6

7 1.30-2.30

8

♣ Contesta *verdad* o *mentira* a las frases **1–6**. *Ejemplo* **1** mentira.

1 Pablo habla de sus prácticas.
2 Yessica empezaba tarde por la mañana.
3 Yessica estaba un poco aburrida en el taller.

4 El viaje al trabajo era corto.
5 Belén está muy contenta.
6 A Yessica no le gustaba la ropa que tenía que llevar.

2 ¿Cómo?

a Lee la lista de expresiones. Para cada pregunta **1–8** (de la actividad 1) haz una lista de las expresiones que pueden formar parte de la respuesta.

Ejemplo   **1** ¿Dónde hiciste tus prácticas de trabajo? **b** en un laboratorio.

a en metro	**i** en una oficina
b en un laboratorio	**j** diez días
c de una a dos	**k** (tomaba) un refresco
d en una fábrica	**l** ropa de vestir
e uniforme	**m** tres semanas
f una semana	**n** a pie
g en coche	**o** ropa de seguridad
h (tomaba) un té	**p** unos veinte minutos

q ... a las nueve ... a las cinco
r en autobús
s más de media hora
t en una cadena de producción
u ... a las siete ... a las tres
v (tomaba) un bocadillo
w de doce a una
x buzo

b Túrnate con tu compañero/a. **A** elige uno de los verbos. **B** completa la frase con una de las expresiones **a–x**.

trabajé	empezaba
duraron	terminaba
iba	tomaba
tardaba	tenía que llevar

A   *Trabajé...*   *¡en un laboratorio!*   **B**

3 Los detalles

 16.1

◆ Escucha a Irene, José, Maite, Ramón y Pili. Completa un cuadro para cada persona.

♣ ¿Quién habla en cada frase **1–6**?

Ejemplo **1** – Ramón.

1 Iba al trabajo con un familiar.
2 No era muy madrugadora.
3 No viajaba muy lejos para ir a mi lugar de trabajo.

4 No terminaba mis prácticas.
5 No me gustaba el trabajo.
6 Fabricaban cerámica.

	Irene	José
Trabajo	oficina	
Duración	1 semana	
Horario	8.00–16.30	
Ropa	ropa de vestir	

4 La semana de prácticas

a Lee el relato de César y rellena los blancos: ¡sobra una palabra! *Ejemplo* **1** – hice.

tardaba	tenía
media	charlaba
tomaba	duraron
hice	oficina
terminaba	iba

¡Hola!
Me llamo César. Yo ...**1**... mis prácticas de trabajo en una fábrica y ...**2**... una semana. Empezaba a las siete y ...**3**... (¡qué horror!), pero ...**4**... a las tres, con una pausa para comer. La fábrica no está muy lejos de casa, así que ...**5**... a pie todos los días. Sólo ...**6**... unos diez minutos en llegar. Durante el descanso, ...**7**... un refresco con mis compañeros, o salía un rato al aire libre. ...**8**... que llevar buzo cuando trabajaba en la cadena de producción. Pero en la ...**9**..., llevaba algo más cómodo — vaqueros y un jersey.

b Lee lo que dicen Emilio y Silvia. Utiliza el diccionario sólo si es necesario.

Soy Silvia. ¿Qué tal mis prácticas de trabajo? Bien, en general. Trabajé en la cantina de un hospital. Lo malo es que tardaba mucho en llegar: unos cuarenta minutos en autobús. Empezaba a las tres de la tarde, y terminaba a las diez. Había tres descansos al día cuando charlaba con el personal o tomaba algo de comer. Tenía que llevar uniforme blanco - ¡y un tipo de gorro en la cabeza, que no me gustaba nada!

Me llamo Emilio, y yo hice mis prácticas de trabajo en la oficina de una arquitecta. Iba allí a pie, y tardaba unos veinte minutos en llegar. Empezaba a las ocho y terminaba a las cinco, con dos descansos. Tenía que llevar ropa de vestir en la oficina. Cuando iba con la arquitecta a un solar para ver la construcción de un nuevo edificio, tenía que llevar un casco especial. Me gustaba mucho estar fuera - trabajar dentro todo el día es muy aburrido.

c Contesta a las preguntas **1–8** con el nombre de la persona apropiada: César, Emilio o Silvia. *Ejemplo* **1** – Silvia.

¿Quién...

1 tenía más descansos?
2 tenía el horario más largo?
3 tardaba más de media hora en llegar?
4 empezaba muy temprano?

5 terminaba muy tarde?
6 trabajaba al aire libre?
7 iba a pie?
8 llevaba ropa sport?

5 ¿Y tus prácticas de trabajo?

Prepara tus respuestas personales a las preguntas del cuadro. Túrnate con tu compañero/a para preguntar y contestar. Graba la conversación, si quieres.

16.2 El trabajo en América Latina

¿Dónde hiciste tus prácticas de trabajo?	trabajé/hice mis prácticas en (una oficina, una fábrica...)
¿Cuánto tiempo duraron las prácticas?	duraron una semana, quince días
¿Cómo ibas a tu lugar de trabajo?	iba en (tren) y (autobús)
¿Cuánto tiempo tardabas en llegar?	tardaba unos (veinte) minutos, más de (una hora)
¿Cómo era tu horario?	empezaba a (las nueve), terminaba a (las cinco)
¿Qué hacías en el/los descanso(s)?	tomaba un (café), charlaba con mis compañeros
¿Cuándo era la hora de comer?	la hora de comer era de (doce) a (una)
¿Qué tenías que llevar?	(no) llevaba uniforme, buzo, ropa de vestir/sport

CURRICULUM VITAE

APELLIDOS	Fuente Aguilar
NOMBRE	Yessica
LUGAR DE NACIMIENTO	Toledo
FECHA DE NACIMIENTO	30.1.1983
NACIONALIDAD	española
ESTADO CIVIL	soltera
D.N.I / PASAPORTE	43 593 208B
DIRECCIÓN	Calle de Joaquín María López, 33, 2°B, 28002 Madrid
TELÉFONO	91 237 14 92
ESTUDIOS	BUP, Instituto Santo Tomás, Madrid (pendiente de hacer los exámenes en junio)
CARGOS QUE HA EJERCIDO	Prácticas de trabajo (una semana), taller de confección Ana Garay, Madrid Camarera durante la temporada 1997, Cafetería Nogales, Toledo. Niñera temporal (fines de semana)
INFORMACIÓN COMPLEMENTARIA	Ganadora del Premio Moda Joven 1996 para diseñadores jóvenes. Me gusta diseñar y hacer ropa para la mujer joven y moderna

6 El curriculum vitae

REPASO ♣ **a** Imagina que tú eres entrevistador/a. Lee los nueve primeros títulos del curriculum vitae (Apellidos – Teléfono) e inventa una pregunta apropiada para cada respuesta. Utiliza la forma *usted (ver Unidad 1 y la Tema de Conversación 1A/B).*
Ejemplo **1** ¿Cuál es su apellido? / ¿Cómo se apellida usted?

♣ **b** Empareja estas preguntas y la primera parte de las respuestas correctas.

1	¿Dónde estudia usted?	**a**	Sí. Voy a presentarme a los exámenes de…
2	¿Va a presentarse a algún examen?	**b**	Trabajo de (niñera)…
3	¿Dónde hizo sus prácticas de trabajo?	**c**	Me interesa diseñar ropa…
4	¿Qué otros trabajos ha hecho?	**d**	Voy al instituto…
5	¿Tiene algún empleo en este momento?	**e**	Hice mis prácticas de trabajo…
6	¿Qué hace en su tiempo libre?	**f**	He trabajado como (camarera)…

7 Te toca a ti

♣ **a** Trabaja con tu compañero/a. **A** es el/la entrevistador/a, y **B** es Yessica. Utiliza el curriculum vitae, y las preguntas de la actividad 6a y 6b para inventar una entrevista. Yessica se presenta a un puesto de media jornada en una tienda de moda.

♣ **b** Prepara tu propio curriculum vitae en español.

16B

OBJETIVO
¿Qué tenías que hacer?

Yessica habla de sus prácticas, y ayuda a Pablo en la cocina.

¿Qué tenías que hacer?

Tenía que repartir el correo, coger el teléfono...

¿Cómo era el trabajo?

Al principio, era repetitivo y no muy variado. Y más aburrido de lo esperado.

Pero al final, era mejor. Me dejaban hacer cosas más interesantes.

¿Te llevabas bien con tus compañeros?

En general, sí. Mi jefa era muy simpática.

¿Qué fue lo peor de tus prácticas?

Archivar y hacer el café.

¿Y lo mejor?

Lo mejor fue trabajar con una diseñadora.

¿Qué pasa con Belén?

Antes, me llevaba bien con ella – ahora, no sé...

1 Yessica

◆¿Qué cosas le gustaban o no a Yessica? Lee las frases **1–6** y escribe

Ejemplo **1** – .

1 repartir el correo	**3** los compañeros	**5** trabajar con una diseñadora
2 archivar	**4** hacer el café	**6** la jefa

♣Rellena cada blanco en el resumen con la palabra correcta. *Ejemplo* **1** – ayudaba.

Yessica ...(**1**)... a Pablo en la cocina con los platos. ...(**2**)... de sus prácticas de trabajo y de lo que ...(**3**)... que hacer. Pablo le ...(**4**)... atentamente. Belén no ...(**5**)... muy contenta porque ...(**6**)... un poco celosa de la amistad entre Pablo y Yessica.

estaba	ayudaba
tenía	estaba
hablaba	escuchaba

2 ¿Qué tenías que hacer?

a Lee la lista de actividades, y escribe una lista de las actividades que tú tenías que hacer durante tus prácticas de trabajo. *Ejemplo* Yo tenía que coger el teléfono, …

archivar	hacer pedidos	llevar las cartas a Correos
coger el teléfono	hacer recados	redactar el acta de las reuniones
escribir a máquina	hacer visitas	responder a consultas del público
franquear el correo	ir a reuniones	trabajar en una cadena de producción
repartir el correo	mandar faxes	usar el ordenador
hacer el café/el té	preparar comida	enviar cartas por correo electrónico
hacer experimentos	recibir a clientes	organizar la agenda de mi jefe/jefa

b Al lado de cada actividad de tu lista (actividad **a**), escribe si te gustaba o no.
Ejemplo tenía que archivar – no me gustaba nada.

 me gustaba (bastante/mucho)   no estaba mal   🙁 no me gustaba (mucho, nada)

3 ¿Cómo era el trabajo?

◆ Escucha a los jóvenes **1**–**5**.
¿Cómo era el trabajo?
Apunta la(s) letra(s) de sus opiniones.

Ejemplo **1** – **g**, **f**.

 Apunta también lo mejor y lo peor para cada joven: copia y completa el cuadro.

a era soportable	**e** era interesante
b era repetitivo	**f** era aburrido
c era estresante	**g** era fascinante
d era variado	**h** era fácil

	Era…	Lo mejor	Lo peor
1	**g, f**	ir a reuniones	archivar

4 ¿Te gustaba?

Túrnate con tres o cuatro compañeros para preguntar y contestar:

A

¿Qué tenías que hacer?

¿Te gustaba?

¿Qué otra cosa tenías que hacer?

¿Cómo era el trabajo en general?

B

Tenía que archivar.

¡No! Era aburrido.

*Tenía que ir a reuniones – eso era interesante.
También tenía que hacer recados.*

Era variado. No estaba mal.

  La solicitud de un puesto de trabajo

 Una carta solicitando un puesto

EVALUACIÓN DE LAS PRÁCTICAS DE TRABAJO

Apellidos: _Celaya Pinzón_

Nombre: _Badrihdi_   Dirección: _C/ de las Flores, 13, Granada_

Lugar de trabajo: _Galerías Buen Precio_   Teléfono: _281 43 79_

Duración: _5 días laborales_

Tareas: _escribir a máquina, franquear el correo, mandar cartas por correo electrónico.. y otras tareas de la oficina (pero trabajé mucho solo)_

A ¿Cómo era el trabajo?

1 más fácil de lo esperado

2 igual que lo esperado ✔

3 más difícil de lo esperado

B ¿Qué asignaturas académicas eran útiles?

1 matemáticas

2 ciencias

3 tecnología / informática ✔

C ¿Te llevabas bien con tus compañeros?

1 sí, muy bien

2 en general, sí ✔

3 no muy bien

D ¿Te llevabas bien con tu jefe/jefa?

1 sí, muy bien

2 en general, sí

3 no muy bien ✔

E ¿Qué fue lo mejor?

Acompañar al jefe a otros departamentos para ver cómo funcionan. Esto era fascinante.

F ¿Qué fue lo peor?

Ir a reuniones, tomar apuntes y redactar el acta después – era muy aburrido.

5 La evaluación de Badrihdi

◆ **a** Lee la evaluación de Badrihdi. Empareja las dos partes de sus comentarios. *Ejemplo* **1 – c.**

1 El problema es que tenía que hacer	**a** redactar el acta de las reuniones.
2 Para mí, el trabajo	**b** mi jefe - era una persona muy fría.
3 La informática	**c** muchas tareas solitarias.
4 Me llevaba muy bien con	**d** hacer visitas a otros departamentos.
5 No me llevaba bien con	**e** no era muy difícil.
6 Lo mejor era	**f** mis compañeros: eran simpáticos.
7 Lo peor era	**g** era útil.

◆ **b** Prepara una evaluación de tus prácticas. Utiliza la evaluación de Badrihdi como modelo.

16.5 Una postal – mi trabajo veraniego

¿qué tenías que hacer?	tenía que, (no) me gustaba… archivar *(act.2)*
¿te gustaba (ir a reuniones)?	(no) me gustaba (mucho), no estaba mal
¿cómo era el trabajo en general?	era variado, soportable, repetitivo *(act.3)*
¿te llevabas bien con tus compañeros?	(no) me llevaba (bien) con mis compañeros, mi jefe/a
¿qué fue lo mejor/peor de tus prácticas?	lo mejor fue (recibir a clientes), lo peor fue (archivar)

6 Las prácticas de Pablo

♣ **a** Lee la agenda de Pablo y contesta *verdad* o *mentira* a las frases **1–7**.

1 Pablo no se organizó bien al principio.
2 Llegó tarde todos los días.
3 No le gustaba mucho su jefe.
4 El lunes, quería trabajar en el gimnasio.
5 Se divirtió mucho el martes.
6 Los monitores llevaban ropa sport.
7 Pablo era el único estudiante.

REPASO ♣ **b** Busca los verbos reflexivos en la agenda de Pablo y completa el cuadro correctamente.

yo	?	desperté
tú	?	divertiste
él, ella, usted	?	quedó
nosotros	?	aburrimos
vosotros	**os**	**levantasteis**
ellos, ellas, ustedes	?	rieron

♣ **c** Con un/a compañero/a, lee la agenda otra vez, y estudia los verbos. Haz una lista de los verbos *pretérito* y otra de los verbos *imperfecto*.

pretérito   imperfecto
me desperté

♣ **d** ¿Se utiliza el *pretérito* o el *imperfecto* en cada caso **1–4**?

1 Para describir el carácter de alguien.
2 Para hablar del estado de algo/alguién.
3 Para hablar de los acontecimientos, explicar lo que pasó.
4 Para hablar del color de algo.

♣ **e** Prepara un extracto de una agenda imaginaria (o verdadera). Habla de tus prácticas de trabajo: tu mejor día, tu peor día, tu primer día, o escribe una agenda para toda la semana.

¿Te divertiste en el taller de confección, ¿no? ¿Quieres leer la agenda de mis prácticas en un gimnasio? ¡Cada día fue un desastre!

¿Dónde está Pablo?

En el dormitorio – ¡con Yessica!

LUNES
Me desperté y miré el despertador – ¡las ocho ya! Me puse unos vaqueros y un jersey limpio, y me fui corriendo. Tardé más de media hora en el metro: había huelga de conductores. Cuando llegué al gimnasio, me di cuenta de que todo el mundo (menos los monitores) llevaba ropa de vestir. Me presenté a mi jefe, el Señor Valverde, que era muy severo. Tuve que hacer recados y archivar en la oficina – ¡qué aburrido! Juan (otro estudiante) se quedó en el gimnasio con los clientes todo el día – ¡qué suerte!

MARTES
Hoy, me levanté a las siete. Me vestí en pantalón formal: una camisa blanca (¡no era muy blanca!) y una corbata. ¡Una corbata – yo! Cogí un taxi porque no quería llegar tarde otra vez! Por la mañana, tuve que coger el teléfono, y responder a las consultas del público. Pero me olvidé de traer dinero para comprar comida – bebí un café y nada más. Por la tarde, trabajé en el gimnasio con los clientes. Estaba muerto de hambre. Pero cuando tuve que demostrar cómo hacer un ejercicio en una de las máquinas, ¡me desmayé! Los clientes se echaron a reír. ¡Qué vergüenza!

MIÉRCOLES
Hoy, me organicé mejor – ¡menos mal! Trabajamos en el gimnasio otra vez, pero nos aburrimos un poco...

Acción: lengua

How to ... • use the imperfect tense and preterite tenses.

● ¿Preparados?

Elige el verbo correcto para cada hueco.   *Ejemplo* **1** hice.

1 mis prácticas de trabajo en un taller de moda. **2** en la oficina con una diseñadora. **3** en bici pero había mucho tráfico. **4** a las ocho, y **5** a las seis. El trabajo **6** un poco repetitivo al principio pero lo mejor **7** trabajar con una diseñadora.

| era | empezaba | hice | fue | trabajé | iba | terminaba |

● ¿Listos?

Lee el cuadro y las secciones de Gramática 40-43.

Imperfect tense

Describing people or places
Describing what something **was** like at the time
Describing what **used** to happen
Describing what **was** happen**ing** (when something else happened)

Mi jefa **era** amable. – *My boss **was** kind.*
El trabajo **era** aburrido. – *The work **was** boring.*

Yo **iba** en tren. – *I **used to go** by train.*
Trabajaba en un bar. – *I **was** work**ing** in a bar.*
cuando llegó el jefe. – *when the boss arrived.*

Preterite tense

Saying what happened at a particular time (which is now over and done with)
Saying what something was like, looking back

Trabajé en un café. – *I **worked** in a café.*
Hice mis prácticas. – *I **did** my work experience.*

Lo peor **fue** archivar. – *The worst thing **was** the filing.*

● ¡Ya!

¿Cuál de los dos verbos es correcto?   *Ejemplo* **1** hice.

1 Hace dos semanas, *(hice / hacía)* mis prácticas de trabajo en el taller de un garaje.
2 Todos los días, *(fui / iba)* allí en bicicleta – *(tardé / tardaba)* unos veinte minutos.
3 La primera semana, *(trabajé / trabajaba)* con un mecánico; la segunda, con la jefa.
4 La jefa *(fue / era)* bastante estricta, pero muy justa.
5 Cuando llegó la jefa a las diez, todo el mundo *(trabajó / trabajaba)* ya.
6 Un día, yo *(fui / iba)* con la jefa a visitar una fábrica de coches.
7 Normalmente, el trabajo en la oficina *(fue / era)* un poco aburrido.
8 Pero la visita a la fábrica *(fue / era)* una experiencia inolvidable.

¡Qué desastre!

MALAGA-GRANADA

Ronda
marguillo
Norte

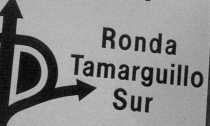

Ronda
Tamarguillo
Sur

Alcalá
de Guadaira

A-92 N-334

ronda de
circunvalación

SE-30

Lavado, secado y encerado automático

| Normal | 400 Ptas. |
| Extra (Súper encerado) | 500 Ptas. |

INDICACIONES DE LAVADO
- Coloque el coche en el centro de las guías amarillas, rueda delantera izquierda dentro de las guías pequeñas
- Ponga una velocidad y eche freno de mano
- Suba cristales
- Pliegue retrovisores laterales
- Baje antena
- Introduzca la tarjeta en el cajetín
- No toque el mando rojo mas que en caso de emergencia
- No retire el vehículo hasta tanto la máquina no haya terminado completamente y se hayan parado los motores

2,40
Altura máxima

" Sea breve, gracias

Importe
Pts

litros

Precio/L
Pts/L

Euro super

Aire y agua

Super plus
sin plomo 98

MICHELIN
controle sus presiones

controle sus presiones

MICHELIN
controle sus presiones

17-18 ¿Te acuerdas?

1 ¡Repaso!

◆ Mira la lista de adjetivos de carácter de la actividad 3, página 39. ¿Cuáles son las cualidades necesarias, en tu opinión, para cada uno de estos puestos? Escribe tres o cuatro para cada persona.   *Ejemplo* **a** profesor/a – paciente...

a

profesor/a

b

equilibrista

c

enfermero/a

d

mecánico/a

♣ Completa las frases con un adjetivo apropiado de la lista.

1 Una persona que trabaja en una fábrica de chocolate no debe ser ...
2 Alguien que es presentador/a en la tele no debe ser ...
3 Un/a instructor/a de conducción no debe ser ...
4 Un/a paracaidista no debe ser ...
5 Un/a recepcionista no debe ser ...
6 Un empleado/a de banco debe ser ...

callado/a
honrado/a
goloso/a
cobarde
maleducado/a
agresivo/a

2 Ampliar el vocabulario

Lee la Táctica y la lista de adjetivos. ¿Cuáles son las formas negativas? Primero, intenta adivinar. Después, verifica en el diccionario.
Ejemplo útil – *useful*; inútil – *useless*.

El trabajo era...
útil, soportable,

Las condiciones eran...
sanas, tolerables, agradables

Mi jefe era...
cortés,
considerado,
discreto,
educado,
grato, ofensivo,
organizado,
sensato

Táctica: prefijos

Español	Inglés
des-	**dis-**, **un-**
in-	**im-**, **-less**
mal-	(**ill-**, **bad-**)
Ej. cortés	polite
descortés	**im**polite

3 ¿Qué tal la memoria?

Haz el juego de memoria en un grupo de 4-5 compañeros. Cada persona repite las frases de los demás e inventa otra. Utiliza la fórmula: Dejé mi (objeto) en (lugar/transporte).

A
Dejé mi monedero en el autobús.

B
Dejé mi monedero en el autobús y dejé mi bolso en el comedor.

4 Me gustaría ser...

Lee las cartas y busca un empleo adecuado del cuadro para cada persona.

funcionario/a cartero/a actor/actriz
veterinario/a ingeniero/a hotelero/a

> Soy optimista y alegre. Soy muy paciente, y me gustan mucho los animales. No me gusta mucho trabajar dentro - prefiero estar al aire libre, y viajar un poco. Jere

> En el instituto, se me dan muy bien las ciencias y la tecnología. Soy una persona muy curiosa. Me interesa mucho cómo funcionan las cosas.
>
> Mari Paz

> ¿Cómo soy? Mis amigos dicen que soy amable, sincera, y cortés. Me gusta mucho relacionarme con la gente. Un día me gustaría viajar al extranjero.
>
> **Anita**

> Soy una persona muy bien organizado. Me gusta trabajar con el ordenador, ir a reuniones, planear cosas y escribir informes.
>
> Enrique

> A mí me encanta el mundo de la imaginación: me gusta escribir relatos e historias, e imaginar cómo es ser otra persona. En mi tiempo libre, voy mucho al cine y al teatro. Nacho

> Yo soy una persona bastante callada, responsable y un poco solitaria. Soy muy madrugadora, y me gusta estar al aire libre. No me importa si llueve mucho o si hace frío - voy de paseo o hago jogging todos los días. Olivia

5 He perdido...

a ¿Qué han perdido? Descifra las palabras en paréntesis. *Ejemplo* **1** – monedero.

1 He perdido mi **denorome** : contiene todo mi dinero.

2 No sé dónde están mis **velals** : ¡no puedo entrar en casa!

3 ¿Qué hora es? Espera ... ¡Ay! No sé - he perdido mi **jorel** !

4 He dejado mi **sagarupa** en el metro - ¡qué fastidia! porque llueve mucho.

5 No tengo documento nacional de identidad: es mi **tarsoapep** que he perdido.

6 ¿La **alobs** ? ¿No la tienes tú? ¡Pero contiene todas las compras!

♣ ¿Qué otras cosas te puedes perder cuando estás de vacaciones? ¿Quién tiene la lista más larga después de diez minutos? Utiliza el diccionario, si quieres.

17A

OBJETIVO
¿En qué te gustaría trabajar?

Los compañeros hablan del futuro...

Mmm. ¿Te gustaría trabajar en un hotel de lujo, Iñaki?

HOTEL MARAVILLOSO

Sí. Me gustaría ser director de un hotel de cinco estrellas algún día.

Sí, es verdad. Creo que con mis cualidades personales...

Ana, ¿Es verdad que tú no vas a trabajar en el sector de la hostelería?

HOTEL MARAVILLOSO

En tu opinión, ¿cuáles son?

Creo que soy bastante inteligente y responsable.

¿En qué te gustaría trabajar entonces?

Me gustaría trabajar en los servicios médicos.

¿Y tú Pablo, a ti te gustaría hacer un trabajo en el sector de la hostelería, ¿no?

Es difícil. ¿Qué tipo de trabajo quieres?

Quiero tener un trabajo científico.

En la hostelería sí, claro... pero no me gustaría mucho tratar con el público. No soy muy paciente. Preferiría trabajar solo.

¿Dónde te gustaría trabajar entonces?

Preferiría trabajar en las cocinas, por ejemplo.

¿Y tú, Belén?, ¿qué vas a hacer?

No sé. Depende de lo que va a hacer Raúl.

¿Raúl? ¿Qué tiene que ver esto con Raúl?

¿Quizás preferirías fregar los platos?

¿Los platos? ¡Ay, no!

¡Ah!

¿No te acuerdas? Raúl y Belén... en el restaurante?

1 ¿En qué te gustaría trabajar?

◆ **a** ¿Quién habla: Iñaki, Ana, Belén o Pablo? *Ejemplo* **1** Ana.

1 Soy inteligente y responsable.
2 Quiero trabajar en las cocinas de un hotel.
3 Me gustaría tener un trabajo científico.

4 No quiero tratar con el público.
5 Me gustaría ser director de un hotel.
6 No soy paciente.

b (i) ¿En qué te gustaría trabajar? o (ii) ¿Cuáles son tus cualidades personales?
Busca la pregunta apropiada para cada respuesta **1–6**. *Ejemplo* **1** (ii).

♣¿Y tú? Apunta si estas respuestas son **Verdad** (V) o **Mentira** (M) para ti.

2 Me gustaría...

Escucha a estas personas que hablan del trabajo que les gustaría hacer.

◆ Apunta el trabajo correcto para cada persona.   *Ejemplo* **1** – **e**.   *(no) me gustaría trabajar...*

a   *en el sector de la industria*

b   *en los servicios médicos*

c   *en el sector de la hostelería*

d   *en la investigación*

e   *en el sector de la ingeniería*

f   *en el sector del comercio*

g   *en el sector del turismo*

h   *en la enseñanza*

i   *en el paro*

♣ Apunta ✔ si les gustaría y ✘ si no les gustaría.

3 ¿Qué tipo de trabajo?

Haz una encuesta en grupos.

¿En qué te gustaría trabajar?   *Me gustaría trabajar en el sector del turismo.*

¿Cuáles son tus cualidades personales?   *Soy...*

4 ¿Qué tipo de trabajo quieres?

Escucha a Jaime y rellena los huecos con la frase apropiada.

Creo que soy amable y ...(**1**)... No quiero estar en el ...(**2**)... Lo que preferiría hacer es un trabajo ...(**3**)... pero no me gustaría nada trabajar en ...(**4**)... Quiero tratar con los ...(**5**)... .
Me gustaría ser ayudante de ...(**6**)...

equipo   sencillo   animales   manual   veterinario   paro

5 ¿Y tú?

Utiliza el cuadro para entrevistar a tu compañero/a.

¿En qué te gustaría trabajar? ¿Qué tipo de trabajo te gustaría hacer?		
(no) quiero	tratar	con el público/los niños/los animales
(no) me gustaría	trabajar	en equipo, solo/a, en el sector de... *(act.2)*
Preferiría	tener/hacer un trabajo	académico, científico, manual, físico, artístico
	ser	médico/a, secretario/a, *(act.1, p.148)*
	(no) estar	en el paro
¿Cuáles son tus cualidades personales?	Soy ambicioso/a, alegre *(act.4, p.29; act.3, p.39)*	

.1   ◆ **¿Qué trabajo?** |17.2| **Mi trabajo ideal**

6 Una entrevista

◆ Belén ha hecho una entrevista para el periódico del grupo de hoteles.

a Lee la entrevista y busca en el diccionario las palabras que no conoces.

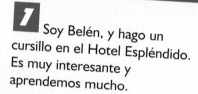

Estamos encantados de entrevistar a una estudiante que está cursando estudios en nuestro instituto de hostelería madrileño.

1 Soy Belén, y hago un cursillo en el Hotel Espléndido. Es muy interesante y aprendemos mucho.

2 Mi familia tiene una granja y toda la familia trabaja allí. Cultivan frutas tales como melocotones, y verduras tales como tomates y pimientos.

3 Pero a mí no me gustaría trabajar en el campo. Prefiero trabajar en la hostelería y el turismo.

4 No me gustaría trabajar sola; preferiría trabajar en equipo y tratar con el público.

5 Por ejemplo, soy muy sociable y creo que soy simpática, soy lista y trabajadora y soy bastante ambiciosa.

6 Un día me gustaría mucho trabajar en un gran hotel de lujo en el extranjero, quizás en los Estados Unidos. Un día quiero ser directora de una gran cadena.

b En el cuadro, busca la pregunta apropiada para cada párrafo.

Ejemplo **a – 1**.

a	¿Cómo te llamas?
b	¿Qué quieres ser?
c	¿En qué te gustaría trabajar?
d	¿En qué trabajan tus padres?
e	¿Qué tipo de trabajo no te gustaría hacer?
f	¿Cuáles son tus cualidades personales?

c ¿Las frases siguientes son **verdad** o **mentira**? *Ejemplo* **1 verdad**.

1 La familia de Belén trabaja en el campo.
2 A Belén le gustaría viajar en el futuro.
3 No le gusta trabajar con la gente.
4 Es ambiciosa.
5 Belén es antipática.
6 Le gusta el cursillo.

7 Lo que me gustaría hacer

◆ El periódico quiere hacer una entrevista contigo. Escribe tus respuestas a las preguntas del cuadro.

Ejemplo *Me llamo...*

ENCUESTA

1 En qué campo eres más fuerte?

Soy más fuerte en el campo de...
a) Las matemáticas y las ciencias
b) El trabajo con la gente
c) La música y el arte
d) La organización

2 ¿Qué es lo más importante para ti?

Para mí, lo más importante es...
a) la familia
b) el dinero
c) los sentimientos
d) el bienestar de los demás
e) las emociones
f) el poder
g) los conocimientos

3 ¿Cuáles son tus cualidades personales?

Mis cualidades personales son...
a) la tenacidad
b) la imaginación
c) la generosidad
d) la ambición

4 ¿Qué cualidades tienes?

Tengo...
a) capacidad de mando
b) capacidad de trabajar en equipo
c) un carácter estable
d) creatividad
e) entusiasmo
f) aptitudes para el análisis
g) actitud concienzuda
h) la capacidad de obrar por cuenta propia
i) conocimientos especializados del sector
j) capacidad de llevarme bien con los demás
k) voluntad para arriesgarme
l) voluntad para adaptarme
m) voluntad para desplazarme

8 Encuesta

a Lee la encuesta. Busca en el diccionario las palabras que no conoces.

b Rellena la encuesta.

Práctica: lengua

9 Respuestas varias

Escucha a Pilar, Benja, Rosario y Juanjo que contestan a la encuesta. Contesta para cada persona. *Ejemplo* Pilar *1* – **d**; *2*...

10 Te toca a ti

Trabaja en parejas.

¿En qué campo eres más fuerte?

Soy más fuerte en el campo de...

11 Lo más importante

En la encuesta, mira la pregunta número 4. Pon las cualidades en orden de importancia para ti.

17B

OBJETIVO
¿Qué vas a hacer?

Cada semana la abuela de Yessica la llama por teléfono.

Primera semana...

YESSICA: ¿Dígame?

ABUELA: ¿Yessica? Soy yo, Abuela. ¿Qué tal?

YESSICA: Bien, gracias. ¿Y tú?

ABUELA: Bien. ¿Qué vas a hacer el año que viene?

YESSICA: Voy a seguir estudiando. Voy a ir a otro instituto y hacer COU.

ABUELA: Ah sí, un Curso de Orientación Universitaria.

YESSICA: Sí. Me gusta estudiar.

ABUELA: ¡Ah! ¿Quieres ir a la universidad?

YESSICA: Sí. Quiero licenciarme.

ABUELA: ¡Qué bien!

YESSICA: Preferiría estudiar más y buscar un buen empleo.

Segunda semana...

YESSICA: ¿Dígame?

ABUELA: ¿Yessica? Soy yo, Abuela. ¿Cómo estás? ¿Qué tal el instituto? ¿Bien?

YESSICA: ¡Ni hablar! No quiero seguir estudiando. Voy a dejar el instituto.

ABUELA: ¿Ah sí? Entonces, ¿qué quieres hacer en el futuro?

YESSICA: Preferiría hacer un cursillo de diseño que hacer COU.

ABUELA: ¡Ah! ¿No quieres ir a la universidad?

YESSICA: ¿A la universidad? ¡No! ¡Qué idea! Voy a buscar empleo.

ABUELA: ¿Por qué no quieres ir a la universidad?

YESSICA: Porque no quiero estudiar más y quiero ganar mucho dinero pronto.

1 ¿Qué vas a hacer?

Yessica cambia de opinión.

◆ Para cada frase apunta si es de la primera semana (PS) o de la segunda semana (SS). *Ejemplo* 1 – PS.

1 Voy a seguir estudiando.

2 Voy a dejar el instituto.

3 Quiero ir a la universidad.

4 Voy a hacer un cursillo de diseño.

5 Preferiría buscar un buen empleo.

6 Me gusta estudiar.

♣ Para cada frase **1–6** busca la frase opuesta de la otra semana. *Ejemplo* **1** No quiero seguir estudiando.

2 ¿Qué quieres hacer en el futuro?

a Empareja cada proyecto **a–h** con los dibujos **1–8**.   *Ejemplo **1** – **e**.*

Voy a …

a seguir estudiando
b hacer un cursillo práctico
c buscar un empleo
d tomar un año de descanso para viajar.

e ir a otro instituto
f salir del instituto
g solicitar un préstamo
h trabajar en el sector voluntario

b Escucha a los jóvenes.
¿Qué proyecto(s) **a–h** va a hacer cada persona en el futuro?
*Ejemplo **1** – **c**.*

3 ¿Qué quieren hacer?

Escucha a este grupo. Rellena los huecos con el verbo apropiado de la lista.

Marisa …(**1**)… a ir a otro instituto y seguir estudiando.
Rodri, ¿ …(**2**)… a solicitar un préstamo e ir a la universidad?
Jordi y Nina …(**3**)… a hacer un curso práctico.
Yo …(**4**)… a dejar el instituto y buscar empleo.
¿Nosotros? …(**5**)… a trabajar en el sector voluntario.
Marta y Juan Antonio, ¿…(**6**)… a tomar un año de descanso?

van	voy
vamos	vais
vas	va

4 ¿Y tú? ¿Qué vas a hacer en el futuro?

Trabaja en grupos. Apunta los detalles.

 A   *¿Qué vas a hacer?*   *Voy a hacer un cursillo práctico. ¿Y tú?*   **B**

Haz preguntas sobre los otros miembros del grupo.

 A   *¿Qué va a hacer Donna?*   *Va a seguir estudiando.*   **B**

17.3 **El futuro** 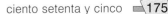   **17** **Práctica: lengua**

• ¿Qué haces en este momento en el instituto?

• ¿Qué vas a hacer el año que viene?

• ¿Qué quieres estudiar?

• ¿Qué vas a hacer en el futuro?

• ¿No vas a ir a la universidad?

• ¿Por qué?

• Estoy estudiando para el "GCSE"; es el equivalente del BUP en España.

• Bueno, no quiero hacer un "GNVQ" que es como el FP1. Voy a seguir estudiando aquí.

• Quiero hacer los "A levels", el equivalente británico del COU. Voy a estudiar tres asignaturas: física, geografía y francés.

• No, no quiero ir a la universidad.

• Porque no quiero solicitar un préstamo. Preferiría buscar empleo y luego ir a la universidad más tarde.

5 Las diferencias

◆ Luz vive con su madre en Gran Bretaña. Le explica a Yessica el sistema de enseñanza inglés.

a Empareja cada abreviación con la descripción apropiada. *Ejemplo* el GCSE: **3**.

el GCSE   **1**   es un curso de dos años, equivalente al COU.
los A levels   **2**   son unos cursillos de formación profesional, equivalente al FP1.
los GNVQ   **3**   es un curso de dos años, equivalente al BUP.

b ¿Qué va a hacer Luz? Contesta *Verdad* (V) o *Mentira* (M). *Ejemplo* **1** – M.

   1 El año que viene voy a ir a otro instituto.
   2 No voy a hacer un "GNVQ".
   3 Voy a hacer los "A levels"; son el equivalente británico del COU español.
   4 Voy a estudiar dos asignaturas.
   5 No quiero ir a la universidad porque no quiero solicitar un préstamo.
   6 Quiero buscar trabajo porque no me gusta estudiar.

6 Te toca a ti

◆ Utiliza el cuadro para preparar una entrevista con tu compañero/a.

¿Qué vas a hacer/estudiar el año que viene? ¿Qué quieres hacer en el futuro? ¿Por qué?	
(no) voy a (no) quiero preferiría	seguir estudiando, dejar el instituto, ir a otro instituto (para alumnos de COU)
	hacer el equivalente británico de COU, los "A levels": voy a estudiar (tres) asignaturas
	hacer un/dos cursillo(s) de formación profesional de "GNVQ": en (hostelería
	tomar un año de descanso para viajar/trabajar en el sector voluntario
	solicitar un préstamo/ buscar un empleo

17.4 ¿Qué estás haciendo?

Querida Yessica:

Chatham
el 15 de enero

Te explico un poco más cómo es el sistema de enseñanza británico.

Un "GNVQ" es un cursillo de formación …(1)… Se puede hacer los GNVQs en muchos campos diferentes, por ejemplo en los trabajos de …(2)… manual como la fontanería o de tipo administrativo como los estudios empresariales.

Un "GCSE" es un examen que se …(3)… a las 15 o 16 años. Normalmente se hacen cinco o seis …(4… obligatorias (por ejemplo el inglés y las matemáticas) y cuatro o cinco asignaturas optativas (por ejemplo, el español y la física).

Un "A level" es un …(5)… que se hace a los 17 o 18 años para una asignatura que eliges después de hacer los GCSE. En Gran Bretaña normalmente se estudian tres o cuatro A levels. Dependiendo de la nota que sacas en los exámenes, puedes ir a una …(6)…

Las universidades ofrecen muchos …(7)… diferentes; normalmente son de tres o cuatro años. Al final del curso se hacen los exámenes de "BA" o de "BSc" que son el …(8)… de Licenciado.

Luz quiere buscar un empleo pero yo quiero ir a la universidad. Me gustaría hacer una carrera de letras. El …(9)… que viene voy a estudiar tres asignaturas; francés, inglés y español. Si saco buenas …(10)… en los exámenes me gustaría ir a la universidad para licenciarme en francés, porque me gustan mucho los idiomas y …(11… aprender más sobre la historia, la cultura y la lingüística francesa.

Antes de buscar empleo, …(12)… tomar un año de descanso para viajar en Francia o en Latinoamérica. Quiero …(13)… en el sector voluntario.

Soy muy bueno enseñando a otras personas y tengo un don natural para los niños, así que más tarde voy a trabajar en la …(14)… Para mí, lo más importante no es el sueldo, sino la gente con quien trabajo y la satisfacción del …(15)…

¿Y tú? ¿Cuáles son tus proyectos para el futuro? ¿Qué quieres hacer?

Escríbeme pronto.

Un beso,

Manolo

asignaturas	quiero	año	empleo	preferiría
examen	universidad	profesional	notas	hace
cursos	equivalente	trabajar	enseñanza	tipo

7 La carta de Manolo

♣ Manolo es el gemelo de Luz. Lee su carta y busca las palabras que no conoces en el diccionario. Rellena los huecos con las palabras del cuadro. *Ejemplo 1* – profesional.

8 ¿Y tú? ¿Qué vas a hacer en el futuro?

♣ Escribe una respuesta a Manolo, utilizando su carta como modelo.

7.5 ♣ ¿La mili o no?

17 Práctica: lengua

18A OBJETIVO
En la gasolinera

Iñaki y Consuelo van a Bilbao, para ver a los parientes de Iñaki. Van en un coche alquilado. En la estación de servicio, Consuelo pide la gasolina. Iñaki va a la caja para pagarla.

Llénelo, por favor.

Mmm... no sé. No es mi coche. Es un coche alquilado. Sin plomo, creo.

¿De súper o sin plomo?

Buenas tardes, ¿qué desea?

Dos mil pesetas de gasoil, por favor.

Llene el deposito, por favor. De súper.

Surtidor número dos: mil seiscientas pesetas.

Surtidor número tres... sin plomo... mil novecientas cincuenta y cinco pesetas.

¿Sin plomo? ¡Ay, no! El coche utiliza súper. ¡Qué desastre!

1 Repostando gasolina

¿Qué tipo de gasolina hay en cada surtidor: súper, sin plomo o gasoil? ¿Cuánto cuesta? Copia y completa los recibos con el tipo de gasolina, y el importe.

```
Surtidor número 1

18 litros _____

Importe:2000 ptas

  GRACIAS  POR  SU  COMPRA
```

```
Surtidor número 2

15 litros _____

Importe:_____

  GRACIAS  POR  SU  COMPRA
```

```
Surtidor número 3

17 litros _____

Importe:_____

  GRACIAS  POR  SU  COMPRA
```

2 ¿Qué y cuánto?

◆ Escucha las conversaciones *1–6*, y apunta el tipo de gasolina, y la cantidad.
Ejemplo 1 – gasoil, llénelo.

♣ Apunta el importe también. *Ejemplo 1* – 3200 pesetas.

3 El coche

a Estudia el dibujo y la lista de palabras. Escribe la palabra correcta para cada parte del coche.
Ejemplo el agua – 9.

el agua   el limpiaparabrisas
el aceite   el motor
la batería   los neumáticos
los faros   el parabrisas
los frenos   el radiador

b Escucha las conversaciones **A–F**, y completa las frases correctamente con una de las palabras de la actividad **a**.   *Ejemplo* **A** – el motor.

A ¿Puede mirar… por favor?
B No sé lo que pasa. ¿Puede comprobar… ?
C ¡Qué desastre! ¿Puede reparar… ?

D ¡Oiga! ¿Puede cambiar… ?
E ¿Puede poner agua en… ? Gracias.
F ¡Señor! ¿Puede limpiar… ?

Apunta también cómo te parece el humor de cada cliente: enfadado/a (E) o cortés (C)?
Ejemplo **a** – el motor, C.

4 En la gasolinera

Túrnate con tu compañero/a para inventar cuatro diálogos en la estación de servicio.
Utiliza la lista de precios para ayudarte.

 A   *Buenos días. ¿Qué desea?*   **B**

Me da / me pone (…) litros de (súper…)?

¿Algo más?   *Sí. ¿Puede (limpiar el parabrisas)?*

¿Es todo?   *Sí. ¿Cuánto es?*

Son… pesetas.   *Vale, gracias.*

Precio de gasolina en pesetas			
(litros)	GASOIL	SIN PLO.	SÚPER
10	1110	1200	1300
20	2220	2400	2600
30	3330	3600	3900
40	4440	4800	5200
50	5550	6000	6500

18.1   **En camino**

¿me da / me pone…?	(20) litros, (2000) pesetas	de	súper, gasoil, sin plomo
llénelo, llene el depósito			
¿puede	mirar, comprobar, cambiar	el agua, el aceite, los frenos, el motor, los neumáticos?	
	reparar, limpiar	el parabrisas, el limpiaparabrisas, los faros?	
	poner agua/aire en	el radiador, la batería, los neumáticos?	

Buenos tardes. Taller San Juan.
- **Oiga. Mi ➊ está averiado.**
  ¿Qué le pasa?
- **El motor está roto. Está muy caliente. No arranca. Y los ➋ no funcionan.**
  ¿Y ➌ está usted?
- **Estoy en la autovía... no, la autopista A 68, dirección Bilbao, entre los enlaces dos y tres.**
  ¿Qué marca de coche tiene?
- **Tengo un Seat Ibiza ➍ .**
  ¿Cómo se llama usted?
- **Soy el señor Gutiérrez Alanis.**
  Muy bien, señor. Llegaremos dentro de ➎ hora.

Buenas tardes. Garaje...
- **Oiga, ¿me puede ayudar? ➏ un pinchazo.**
  ¿Dónde está usted?
- **➐ en la carretera C 6322. Acabo de pasar por Beasain.**
  Esa carretera está muy mal.
- **Sí. Los ➑ están estropeados.**
  ¿Qué marca de coche tiene?
- **Un Peugeot 205 azul.**
  ¿Cómo se ➒ usted?
- **La señora Arjona Melo. Mire, tengo un bebé en el coche. ¿Cuánto tiempo va a tardar?**
  Llegaremos dentro de ➓ minutos, señora. No se preocupe usted...

5 Mi coche está averiado

◆ **a** Escucha y lee las conversaciones.
Rellena los blancos correctamente.
Ejemplo **1** – coche.

neumáticos tengo estoy coche veinte
rojo faros media dónde llama

◆ **b** Utiliza estos informes para inventar otras dos conversaciones.
Utiliza las de la actividad **a** como modelo, y el cuadro de vocabulario.

	Taller San Juan
Tel.	
Hora:	20.45
Marca:	Ford Ka
Color:	Gris
Problema:	pinchazo, parabrisas roto
Apellido:	Sr. Lagares Gil (+ 2 niños)
Posición:	autopista E10, enlaces 18-19, dirección San Sebastián

	Taller San Juan
Tel.	
Hora:	10.22
Marca:	Seat Toledo
Color:	Negro
Problema:	motor caliente y no funciona
Apellido:	Sra. Montes Ibáñez
Posición:	carretera C6324, cerca de Alzola

18.2 **¿En qué puedo ayudarle?**

¿Qué le pasa? ¿Qué marca de coche tiene? ¿Dónde está usted?		Llegaremos dentro de (1) hora
mi coche está averiado, el motor no arranca		
el motor, el parabrisas	está roto / estropeado / caliente	no funciona
los faros, los neumáticos, los frenos	están rotos / estropeados / calientes	no funcionan
tengo	un pinchazo, un (Seat, Ford)	
estoy en	la carretera, la autovía, la autopista	(N 13), entre... y...

6 ¡Prepárate!

♣ Empareja cada expresión **1–9** con la definición apropiada **a–i**.   *Ejemplo* **1 – e**.

1	girar (a la izquierda)	**a**	ir más rápido
2	chocar (con)	**b**	dejar pasar a alguien
3	atropellar	**c**	pasar otro vehículo en la carretera
4	ceder el paso	**d**	llegar a / cerca de
5	acelerar	**e**	torcer (a mano izquierda)
6	saltarse un semáforo	**f**	ir más despacio
7	adelantar (a)	**g**	cuando dos cosas se dan un golpe violento
8	acercarse	**h**	pasar un semáforo cuando está en rojo
9	disminuir la velocidad	**i**	hacer caer a alguien al suelo

7 Los testigos

♣ **a** Lee los comentarios (**1–4**) de los testigos (**A–D**) del accidente y estudia el mapa. Para cada comentario **1–4**, escribe la letra correcta del testigo.

1 El coche estaba saliendo de la calle secundaria (la calle Caracolí). Estaba girando a la izquierda, cuando el conductor del coche vio la moto. Frenó, pero chocó con la moto.

2 El conductor del camión no iba rápido cuando llegó a los semáforos, pero no estaba prestando atención a la carretera - estaba mirando el choque entre el coche y la moto. El camión no cedió el paso y atropelló a un señor que estaba cruzando la calle por el paso de peatones.

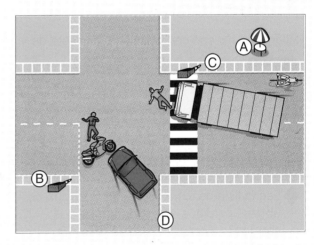

3 La luz de los semáforos estaba en rojo, pero el joven de la moto aceleró y se saltó el semáforo. Oí el chirriar de frenos, y el ruido del choque. No vi bien el coche, ni lo que pasó después.

4 Yo estaba comiendo en la terraza del restaurante, un poco antes de la esquina. Vi un camión que iba rápido: adelantaba a una señora en una bicicleta. Cuando se acercó a los semáforos, disminuyó la velocidad, pero no vi lo que pasó después.

♣ **b** Copia y completa el cuadro de verbos (imperfecto contínuo).

♣ **c** ¿**Verdad** o **mentira**? El imperfecto contínuo se usa para...

1 describir una acción completada.
2 describir el color o el carácter.
3 el momento en que pasaba algo.

yo	est**?**	gir**ando**	(**-ar**)
tú	est**abas**		
él, ella, usted	est**?**	com**iendo**	(**-er**)
nosotros	est**?**		
vosotros	est**abais**	sal**iendo**	(**-ir**)
ellos, ellas, ustedes	est**?**		

8.3 **El accidente**

GRAMÁTICA   ▶▶ **44–45**

18B

OBJETIVO
He perdido...

Consuelo e Iñaki están en el área de servicio de la autopista. Esperan al mecánico del RACE (Real Automóvil Club de España) para reparar el coche.

CONSUELO: *¿Me puede ayudar? He perdido una bolsa.*
GUARDIA: *¿Cuándo la perdió usted?*
CONSUELO: *Hace una hora.*
GUARDIA: *¿Dónde la dejó usted?*
CONSUELO: *No lo sé, exactamente... En la gasolinera, o en la cafetería...*
GUARDIA: *Señora, ¿es aquélla su bolsa?*
CONSUELO: *¡Sí!*
GUARDIA: *Gari, ¡no es una bomba! Tengo la dueña aquí.*
IÑAKI: *¡Una bomba!*
GUARDIA: *Hoy en día, ¡nunca se sabe, señor!*

1 He perdido...

Rellena los huecos con la palabra correcta de la lista.   *Ejemplo* **1** – desastre.

bomba
bolsa
desastre
dejé
hace

¡Qué ...(**1**)...! ¡He perdido mi ...(**2**)...! Iñaki no está muy contento. La ...(**3**)... en la gasolinera ...(**4**)... una hora. ¡Los guardias piensan que es una ...(**5**)....! ¡Fíjate!

2 ¿Qué es y qué contiene?

◆ Lee la lista de los artículos en la oficina de objetos perdidos. ¿Se guardan en qué sección?   *Ejemplo* **1** el paraguas – B.

SECCIONES
A documentación personal / para viajar
B pequeños artículos personales
C prendas (ropa)
D artículos de valor
E equipaje/bolsas

♣ ¿Qué otras cosas puede contener una bolsa? Haz una lista. Utiliza el diccionario, si es necesario.   *Ejemplo* una agenda...

LISTA DE LOS ARTÍCULOS MÁS PEDIDOS

1 el paraguas
2 el monedero
3 el bolso / la bolsa de la compra
4 la máquina fotográfica
5 el reloj
6 el impermeable / el abrigo
7 el pasaporte
8 el sombrero
9 las gafas / el estuche de las gafas
10 la mochila / la maleta
11 el documento nacional de identidad
12 las llaves
13 los billetes de avión / de tren

¿Qué ha perdido (usted)?	he perdido	el monedero, el reloj... *(ver act.2)*
¿Cuándo lo/la/los/las perdió?	lo/la/los/las perdí	esta mañana, anoche, hace (1) hora
¿Dónde lo/la/los/las dejó?	lo/la/los/las dejé	en el autobús, en la habitación...

3 Más detalles

a Mira los artículos **A–E** y lee las frases *1–6*. Para cada uno busca una frase apropiada. Sobra una. *Ejemplo 1 – D*.

1 Es de lana.   *3* Es de plástico.   *5* Es de cuero negro.
2 Es de oro.   *4* Es de algodón.   *6* Son de metal, color plata.

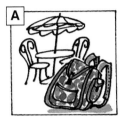    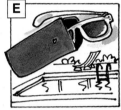

b ◆ Escucha los fragmentos de las conversaciones *1–6*. Para cada fragmento, busca la pregunta apropiada (**a–f**) en el cuadro de vocabulario al pie de la página. *Ejemplo 1 – b*.

♣ Apunta también de qué artículo **A–E** se trata en cada fragmento. *Ejemplo 1 – b, A*.

4 Túrnate con tu compañero/a

A es el/la funcionario, **B** es viajero/a. Utiliza los dibujos **A–E** (de la actividad 3) para inventar conversaciones. Añade más preguntas: utiliza el cuadro de vocabulario.

◆

A   *¿En qué puedo servirle?*   B

He perdido un billetero.

¿Cuándo?

Esta mañana.

¿Dónde?

En el parque.

♣

A   *¿En qué puedo servirle?*   B

He perdido un billetero.

¿Cuándo lo* perdió usted?

Esta mañana.

¿Sabe usted dónde lo* dejó?

Creo que lo* dejé en el parque.

* ¡Cuidado! : ¿lo, la, lo, las?

a	¿de qué color es?		azul, verde, marrón, negro…
b	¿de qué (material) es?	es	de oro, de plata, de algodón, de cuero, de lana
c	¿qué marca es?		un/a (Kodak)
d	¿qué contiene?	contiene	mis llaves, mi billetero, mi billete de avión
e	¿cuánto vale?	vale	unos (dos mil) pesetas
f	¿lleva su nombre?	(no) lleva	mi nombre, mi dirección

5 Una carta

Iñaki ha perdido algo. Escribe al hotel en Zaragoza, donde pasó la noche.

◆ **a** Lee la carta y descifra las palabras subrayas. *Ejemplo* **1** – señor.

◆ **b** Escribe otra carta. Utiliza los dibujos para ayudar, y utiliza la carta de Iñaki como modelo.

a

b

c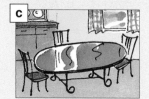

d 18 agosto

e Hotel Don Lolo, c/ Conde Lucás, Cáceres

Madrid, 23 de marzo

El gerente,
Hotel Citara,
c/ Mayor,
Zaragoza.

Muy <u>roñes</u> mío,

Hace dos días, pasé la <u>hecon</u> del 21 de marzo en el hotel. Creo que dejé mi <u>joler</u> en el <u>rutoca</u> de baño de la habitación 118.

Si no está allí, lo dejé en los vestuarios cerca de la <u>nicsipa</u>. Es un reloj de <u>roo</u>, y la marca es Esprit. Tiene una correa de <u>oucre</u> marrón. Es un reloj <u>raco</u> – vale unas quince mil pesetas. Si alguien lo ha encontrado, ¿me lo <u>eiruge</u> enviar contra reembolso? <u>sacragi</u>.

Le saluda atentamente,

Iñaki Aróstegui

6 Los anuncios

◆ **a** Lee los anuncios y contesta a las preguntas **1–7** con el número de teléfono y el artículo. *Ejemplo* 395 21 68 – monedero.

¿Quién(es) ha(n) perdido…

1 un artículo pequeño personal?
2 documentación?
3 un animal?
4 un artículo de equipaje?
5 un artículo de mucho valor?
6 una prenda?
7 algo en el parque?

◆ **b** Inventa tu propio anuncio: ¡puede ser surrealista, si quieres!

¡Perdido! Desaparecido en el parque: frigorífico blanco. Atiende por Electrolux…

PÉRDIDAS

Desaparecido lunes, el 28 de marzo, pastor alemán, atiende por Caspar. Collar rojo. Tel: 412 56 09.

Desaparecido de los vestuarios de la piscina el domingo: monedero de algodón índio rojo y azul. Tel. 395 21 68

Sábado tarde: chandal deportivo azul claro. Zona central. Lleva nombre 'Ana'. Tel. 329 44 16.

¡Urgente! Pasaporte coreano, a nombre de Woo Suk Chung. Tel. 417 60 92

Perdida el viernes pasado en el centro comercial o en el aparcamiento (planta 2ª), máquina fotográfica, Cannon, valor 30.000 ptas. Funda marrón. Se gratificará. Tel. 482 80 25

Reloj de oro y plata, correa negra. Perdido en el jardín público, miércoles pasado. Recompensa – valor sentimental. Tel. 362 19 55

Perdida: maleta pequeña de cuero de imitación verde, marca Samson, en la estación de tren: andén dos o en la sala de espera. Lunes. Tel. 309 54 81

CONSUELO: ¡Socorro! ¡Me han robado!

GUARDIA 1: ¿Qué le pasa, señora?

CONSUELO: ¡Dos chicos en una moto me han robado el bolso! Y han roto mis gafas de sol...

GUARDIA 2: ... y posiblemente el brazo.

IÑAKI: ¡Llame una ambulancia!

GUARDIA 2: Sí, ya voy.

GUARDIA 1: ¿Qué pasó exactamente?

CONSUELO: Mi pareja me había comprado un anillo en esa joyería, y yo estaba metiéndolo en el bolso...

GUARDIA 1: Usted había salido de la tienda.

CONSUELO: Sí. Yo había salido. Pero Iñaki estaba dentro todavía. Había escrito el cheque, y estaba charlando con el dependiente...

IÑAKI: Los chicos estaban en la tienda cuando Consuelo estaba mirando los anillos.

CONSUELO: Uno de los chicos había abierto la puerta cuando entrábamos en la tienda.

GUARDIA 1: ¿Cómo eran los chicos? ¿Les habían visto ustedes claramente?

IÑAKI: No les habíamos hecho mucho caso en la tienda.

CONSUELO: Uno era alto y rubio, con el pelo largo...

IÑAKI: Como yo tengo mala vista, no les vi bien.

GUARDIA 1: Bueno, tienen que poner ustedes una denuncia. Pero primero, vayamos al hospital. Aquí viene la ambulancia. Cuidado, señora...

7 El robo

♣ **a** Lee y escucha la conversación en la calle. Luego lee el informe del periódico sobre el robo. Hay siete hechos incorrectos en el informe – ¿cuáles son? Copia el informe y corrige los errores.
Ejemplo Según informaron ayer fuentes oficiales, dos chicos...

♣ **b** Completa el cuadro de los verbos. Todos están en la conversación.

♣ **c** ¿Cuáles son los participios del pasado de estos verbos irregulares? Todos están en la conversación o en el informe.
Ejemplo abrir > abierto.

abrir   decir   (de)volver   escribir
hacer   poner   romper   ver

Según informaron ayer fuentes policiales, tres chicos en un coche sustrajeron por medio de un tirón el bolso de una señora en la Calle Mayor ocasionándole una fractura de la pierna derecha. Minutos antes el hijo de la señora le había comprado una pulsera en la misma tienda de recuerdos donde los chicos habían acechado posibles víctimas. Aunque los señores han puesto una denuncia oficial es poco probable que se recupere la pulsera, dado que de los muchos robos de este tipo este año en nuestra ciudad, no se ha devuelto ningún bolso a su dueña legítima.

EL PLUSCUAMPERFECTO			
yo	?	comprado	(-ar)
tú	habías		
él, ella, usted	?	comido	(-er)
nosotros	?		
vosotros	habíais	salido	(-ido)
ellos, ellas, ustedes	?		

GRAMÁTICA ▶▶ 47

 18.4 **El pasivo**   18.5 **Sucesos**    18 **Práctica: lengua**

Acción: lengua

How to … • use the perfect and pluperfect tenses

● ¿Preparados?

Rellena los huecos correctamente.

> sido   roto   visto   comido   volcado
> hecho   salido   abierto.

¿Has …(1))… a Toni?

¿Por qué? ¿Qué ha …(2)… ?

Ha …(3)… mi desayuno…

Ha …(4)… un vaso…

Ha …(5)… el correo…

¡Y ha …(6)… el papelero!

Creo que ha …(7)… al jardín.

¡Qué travieso has …(8)… , Toni!

● ¿Listos?

Lee las secciones de Gramática 46 y 47.

● ¡Ya!

Los padres de Iñigo y Carla no están muy contentos. Lee el recado: escribe los verbos (en paréntesis) en el perfecto, y los verbos subrayados en el pluscuamperfecto.

¡Iñigo y Carla!
Papá y yo *(volver)* a casa al mediodía, ¡y estamos disgustados!
Vosotros dos estaban dormidos en la cama. Nunca *(ver)* yo la casa
así – ¡es una pocilga! Vosotros prometer hacer una fiesta
tranquila anoche y dejar la casa bien. Parece que vuestros
amigos *(romper)* casi todos los vasos. Alguien *(escribir)* algo
vulgar en la pared del cuarto de baño: límpiala en seguida! No sé
quién *(abrir)* la jaula de los conejos de índia – *(comer)* tres cojines
en el salón. Carla, ¿qué *(hacer)* tú con las cortinas de tu cuarto?
No las veo – ¡búscamelas! Tu papá y yo limpiar la casa anteayer,
antes de irnos, y no queremos hacerlo otra vez esta tarde. Papa
(ir) a la oficina, y yo a ver a la abuela: hay que limpiar y recoger
todo antes de las ocho. Es la última vez que os dejamos solos en
casa: ¡nunca más! ¡Qué chasco nos *(dar)*, Iñigo y Carla…!

¡Socorro!
Los estilos de vida

LO QUE DEBE
SABER
SOBRE
EL SIDA

PROHIBIDO FUMAR
Y LLAMAS

USO OBLIGATORIO
DE CASCO ANTIRRUIDO

ALTO

NO PASAR

Y usted, ¿cómo se divierte en **VACACIONES**?

Hágalas
olvidables con un **CRUCERO**
por el **CARIBE**.

TRABAJAMOS POR AMOR A DIOS Y AL PROJIMO
¡No! a las drogas
REMAR
¡Si a la vida!
Tel. 95/4923851 - ANDALUCIA

" MANTENGAMOS LIMPIO EL PARQUE

" LA FABRICACION COMIENZA AQUI

ii EVITA LOS PLASTICOS Y LA SUCIEDAD

Sean cuales sean tus gustos,
tenemos la información que
necesitas para tu viaje a Escocia.

19-20 **¿Te acuerdas?**

1 Los enanitos y el médico

Cada persona tiene dos problemas. Utiliza los cuadros para completar las quejas.

8

3 Me duele...

7

2 Me duele la garganta y tengo...

6

1 Me duele el pie: tengo una ampolla.

5

4

Me duele(n)			Tengo...	
la boca	el estómago	la oreja (los oídos)	calor	la fiebre del heno
el brazo	la garganta	el pelo	fiebre	(un) catarro
la cara	la mano	el pie	frío	(una) tos
la cabeza	la muela	la pierna	hambre	una picadura
el cuerpo	la nariz	el corazón	miedo	una ampolla
el dedo	el ojo	la espalda	sed	
el diente			sueño	

2 ¿Qué haces?

a Empareja las frases opuestas.
Ejemplo **1** – **d**.

b ¿Quién habla? Susana Sana o Manolo Malsano? *Ejemplo* Susana Sana: 2, …

1	Soy adicto/s a la cafeína.		**a**	Fumo de vez en cuando.
2	No fumo nunca.		**b**	Me relajo bastante.
3	Duermo bien.		**c**	No hago nunca ejercicio.
4	Como bien.		**d**	No soy adicto/a a nada.
5	No me relajo nunca.		**e**	Me afecta el estrés.
6	Me acuesto temprano.		**f**	Duermo mal.
7	Bebo mucho alcohol.		**g**	Me acuesto tarde.
8	No estoy estresado.		**h**	Como mal.
9	Hago ejercicio.		**i**	No bebo nunca alcohol.

3 ¿Cuánto?

◆ Rellena los huecos con **más** (+), **menos** (-) o **tanto** (~) **como** (^).

Ejemplo **1** Normalmente me acuesto **más** temprano que mi hermano.

1 Normalmente me acuesto (+) temprano que mi hermano.
2 Ahora no me afecta (~) el estrés físico (^) antes.
3 En verano hago (+) ejercicio que en invierno.
4 Bebo (-) té y (+) café.
5 No fumo (~) (^) mis amigos.
6 Soy (-) adicto al chocolate ahora.

4 ¿Qué tamaño quiere?

¿Qué tamaño le hace falta a la señora? ¿Pequeño, mediano o grande?

¿Qué tamaño quiere, señora?
Eh… bastante grande.
¿Quiere el tamaño más grande entonces?
No, menos grande.
¿Quiere el tamaño más pequeño?
No, más grande.
¡Ah! Entonces le hace falta el tamaño… !

5 Los imperativos

◆ Empareja los imperativos *1–13* con los símbolos correctos **a–m**. *Ejemplo* **1 – l**.

1 ¡Diga!

2 ¡Pulse!

3 ¡Siga!

4 ¡Tuerza!

5 ¡Baje!

6 ¡Suba!

7 ¡Cruce!

8 ¡Marque!

9 ¡Introduzca!

10 ¡Descuelgue!

11 ¡Escriba!

12 ¡Escuche!

13 ¡Lea!

a

b

c

d

e

f

g

h

i

j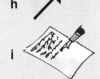

k

l

m

♣ Busca en el diccionario los infinitivos de estos verbos.

Ejemplo **1** ¡Diga! – decir.

OBJETIVO
¿Qué te pasa?

En la farmacia...

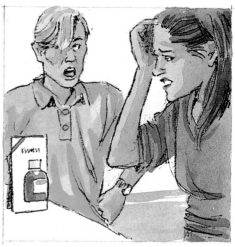

RAÚL: *¡Ana! ¿Cómo estás?*

ANA: *No sé, no me encuentro bien.*

RAÚL: *¿Qué te pasa?*

ANA: *Me duele la cabeza y la garganta y también me duelen las muelas.*

RAÚL: *¿Ah sí? A mí me duele el estómago y la espalda.*

ANA: *Tengo tos y siempre tengo mucho sueño.*

RAÚL: *Yo siempre tengo hambre.*

ANA: *Y ESTOY RESFRIADA.*

RAÚL: *¿Qué? ¿Estás resfriada? ¿Eres alérgica al cursillo? Necesitas aspirinas. Te recomiendo este paquete.*

ANA: *No, Raúl, no necesito aspirinas, necesito a mi novio.*

RAÚL: *¿Tu novio? ¿Tienes novio?*

ANA: *Sí, tengo un novio en Barcelona. Y quiero ver a mi novio ahora.*

Más tarde.....

ANA: *Adiós, Raúl. Mi novio viene a buscarme.*

RAÚL: *Bueno, adiós, Ana.*

DEPENDIENTA: *¿Qué le pasa, señor?*

RAÚL: *¿Tiene algo para el dolor de corazón?*

DEPENDIENTA: *Le recomiendo un tubo de crema antiséptica. Necesita también una botella de jarabe. ¿Qué tamaño quiere?*

RAÚL: *Grande. ¿Cuánto le debo?*

DEPENDIENTA: *Son mil pesetas.*

RAÚL: *¡Gracias por nada, Ana!*

1 ¿Qué te pasa?

a ◆ ¿Quién habla? ¿Ana, Raúl o la dependienta? *Ejemplo* **1** Dependienta.

1 ¿Qué le pasa?

2 Le recomiendo un tubo de crema.

3 ¿Qué te pasa?

4 Necesitas aspirinas.

5 ¿Tiene algo para el dolor de corazón?

6 Necesita una botella de jarabe.

7 Me duele el estómago.

8 Tengo tos.

b ◆ Para cada frase **1–6** apunta si es formal (F) o informal (I). *Ejemplo* **1** – F.

♣ Escribe la otra forma de las frases **1–6**. *Ejemplo* **1** ¿Qué te pasa?

2 Me duele...

Mira la actividad 1
en la página 188.
Trabaja con tu
compañero/a.

En la farmacia

Me duele la cabeza.

Me duele el dedo.

3 Le recomiendo...

Escucha las conversaciones en la farmacia.

◆ ¿Qué remedio se le recomienda a cada persona?   *Ejemplo* **1 – g** paracetamol.

a loción	**c** tiritas	**e** jarabe	**g** paracetamol	**i** crema antiséptica
b aspirinas	**d** pastillas	**f** vendas	**h** crema solar	**j** compresas higiénicas

Apunta también si es: un tubo, una botella, una caja, un paquete.

4 Juego de memoria

Trabaja con tu compañero/a. Cierra el libro.

 un paquete de tiritas.

un paquete de tiritas y una caja de aspirinas...

5 ¿Cómo estás?

a Busca en el diccionario los
adjetivos que no conoces.

b Escucha el poema y rellena
los huecos.

¡Cuidado! Algunos adjetivos
se utilizan más de una vez.

muerto	mareado
mejor	resfriado
constipado	bien
cansado	peor
mal	fatal
herido	enfermo

¿Qué te pasa? ¿Estás ...**(1)**... ?
Estoy ...(2)... Estoy ...(3)... .

¿Qué te pasa? ¿Estás ...**(4)**... ?
Estoy un poco ...(5)... .

¿Qué te pasa?
Estoy ...(6)... , muy cansado y ...(7)... .

¿Qué te pasa? ¿Estás ...**(8)**... ?
Sí, muy mal, estoy ...(9)... .

¿No estás ...**(10)**... ? ¿Estás ...**(11)**... ?
...(12)... , no. ¡Ay, no! ¡está ...(13)... !

6 Diálogo

◆ Sustituye a los dibujos en la conversación.
Ejemplo **1** la garganta.

7 Otro diálogo

◆ Prepara una conversación basado en los dibujos siguientes. Utiliza la conversación anterior como modelo, y el cuadro.
Ejemplo Buenos días, señora…

Buenos días, señora.
Buenos días, señor. ¿Qué le pasa?

No me siento bien. Me duele …(1)…

tengo mucho …(2)… y estoy

…(3)… . Me duele …(4)… .

Le recomiendo …(5)… y …(6)…

¿Qué …(7)… quiere?

…(8)… por favor. ¿Cuánto le debo?

Son …(9)… 850.

Gracias, adiós.
Adiós.

8 ¿Y tú?

◆ Utiliza el cuadro para hacer otros diálogos.

¿Qué te/le pasa?	no me siento bien, no me encuentro bien	
	me/te/le duele(n)	(la garganta, los dientes) *(ver act.1, pág.188)*
	tengo/tienes/tiene	(catarro, tos) *(ver act.1, pág.188)*
	estoy/estás/está	(resfriado/a, constipado/a, herido/a, mareado/a)
me duele(n)…		(la garganta, los oídos) *(ver act.1, pág.188)*
te/le recomiendo		(un tubo) de crema (antiséptica/solar)
necesita(s)		una caja de (aspirinas) *(ver act.1, pág.190)*
¿qué tamaño quiere(s)?		grande, pequeño, mediano
¿cuánto es? ¿cuánto le debo?		son (quinientas) pesetas

 19.1 **Necesita…**   **19.2** **Una cita con el dentista**

Iñaki acompaña a
Consuelo a casa.

YESSICA: **¡Mamá! ¿Qué te ha pasado?**

IÑAKI: **Le han robado en la calle. Se ha roto el brazo.**

YESSICA: **¡Ay, no!**

CONSUELO: **Fuimos al hospital. ¡Fue horrible!**

IÑAKI: **Había mucha gente.**

CHICA: **¿Te has torcido algo?**

CHICO: **Sí, me he torcido el tobillo.**

JOVEN 1: **Me he roto la pierna.**

JOVEN 2: **Me he caído del caballo.**

NIÑO: **Me he quemado la mano.**

MADRE DE LA NIÑA: **Se ha hecho daño en la cabeza.**

PRIMERO VIEJO: **Un perro me ha mordido.**

VIEJA: **¡Ah! A mí, una serpiente me ha mordido.**

SEGUNDO VIEJO: **Y a mí, una avispa me ha picado.**

CONSUELO: **Y tú, Yessica, ¿qué te pasa?**

YESSICA: **No es nada, Mamá. Estoy con una gripe...**

IÑAKI: **¿Puede darme cita con el doctor? Es urgente.**

9   La visita al hospital

a   ¿Verdad o mentira?   *Ejemplo 1* – verdad.

1 *Me he roto el brazo.*

2 *Me he torcido el tobillo.*

3 *Me he caído del caballo.*

4 *Me he quemado la mano.*

5 *Me ha mordido un perro.*

6 *Me ha picado una avispa.*

b   Corrige las frases falsas.

10   ¿Qué le ha pasado?

Utiliza el cuadro para completar las explicaciones del enfermero al médico.

1   La señora se ha roto... (el brazo).
2   El chico se ha torcido...
3   El primer joven...

4   El niño...
5   A la vieja...
6   Al segundo viejo...

me	he	roto	(el brazo)	me	ha	mordido	una serpiente
te	has	quemado	(la mano)	te		picado	un perro
le/se	ha	cortado	(el dedo)	le			un insecto
		torcido	(el tobillo)				una avispa
		hecho daño en					una abeja
		caído en					

 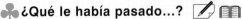

OBJETIVO

¿Estás en forma?

Todo no va bien para Raúl...

PABLO: ¡Hola, Raúl!...
¿Duermes todavía? Con
ocho horas cada noche
es suficiente.

RAÚL: No duermo ocho horas.
Es que me acuesto muy
tarde.

PABLO: Hay que acostarse más
temprano.

RAÚL: No me relajo bien.

Estoy muy estresado.

PABLO: Para no estar estresado,
hay que intentar
relajarse más.

PABLO: ¡Uf! ¿Todavía fumas?

RAÚL: Sí... fumo mucho.

PABLO: No se debe fumar.

RAÚL: ¿Por qué?

PABLO: Porque es tonto.

PABLO: Pero... ¡hombre!
¡Cuántas botellas!

RAÚL: Ya lo sé... bebo un
poco.

PABLO: Pero, no hay que
beber tanto. Es muy
malo para la salud.

PABLO: ¿Qué comes?

RAÚL: Hamburgesas, y
chocolate de postre.

PABLO: ¡No es sano! Hay
que comer bien y
evitar las grasas y
los dulces.

PABLO: Y ¡no hay que tomar
drogas!

RAÚL: Son aspirinas. No tomo
drogas. Es peligroso.

PABLO: ¿Cuánto ejercicio haces?

RAÚL: Nunca hago ejercicio. Es aburrido.

PABLO: Para llevar una vida sana, hay que hacer media
hora de ejercicio al día.

RAÚL: Y qué haces tú para estar en forma?

PABLO: Nada.

PABLO: ¡Vamos!

RAÚL: ¿Adónde?

PABLO: Al polideportivo.

RAÚL: ¡Ay!

1 ¿Estás en forma?

◆ ¿Qué dice Raúl? Apunta si es **verdad** (V) o **mentira** (M) para él.   *Ejemplo* **1** – M.

1 Como bien.

2 Hago ejercicio.

3 No me relajo.

4 Me acuesto temprano.

5 No duermo ocho horas.

6 No fumo.

7 No tomo drogas.

8 No bebo alcohol.

♣ Cambia las frases mentiras para hacer una lista correcta para Raúl.

2 ¿Qué haces para estar en forma?

Trabaja con tu compañero/a.
Utiliza las frases de
la actividad 1.

 ¿Estás en forma?

Sí, me acuesto temprano…

3 Para llevar una vida sana

Mira la página 194.

◆ Según Pablo, ¿qué hay que hacer para llevar una vida sana?

a Haz una lista.

Ejemplo

hay que…   *no hay que…*

dormir 8 horas   *beber alcohol*

b ¿Y tú? ¿Qué opinas? Haz tu lista personal.

♣ ¿Para llevar una vida sana? Pon las cosas en la lista por orden de importancia.

> beber alcohol
> dormir ocho horas
> comer bien
> fumar
> hacer ejercicio
> tomar drogas
> relajarse
> estar estresado/a
> acostarse temprano

4 ¿Por qué?

Escucha a los razones de estos jóvenes. Apunta uno o dos
adjetivos de la lista cada vez.

Ejemplo **1** aburrido.

> aburrido   tonto
> sano   divertido
> caro   apasionante
> fenomenal   peligroso
> enrollado   ilegal

5 Porque…

Trabaja con tu compañero/a.
Utiliza las listas de las
actividades 3 y 4.

 ¿Quieres fumar?

No.

¿Por qué?   Porque es caro y peligroso.

6 ¿Y tú? ¿Llevas una vida sana?

Utiliza el cuadro para preparar una entrevista o escribe un párrafo contestando a las preguntas.

¿estás en forma? ¿qué haces para estar en forma?	(sí/ no) duermo (bien/mal), hago ejercicio *(ver act.2, pág.188)*		
¿por qué?	porque es tonto, aburrido, caro, apasionante, fenomenal, sano, divertido, apasionante, ilegal, enrollado		
¿qué hay que hacer para llevar una vida sana? ¿qué vas a hacer en el futuro?	(no) hay que… hace falta (no) se debe… no) voy a	beber (menos) comer (bien) dormir (bien) fumar (tanto) tomar drogas	relajar(se) (más) acostarse (temprano) hacer (más) ejercicio estar estresado/a

19   **Práctica: lengua**

7 Encuesta

◆ Lee el cuestionario y escucha la cinta.

a Apunta las respuestas de Alejandro y Paloma.   *Ejemplo* Alejandro: **1** – **b**.
b Calcula sus resultados.

1 ¿Comes comida basura?
a nunca como comida basura
b como un poco de comida basura
c como mucha comida basura

2 ¿Bebes bebidas alcohólicas?
a bebo una bebida alcohólica de vez en cuando
b nunca bebo bebidas alcohólicas
c bebo una bebida alcohólica todos los días

3 ¿Tomas drogas?
a tomo drogas con regularidad
b tomo drogas de vez en cuando.
c no tomo drogas

4 ¿Cuándo te relajas?
a me relajo el fin de semana
b no me relajo
c me relajo todos los días después de hacer ejercicio

5 ¿Cuántas horas duermes cada noche?
a ocho horas cada noche
b menos de cuatro horas cada noche
c más de diez horas cada noche

6 ¿A qué hora te acuestas?
a siempre me acuesto antes de las once
b normalmente me acuesto antes de las diez
c nunca me acuesto antes de medianoche

7 ¿Haces ejercicio con regularidad?
a nunca hago ejercicio porque me parece aburrido
b hago ejercicio de vez en cuando
c hago ejercicio todos los días

8 ¿Estás estresado/a?
a de vez en cuando estoy un poco estresado
b estoy siempre estresado/a
c no estoy estresado nunca

9 ¿Fumas?
a no fumo
b fumo de vez en cuando
c fumo con regularidad, porque es enrollado

8 ¿Qué haces tú?

◆ Haz el cuestionario. Utiliza el cuadro para calcular tu resultado.

1 a 1; b 2; c 3	4 a 2; b 3; c 1	7 a 3; b 2; c 1
2 a 2; b 1; c 3	5 a 1; b 3; c 2	8 a 2; b 3; c 1
3 a 3; b 2; c 1	6 a 2; b 1; c 3	9 a 1; b 2; c 3

1-10	¡Enhorabuena! Llevas una vida muy sana.
11-20	En este momento estás bien, ¿pero en el futuro?
21-30	¡Cuidado! no llevas una vida sana. Hay que hacer algo.

9 El estado de mi salud

◆ Haz una lista de tus respuestas personales. ¿Qué puedes hacer para mejorar tu salud? Utiliza el cuadro de la página 195.

Según el médico...

1 El fumar no ayuda a las chicas a adelgazar.

2 A muchos jóvenes les da igual las prohibiciones de los padres.

3 El cigarrillo puede relajar; pero es como una droga.

4 A veces algunos jóvenes opinan que el fumar les da un aspecto adulto.

5 Cuando una persona es adicta a las cigarrillos, es muy difícil dejar de fumar.

6 A los jóvenes la presión de su grupo paritario es muy importante; les gusta ser parte de un grupo.

7 Es verdad que fumar puede suprimir la sensación de hambre, pero es muy peligroso no comer bien.

8 Los cigarrillos hacen mucho daño a la salud.

Querido Doctor Andrés,

Mi problema es que fumo desde hace seis meses.

a Toda la gente de mi pandilla fuma, y yo no quiero ser diferente.

b También el fumar me parece bastante enrollado.

c Además estoy un poco gorda y me gusta mucho comer comida basura.

d Pero cuando fumo, no tengo hambre.

e Normalmente estoy bastante estresada pero al fumar un cigarrillo me relajo más.

f Mis padres no saben que fumo. Si lo supieran, estarían muy enfadados porque dicen que fumar es muy peligroso.

g Antes de fumar hacía mucho ejercicio pero ahora no puedo hacer tanto porque tengo mucha tos.

h Me gustaría dejar de fumar y voy a hacerlo en el futuro pero en este momento no puedo.

Puri

---

10 ¿Fumar o no fumar?

♣ En la revista lee el artículo del Doctor Andrés y la carta de Puri. Empareja las observaciones del doctor con las frases apropiadas en la carta de Puri.

11 Querida Puri...

♣ Completa la respuesta del Doctor Andrés utilizando las palabras de la lista. ¡Sobran algunas!

razón	más	futuro
daño	estresado	difícil
temprano	tonto	menos
ejercicio	salud	fumar
dejar	tomar	tarde
sed	ahora	falta

Querida Puri,

Hacer una cosa porque los otros lo hagan es muy ...(1)... Si quieres adelgazar, no hace ...(2)... fumar más sino hacer más ...(3)... .

El momento de dejar de fumar es ...(4)... , no lo dejes para más tarde. Es cierto que en el ...(5)... será más difícil hacerlo.

Tus padres tienen ...(6)... . Es verdad que fumar es peligroso. Ya tienes algunos pequeños problemas de ...(7)... que en el futuro serán más serios. Al ...(8)... de fumar podrías hacer más ejercicio. Si hicieras ...(9)... ejercicio, sería más fácil para ti relajarte.

Hay que dejar de ...(10)... ahora. Más ...(11)... no será más fácil sino más ...(12)... .

Saludos,

Doctor Andrés

12 Una carta

♣ Utiliza el cuadro en la página 195 y los modelos de esta página para escribir una carta al Doctor Andrés sobre este u otro problema, real o imaginario.

Querido Doctor Andrés,
Mi problema es que no aguanto hacer ejercicio...

20A OBJETIVO
Los anuncios

Yessica trabaja en una agencia de anuncios…

> **a** ESCRIBA UN ANUNCIO, GANE UN PREMIO
>
> ¡Viva feliz, señorita! ¡Viva bien!, ¡sea secretaria!

JEFE: A ver… los anuncios de los finalistas.

YESSICA: Bueno, éste es el anuncio que me gusta menos.

JEFE: ¿Para qué es?

YESSICA: Es para una agencia de empleo.

JEFE: ¿De qué se trata?

YESSICA: Trata de un jefe, una chica tonta y una historia de amor.

JEFE: ¿Cómo es?

YESSICA: Es muy sexista.

JEFE: ¿Dónde se ve?

YESSICA: Se ve en los periódicos.

> ¡Vete corriendo a la tienda! ¡Compra Chocoleche para la merienda!
>
> **c**

JEFE: ¿Y éste? ¿Para qué tipo de producto es?

YESSICA: Es para otra bebida.

JEFE: ¿Cómo es?

YESSICA: Es divertido…

YESSICA: Pero es racista.

> **b** Beba nuestra tónica ¡Y vaya a la discoteca! ¡Señora, compre… Joventónica!

JEFE: Ah, ¿y qué más hay?

YESSICA: Un anuncio para una bebida para viejos. Se ve en la televisión.

YESSICA: Creo que es discriminatorio en cuanto a la edad.

> **d**
>
> ¡Bebe alcohol! ¡Compra drogas! Das pena.
>
> ¡Bebe agua! ¡Vive sano! ¡Sé enrollado!

YESSICA: Hay otro anuncio en contra de las drogas y el alcohol. Trata de una lucha entre el bien y el mal.

JEFE: Mm, es ingenioso, cuenta una historia… me gusta mucho. ¿Dónde lo ponen?

YESSICA: En ningún sitio todavía. ¡Lo he escrito yo!

1 Los anuncios

◆ Empareja cada eslogan *1–10* con el anuncio correcto **a–d** de la página 198.   *Ejemplo **1** – **b**.*

1	¡Compre Joventónica!	**6**	¡Vaya a la discoteca!
2	¡Vete corriendo!	**7**	¡Bebe alcohol!
3	¡Viva feliz, señorita!	**8**	¡Beba nuestra tónica!
4	¡Vive sano!	**9**	¡Sé enrollado!
5	¡Sea secretaria!	**10**	¡Compra Chocoleche!

♣ Para cada frase apunta si es informal (**I**) o formal (**F**).   *Ejemplo **1** – **F**.*

2 Los imperativos

Completa el cuadro de imperativos.

	ser	ir	comprar	beber	vivir
tú *(informal)*	¡sé!	¡ve!	¡compra!	¡...**(3)**...!	¡...**(4)**...!
usted *(formal)*	¡sea!	¡...**(1)**..!	¡...**(2)**...!	¡beba!	¡viva!

Situaciones | 20 | **Práctica: lengua, actividad 1**

3 ¿Cómo es?

◆ **a** Busca en el diccionario los adjetivos que no conoces.

b Escucha a Yessica que habla con el jefe de la agencia.
Apunta el adjetivo o la frase correcta cada vez.
Ejemplo **1** divertido.

♣ Mira la lista de adjetivos. Para cada uno apunta si es
favorable (✔), desfavorable (✘) o ninguno de los dos (∼).

> deprimente
> ingenioso
> divertido
> extraño
> discriminatorio
> cuenta una historia
> sexista
> racista
> machista
> enrollado
> original

4 ¿Qué producto?

Trabaja con un compañero/a. **B** piensa en un anuncio.
A tiene que adivinarlo.

 A ¿Para qué tipo de
producto es?

Es para una barra
de chocolate.   **B**

¿Dónde se ve?

En la televisión.

¿Cómo es?

Es divertido.

 A ¿De qué se trata?

Trata de un viaje.
(ver la página 108)   **B**

> un queso
> ropa de moda
> un desodorante
> un coche
> un refresco
> una barra de chocolate
> una tarjeta de crédito
> una medicina
> un detergente
>
> en una revista
> en los periódicos
> en la televisión
> en una valla publicitaria

1 Hay un anuncio que se ve mucho en la televisión. Es para el café Corazón. Trata de una amistad y cuenta una historia. Es muy ingenioso, pero no me gusta el café instantáneo y no lo compro.

2 Este anuncio es para un refresco. Trata de vampiros. Es bastante extraño y muy enrollado. Se ve en las vallas publicitarias. Me gusta muchísimo este anuncio porque es original. ¡Me gusta mucho el refresco también!

3 Otro anuncio que no me gusta es para la Solita. Es para un pequeño coche. Se ve en las revistas y en la televisión. Trata de un secuestro. No me gusta porque es machista y aburrido.

4 Me gusta bastante el anuncio para Superenrollado. Trata de una misión científica. Es muy apasionante. Es un anuncio para un desodorante. Me gusta el anuncio ¡pero no utilizo el desodorante!

5 Los anuncios que me gustan y no me gustan

◆ Lee las opiniones de Pablo. Empareja las opiniones **1–4** con cada fotografía **a–d**. *Ejemplo* **1 – d**.

6 ¿Qué anuncio?

◆ ¿Qué contesta Pablo a las preguntas de Yessica?   *Ejemplo* **1** Trata de un secuestro.

1 ¿De qué trata el anuncio para la Solita?　　**4** ¿Cómo es este anuncio?
2 ¿Por qué no te gusta?　　**5** ¿Qué tipo de producto es Superenrollado?
3 ¿Dónde se ve el anuncio para el café?　　**6** ¿Por qué te gusta el anuncio?

20 **Practica: lengua**　　**20.1** **Situaciones** 📖 ✏️

7 ¿Y tú?

◆ Utiliza el cuadro y las opiniones de Pablo. Escribe un párrafo o una entrevista sobre el anuncio que te gusta más o menos.

¿Qué anuncio te gusta (más/menos)?	Un/otro anuncio que (no) me gusta (mucho) es para (el Blancomejor)
¿Dónde se ve?	Se ve en la televisión/ los periódicos/las revistas/las vallas publicitarias
¿Para qué (tipo de producto) es?	Es para/en contra de (el café, el beber) *(ver act.4)*
¿De qué se trata?	Trata de (dos niños) *(ver p.108)*
¿Cómo es?/¿Por qué (no) te gusta?	(No) me gusta porque es (divertido, racista)*(ver act.3)*

8 El informe de Yessica

♣ El jefe le ha pedido a
Yessica que escriba
sus opiniones sobre
la publicidad.

a Busca en el diccionario
las palabras y expresiones
con asteriscos. ¿Qué tipo
de parabras son?

b Rellena los huecos en el
informe, utilizando las
palabras del cuadro.

Normalmente me gustan los anuncios divertidos, pero no me
...(1)... mucho el anuncio para el Chocoleche porque es
...(2)... racista y ser racista es chungo*.

En este momento se ven muchos ...(3)... sexistas también,
por ejemplo para los empleos ...(4)... donde el jefe es un
hombre.

Es muy importante hacer anuncios en ...(5)... del consumo del
alcohol y de las drogas porque hacen daño. Pero para los
jóvenes es importante que el anuncio sea enrollado* y no
...(6)... .

Muchos anuncios son fraudulentos porque dicen cosas que no
son ...(7) ... . Por ejemplo, que es muy chachi* comprar cierta
...(8)... de coche y que la persona que la compra siempre será
feliz y afortunado.

Yo prefiero los anuncios que se ven en los periódicos o las
...(9)... porque en cuanto a los que se ven en la televisión, los
anuncios interrumpen los ...(10)... ¡Qué rollo*!

El anuncio que prefiero en este ...(11)... es para un café
...(12)... . ¡Qué chulada*! Cuenta una ...(13)... ; los personajes
son simpáticos, las situaciones son ...(14)... y la música es
muy original. Pero hay que decir que no me gusta el café
instantáneo y no lo ...(15)... nunca.

verdaderas	historia	compro	divertidas	programas
poco enrollados	gusta	marca	aburrido	instantáneo
contra	bastante	anuncios	revistas	momento

9 ¿Lo ha leído?

♣ ¿Ha leído el jefe el informe de Yessica?

a Apunta si cada frase es **verdad** (V) o **mentira** (M).

¡Siempre soy muy enrollado!

1 A Yessica le gustan los anuncios divertidos.
2 Opina que ser racista es muy chachi.
3 Dice que no se ven muchos anuncios sexistas en este momento.
4 Cree que un anuncio es fraudulento si dice cosas falsas.
5 Prefiere los anuncios que se ven en la televisión.
6 A Yessica le gusta mucho el café instantáneo.

b Corrige las frases mentiras.

10 En mi opinión

♣ ¿Y tú? ¿Qué anuncios te gustan más y menos? ¿Por qué?

Práctica: lengua

20B OBJETIVO

¿Vas a la moda?

Yessica ha ganado un premio para su anuncio. En la agencia se hace una fiesta y Yessica ha invitado a todo el mundo.

Hola, Yessica. ¡Estás a la última!

Sí, para mí es muy importante ir a la moda, pero… Mamá, ¿no estás un poco anticuada?

Señorita, ¡no beba naranjada! ¿Un poco de champán, quizás?

Gracias, ahora no bebo bebidas alcohólicas.

Hola, Belén… ¿Te gusta llevar ropa sport, verdad? ¿No crees que sea importante llevar ropa que está a la moda?

Me da igual estar a la última. Prefiero llevar ropa cómoda.

¿Ha visto el nuevo anuncio de Yessica? Mire…

No viva en el pasado
No compre un coche anticuado
¡No sea hortera!
No salga a la carretera
sin antes visitarnos
…Coches Chachi

Mmm, ¡muy enrollado!

¿Dónde está Raúl?

Aquí viene… Hmm. Está fuera de onda… ¡lleva ropa muy informal!

¿Es ese el look punki?

Raúl, ¿no quieres un nuevo look…, ropa elegante, ropa moderna?

Yessica, ¡no bebas tanto!

¡Mamá!

¡Ven aquí! Quiero hablar contigo.

¿Qué pasa?

¿Sabes que al terminar el curso me voy a Bilbao?

Yessica, ¡no seas egoísta! Quiero vivir con Iñaki. Vamos a comprarnos un piso.

¡No te compres un piso! ¡No vivas con Iñaki! …¿Y la boda? Yo quiero ir a una boda.

¡Mamá! No te vayas a Bilbao!

¡Yessica! ¿Estás anticuada o qué?

1 La fiesta

◆ Busca dos imperativos *1–10* para cada símbolo **a–e**.
Ejemplo **a** – *4, 10*.

1 ¡No viva en el pasado!
2 ¡No compre ropa anticuada!
3 ¡No compres un piso!
4 ¡No beba naranjada!
5 ¡No te vayas a Bilbao!

6 ¡No vivas con Iñaki!
7 ¡No salga a la carretera!
8 ¡No seas anticuada!
9 ¡No sea hortera!
10 ¡No bebas tanto!

♣ Apunta si es formal (**F**) o informal (**I**). *Ejemplo* **1** – **F**.

2 ¡No…!

Completa el cuadro de imperativos negativos.

	ser	ir	comprar	beber	vivir
tú *(informal)*	¡no seas!	¡no te vayas!	¡no compres!	¡…*(3)*…!	¡…*(4)*…!
usted *(formal)*	¡no sea!	¡…*(1)*…!	¡…*(2)*…!	¡no beba!	¡no viva!

¿Eres ecologista o no?

20 **Práctica: lengua, actividad 3**

3 ¿Qué tipo de ropa prefieres llevar?

Escucha la cinta y apunta el tipo de ropa que cada persona **1–6** prefiere llevar.
Ejemplo **1** informal y moderna.

elegante *cómoda* *barata*
informal *como los demás* *de marca*
hortera *moderna* *original*
cara *tipo sport* *punki*

4 Encuesta

Trabaja en grupo. Haz una encuesta.

A *¿Qué tipo de ropa prefieres llevar?*   *Prefiero llevar ropa original y punki.* **B**

5 ¿Cómo estás?

Empareja cada expresión **1–4** con la definición apropiada **a–d**.

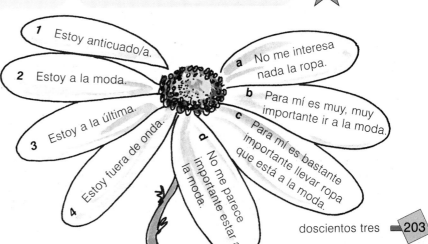

1 Estoy anticuado/a.
2 Estoy a la moda.
3 Estoy a la última.
4 Estoy fuera de onda.

a No me interesa nada la ropa.
b Para mí es muy, muy importante ir a la moda.
c Para mí es bastante importante llevar ropa que está a la moda.
d No me parece importante estar a la moda.

El estilo

6 ¿Estás a la moda?

◆ **a** Lee las opiniones *1–14*. ¿Quién habla cada vez: Belén o Yessica? *Ejemplo* **1** Yessica.

> ¿Crees que es importante estar a la moda, no?

> Sí, creo que es muy importante no ser hortera.

> No, no me interesa. Me da igual estar fuera de onda.

◆ **b** Escucha la conversación. ¿Tienes razón?

1 Compro mucha ropa moderna.

2 Siempre estoy a la última.

3 Prefiero llevar ropa informal.

4 Me gusta mucho la ropa punki porque es original.

5 Me da igual estar fuera de onda.

6 Me gusta llevar ropa tipo sport porque es cómodo.

7 No quiero parecer una amargada.

8 No soy muy enrollada.

9 Me da igual comprar ropa barata.

10 No llevo nunca ropa anticuada.

11 Me chifla comprar ropa de marca.

12 No me gusta comprar ropa cara.

13 No aguanto llevar ropa de marca.

14 Creo que es muy importante no ser hortera.

7 Mi opinión

◆ Utiliza las opiniones de Yessica o de Belén y el cuadro siguiente para escribir una entrevista o un párrafo sobre la importancia de la moda.

Para mí no es importante estar a la moda...

¿Para ti/crees que es importante estar a la moda?			
(Sí/no) para mí es importante no creo que	estar	anticuado/a a la moda	a la última fuera de onda
Me da igual			
¿Qué tipo de ropa (no) te gusta llevar?			
(No) me gusta Prefiero Me da igual	llevar ropa	elegante moderna tipo sport informal	hortera barata cara punki	de marca original como los demás

Los amigos están en el piso...

¿Qué hay, Raúl?

Estoy triste.

¿Quieres que ponga la televisión?

No, ¡no pongas la televisión! ¡No me hables!

¿Por qué?

Raúl quiere que Ana esté aquí.

Pero Ana está en Barcelona, con su novio.

Quiere que deje a su novio y que se quede con él.

¡Jiji! Raúl, ¿por qué no le dices a Ana que venga inmediatamente?

No te rías de Raúl, Pablo.

¿Por qué no le impides a Ana que se vaya a Barcelona?

¡No seas mala, Belén!

Raúl, ¿por qué no le escribes una carta a Ana?

Porque ella me tiene prohibido que le escriba o que le llame por teléfono.

Ah, ya veo por qué estás triste.

Sí... ¡Buaaah!

Raúl, siento que estés triste, pero no seas tonto.

Te aconsejo que tomes una aspirina.

Raúl, soy tu amiga y te prohibo que te pongas triste. Cuando termine el curso, mi madre irá a Bilbao con Iñaki.

Cuando se vaya de Madrid, quiere que yo busque una habitación para mí sóla.

¿Ah sí?

¿Ah sí?

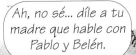

¿Quieres que le pida que me deje compartir piso con vosotros?

Pablo y Belén no pueden impedir que yo viva aquí. Raúl, tú necesitas que yo esté contigo...

Ah, no sé... díle a tu madre que hable con Pablo y Belén.

¿Ah sí?

8 ¡Pobre Raúl!

a Haz una lista de todos los verbos en la conversación. Para cada verbo, apunta si es indicativo (**I**) o subjuntivo (**S**). *Ejemplo* Hay – **I**.

b Busca en la conversación todas las expresiones que necesitan el subjuntivo. *Ejemplo* querer que...

20.4 **El subjunctivo (1)**   20.5 **El subjunctivo (2)**

Acción: lengua

How to … • use negative commands

● ¿Preparados?

Empareja las dos partes de las frases. (¿No te acuerdas? Mira la historia, página 198,
Unidad 20A).

1 ¡No bebas...	**a** un piso allí, Mamá!
2 ¡No llevas...	**b** egoísta, Yessica!
3 ¡No estés...	**c** fuera de onda, Raúl!
4 ¡No te vayas...	**d** a Bilbao, Mamá!
5 ¡No compres...	**e** ropa tan anticuada, Raúl!
6 ¡No seas...	**f** champán, señorita!

● ¿Listos?

Lee el cuadro siguiente y la sección de Gramática 52.

INFINITIVO	PRESENTE (yo)	TÚ *(informal)*	USTED *(formal)*
(- ar) pas**ar** >	pas**o** >	¡no pas**es**!	¡no pas**e**!
(- er) com**er** >	com**o** >	¡no com**as**!	¡no com**a**!
(- ir) sub**ir** >	sub**o** >	¡no sub**as**!	¡no sub**a**!

IRREGULARES

ir *(to go)* - no **vaya(s)**
ser *(to be)* - no **sea(s)**
estar *(to be)* - no **esté(s)**

● ¡Ya!

◆ Escribe bien los verbos *en cursiva* en la forma *usted*.   *Ejemplo* **1** No compre...

¿Es usted padre o madre? Para ser económico/a y ecológico/a...
1 No *(comprar)* ropa de marca: cuesta demasiado. Es un mal ejemplo para los niños.
2 No *(llevar)* telas sintéticas: hay que gastar mucha energía en fabricarlos.
3 No *(salir)* en coche cada día: es más ecológico ir en autobús.
4 No *(ir)* al extranjero de vacaciones: los aviones utilizan mucho carburante.
5 No se *(poner)* ropa cara: mucha gente no se la puede permitir.
6 No *(hacer)* caso de los anuncios publicitarios: gastar más de lo necesario es tonto.

♣ Cambia cada frase para que quiera decir lo contrario – escribe *Los diez mandamientos de un
ser desinteresado* (en la forma *tú*)   *Ejemplo* **1** No pienses solamente en ti mismo/a.

Los diez mandamientos de un ser egoísta

1 Piensa solamente en ti mismo/a.
2 No tenga en cuenta a los demás.
3 Vive sólo para satisfacer tus deseos.
4 No comparta tus cosas.
5 Cuenta chismes.
6 Haz alarde de tus notas académicas.
7 No ayude a tu compañero/a de clase.
8 Atormenta a los niños menores.
9 Di tacos: ofende a la gente mayor.
10 ¡Sé egoísta!

Gramática

Nouns and articles

1 Nouns

- A noun is a thing, person, or place. A *car*, a *mother*, a *house* and *kindness* are nouns. In Spanish all nouns, whether things, people or places, are either masculine *(m)* or feminine *(f)*. Nouns can be singular (one) or plural (more than one). A car is singular *(s)*; cars are plural *(pl)*.

2 How to say 'a' and 'some' (indefinite articles)

- There are two words for **a** in the singular: **un** *(m)* and **una** *(f)* The plural forms mean some: **unos** *(mpl)* and **unas** *(fpl)*:

	(m)	*(f)*	Examples
(s)	**un**	**una**	**un** coche – *a car*; **una** casa – *a house*
(pl)	**unos**	**unas**	**unos** coches – *some cars*; **unas** casas – *some houses*

3 How to say 'the' (definite articles)

- There are two words for *the* in the singular: **el** *(m)* and **la** *(f)*. There are also two words for *the* in the plural: **los** *(mpl)* and **las** *(fpl)*:

	(m)	*(f)*	Examples
(s)	**el**	**la**	**el** hermano – *the brother*; **la** hermana – *the sister*
(pl)	**los**	**las**	**los** hermanos – *the brothers*; **las** hermanas – *the sisters*

4 Gender of nouns

- In general, those nouns which end in -**o** are masculine *(m)* (e.g. el herman**o**) and those ending in -**a** are feminine *(f)* (e.g. la herman**a**). But there are some common exceptions:

masculine nouns ending in -a				feminine nouns ending in -o	
el día	*the day*	el programa	*the programme*	la mano	*the hand*
el clima	*the climate*	el problema	*the problem*	la foto	*the photo*
el mapa	*the map*	el sistema	*the system*	la moto	*the motorbike*
el planeta	*the planet*	el telegrama	*the telegram*		
el pijama	*the pyjamas*	el tema	*the theme, topic*		

- The masculine articles **un** and **el** are used with singular feminine nouns which begin with -**a** or -**ha**, when they come directly before them and the stress is on the first syllable. This is for the sake of the sound: and the noun remains feminine:

un agua mineral fría (f)	*a (cold) mineral water*	hay **una** araña allí (f)	*there's a spider over there*

5 Making nouns plural

- In English we usually add -*s (pens)* or -*es (boxes)*. The same happens in Spanish;

	(s)	*(pl)*
words ending in a vowel (a, e, i, o, u), add -**s**	carpeta	carpeta**s**
words ending in a consonant, add -**es**	rotulador	rotulador**es**
words borrowed from English, add -**s** *or* -**es**	club	club**s** / club**es**

- Note also the following points about plural nouns:
  1. An accent on a final vowel in the singular form disappears in the plural: e.g. jardín > jardines.
  2. A final letter -**z** in the singular becomes -c in the plural: e.g. lápi**z** > lápi**c**es.
  3. A 'compound' noun (a noun made up of two or more words) has its plural ending on the first word:
     e.g. recambio de pluma > recambio**s** de pluma: *pen cartridge* > *pen cartridge**s***
  4. For a word ending in -**í**, add -**es**: un rub**í** > rub**íes**.

6 Using definite and indefinite articles

- In general, use indefinite and definite articles in Spanish where we use them in English:

¿Tienes **un** boli ?	*Have you got **a** biro?*	¿Dónde están **los** libros?	*Where are **the** books?*

- The definite article **el** followed by a verb in the infinitive can be used as a noun:

El beber mucho es malo para la salud	_ Drinking a lot is bad for your health

- Use the definite article with languages, except after the verb **hablar** *(to speak)* and, increasingly, **aprender** *(to learn)*:

El español es fácil	_ Spanish is easy	Hablo francés	*I speak French*

- Use the definite article (**el/la** etc.) before titles (Mr. Dr. etc) when talking *about* people, but do not use them if you are talking *to* a person:

El Señor Díaz es amable	_ Mr. Diaz is kind	¡Buenos días, Señor Díaz!	*Hello, Mr. Díaz!*

- Use the definite article after **todo/a/os/as** *(all, every):*

todo **el** tiempo	*all **the** time*	todos **los** días	*every_day*

- Do not use the definite article (**el/la**) before the numbers of kings, queens etc:

la Reina Isabel _ segunda	*Queen Elizabeth **the** second*

- Do not use the indefinite article (**un/una**) before jobs and nationalities on their own:

Es _ médica	*She's **a** doctor*	Es _ español	*he's **a** Spaniard / he's Spanish*

But you do use the article if the noun for job or nationality has an adjective with it:

Es **una** médica excelente	*She's **an** excellent doctor.*

- Do not use the indefinite article with **otro/a/os/as** *(another)*, but you can use the definite article:

¿Tienes _ **otro** boli?	*Have you got **another** biro?*	**El otro** día	***The other** day*

- Do not use the indefinite article normally after the verb **tener** *(to have)* in the negative. However, if you want to emphasise or contradict the meaning, then it *can* be used:

No tengo – hermanos	*I haven't got (any) brothers*
No tengo **un** hermano, ¡sino cuatro!	*I haven't got one brother, but four!*

Prepositions

7 Common prepositions

- The following is a list of common prepositions:

a	to, at	debajo (de)	below, under	enfrente (de)	opposite
al final (de)	*at the end (of)*	**delante (de)**	*in front (of)*	**entre**	*between*
al lado (de)	*beside, next (to)*	**dentro (de)**	*inside*	**fuera (de)**	*outside*
alrededor (de)	*around*	**desde**	*from*	**hacia**	*towards*
cerca (de)	*near*	**detrás (de)**	*behind*	**hasta**	*until, as far as*
con	*with*	**en**	*in, on*	**lejos (de)**	*far (from)*
de	*of, from*	**encima (de)**	*on top (of)*	**sin**	*without*

¿Dónde está la cafetería? **Al final de** la calle.	*Where's the café? **At the end of** the street.*
La casa es muy bonita **dentro**.	*The house is very pretty **inside**.*
No está **lejos**, el castillo – ¿verdad?	*It's not **far**, the castle – is it?*

8 *Del* and *al*

- **De** when followed by **el**, becomes **del**. **A** when followed by **el**, becomes **al**:

¿Está en **el** centro?	*Is it in **the** centre?*	Lejos **del** centro	*Far away from **the** centre*
¿Te gusta **el** cine?	*Do you like **the** cinema?*	Sí, voy mucho **al** cine	*Yes, I go to **the** cinema a lot*

9 Por/para

• Use **para** in the following situtations:

| intention
destination
purpose
'given that'
in order to
specific future date/time | El café es **para** él.
Salimos **para** el centro.
Estudia **para** abogado.
Es comprensivo **para** un revisor.
Voy al instituto **para** aprender.
Lo necesito **para** pasado mañana. | *The coffee is **for** him.*
*We set out **for** the centre.*
*She's studying **to be** a lawyer.*
*He's understanding, **for** a ticket-collector.*
*I go to school **in order to** learn.*
*I need it **for** the day after tomorrow.* |

• Use **por** in the following situations:

| through/along
for/because of
'to get'
by
by (means of)
in exchange for
per / a
indefinite time/place | Siga todo recto **por** la avenida.
La respeto **por** su inteligencia.
Voy al supermercado **por** azúcar.
Fue escrito **por** mi mejor amigo.
Te lo mando **por** correo electrónico.
¡Quinientas pesetas **por** un refresco!
Cobran £2 **por** kilo.
Trabajó allí **por** muchos años. | *Carry straight on **along** the avenue.*
*I respect her **for** her intelligence.*
*I'm going to the supermarket **for** sugar.*
*It was written **by** my best friend.*
*I'll send it to you **by** e-mail.*
*Five hundred pesetas **for** a cool drink!*
*They charge £2 **per** kilo.*
*He worked there **for** many years.* |

• Both **por** and **para** can be used to express longer periods of future time:

| voy a Australia **para** un mes / **por** tres semanas | *I'm going **for** a month / **for** three weeks* |

10 The personal 'a'

• There is no equivalent in English to the personal 'a'. In Spanish it comes before a direct object, if the direct object is a particular person or persons. Pets are often 'personalised'.

| ¿Conoces **a** Curro? ¡Pues, vi a Curro con Emilia!
Tengo que sacar **al** perro. | *Do you know _ Curro? Well, I saw _ Curro with Emilia!*
I have to take the dog out. |

Conjunctions

11 Y/o

• When **y** *(and)* is followed by a word beginning with **i** or **hi** (but not **hie**), it changes to **e**:

| una ciudad nueva **e** interesante | un pueblo antiguo **e** histórico |

• When **o** *(or)* is followed by a word beginning with **o** or **ho**, it changes to **u**:

| siete **u** ocho chicos perezosos | ¿Hay un hostal **u** hotel por aquí? |

12 Pero/sino

• The most usual word for *but* is **pero**:

| Yo no sé, **pero** pregúntale a Marta.
Voy mañana, **pero** Ana va hoy. | *I don't know, **but** ask Marta.*
*I'm going tomorrow, **but** Ana is going today.* |

• Use **sino** to mean *but* after a negative and when it suggests a contradiction:

| No es antiguo **sino** nuevo.
No tiene uno, **sino** dos. | *It's not old **but** new.*
*He hasn't got one, **but** two.* |

Adjectives

13 Forming adjectives

• An adjective describes a noun: *new*, *big* and *industrial* are all adjectives. Dictionaries usually list adjectives in their masculine (m) form: e.g. "**old** *adj.* viejo".

• The **endings** on adjectives change, depending on whether the noun they describe is masculine, feminine, singular or plural. This is called *agreeing*. The following table shows the endings for adjectives:

(m)	(f)	(mpl)	(fpl)	Examples
-o	-a	-os	-as	blanco, blanca, blancos, blancas
-a	no change	+s	+s	optimista, optimista, optimistas, optimistas
consonant (eg. l,s)	no change	+es	+es	azul, azul, azules, azules
-án	-ana	-anes	-anas	catalán, catalana, catalanes, catalanas
-ón	-ona	-ones	-onas	glotón, glotona, glotones, glotonas
-ol	-ola	-oles	-olas	español, española, españoles, españolas
-és*	-esa	-eses	-esas	inglés, inglesa, ingleses, inglesas
-or	-ora	-ores	-oras	hablador, habladora, habladores, habladoras

* Cortés does not add 'a' in the feminine singular.

14 Using adjectives

- Adjectives must still 'agree' with the noun they describe, even if they are not next to each other in the sentence:

La **chica** es, en mi opinión, **perezosa**.   El **chico** – para decir la verdad – no es muy **cortés**.

- Adjectives of colour ending in **-a** (eg. **lila**, **rosa**, **naranja**) are invariable – their endings do not change:

(s) un jersey **naranja**, una falda **rosa**   (pl) dos jerseys **naranja**, tres faldas **rosa**

- Adjectives of colour followed by **claro**, **oscuro**, **marino**, **vivo** are also invariable:

(s) un jersey **azul claro**, una falda **azul claro**   (pl) jerseys **azul claro**, faldas **azul claro** ·

- **Cada**, meaning *each/every* is invariable as well:

(m) **cada** chico tiene dos horas de gimnasia   (f) ¿**cada** chica tiene dos horas también?

- **Marrón** (*brown*) is the same in the masculine and feminine singular, and becomes **marrones** in the plural:

(s) un zapato **marrón**, una chaqueta **marrón**   (pl) zapatos **marrones**, chaquetas **marrones**

- The following adjectives lose their final -**o** before a masculine singular noun:

bueno	> buen	¿Pablo es bueno? – Sí, es un **buen** chico.
malo	> mal	¡Qué malo! – Sí, es un **mal** día para nosotros.
primero	> primer	¿Quién va primero? – Yo soy el **primer** chico.
tercero	> tercer	¿El tercero, quién es? – El **tercer** candidato es Marcos.
ninguno	> ningún	¿Ninguno de los hermanos está? – No, no veo a **ningún** chico.
alguno	> algún	¿Algún chico puede venir? Sí, **alguno** de la otra clase.

- The **position** of adjectives is different in Spanish; they usually *follow* the noun. In English, they come before it.

vaqueros **azules**	**blue** jeans	un chico **gracioso**	a **witty** boy
una chica **inteligente**	an **intelligent** girl	notas **malas**	**bad** marks

- Some adjectives **change meaning**, depending on whether they come before or after the noun:

	before the noun	after the noun	Examples:
antiguo	former	old, ancient	un **antiguo** profe, una ciudad **antigua**
gran/grande	great	big	un **gran** problema, una casa **grande**
medio	half	average	**media** hora, la temperatura **media**
nuevo	new, another	(brand) new	un **nuevo** desastre, un coche **nuevo**
pobre	poor (wretched)	poor (no money)	¡el **pobre** chico!, la gente **pobre**
varios	several	assorted, various	**varios** estudiantes, discos **varios**

- Use **lo** before an adjective to mean '*the .. thing*':

Lo importante (es que ...). Eso es **lo bueno**.   *The **importante** thing* (is that ...). That's **the good thing**.

Comparatives

15 More/less than...

- When **comparing** nouns (*mor ... less...*) use the following:

más... que	more... than	Hay **más** chicas **que** chicos en mi clase
menos... que	less... than	Hay **menos** basura en el pueblo **que** en la ciudad

- You can also use **más/menos... que** with adjectives. Remember to make the adjective agree with the noun it describes:

Mi amiga es **más alta que** yo.	*My friend is **taller than** me.*
¿Los chicos son **más inteligentes**? ¡Qué va!	*Are boys **more intelligent**? No way!*

16 Special comparative forms

- Special comparative forms are: **mejor** *(better)*, **peor** *(worse)*, **mayor** *(older, greater)*, **menor** *(younger, lesser)*.

Este pan es bueno – pero el pan integral es **mejor**.	*This bread is good – but wholewheat bread is **better**.*
Ese chico es malo – y su hermana es **peor**.	*That boy is bad – and his sister is **worse**.*
Mi hermana es **mayor** que yo.	*My sister is **older** than me.*
Mi hermano es **menor** que yo.	*My brother is **younger** than me.*
Londres es de **mayor** importancia que Brighton.	*London is of **greater** importance than Brighton.*
¿Cuál es el **menor** de dos males?	*Which is the **lesser** of two evils?*

- Note that in English, we sometimes use *big* and *little* when we mean *older* and *younger*: Spanish uses **mayor/menor**.

Mi hermano **mayor** se llama Enrique.	*My **big** brother (my **older** brother) is called Enrique.*
Mi hermana **menor** se llama Irene.	*My **little** sister (my **younger** sister) is called Irene.*

17 As... as...

- To say *as... as*, use **tan** with adjectives, and **tanto** with nouns:

tan ... como	*as ... (adjective) ... as*	yo no soy **tan** estúpido **como** tú
tanto ... como	*as ... (noun) ... as*	no hay **tanto** ruido aquí **como** en la capital

- **Tanto** is itself an adjective (tanto/a/os/as) and so must agree with the noun it describes:

No hay **tanta** gente aquí hoy **como** ayer.	No hay **tantos** papeles en el suelo **como** antes.

Superlatives

18 The superlative

- The **superlative** in English ends in '-est' *(happiest, easiest)*, or we use *most/least* before the adjective (e.g. *most difficult*). In Spanish, use **el/la/los/las** before the comparative **más/menos**:

el castillo **más** grande	*the **biggest** castle*	**los** ruidos **más** horribles	*the **most** awful noises*
la ciudad **menos** bonita	*the **least** pretty town*	**las** uvas **más** dulces	*the **sweetest** grapes*

- Spanish uses **de** after the superlative where English uses *in*:

Esta ciudad es la más bonita **de** la región	*This town is the prettiest **in** the area*

- The special comparative forms (section 16 above) are also used in the superlative:

Estos deberes son **los peores** de la clase	*This homework is the **worst** in the class*

- Use **lo mejor** and **lo peor** to mean *the best (thing)*, *the worst (thing)*:

Lo mejor es que hay una sauna y un jacuzzi	¡**Lo peor** es que no funcionan!

19 Very/a lot

- *Very* is expressed by **muy** and *very much/a lot* by **mucho**:

Estoy **muy** cansado	*I'm **very** tired*	Me gusta **mucho** la carne	*I like meat **very much/a lot***

- If you want an even stronger expression *(a great deal, enormously)* use **muchísimo**. (You cannot use **muy** with **mucho**).

Me gusta **muchísimo** esta paella	*I like this paella **a great deal** / **enormously***

- **Muchísmo** can also be used as an adjective – make sure its ending agrees with the noun it describes (see sections 13–14 above):

(ms)	Él tiene **muchísimo** dinero	*(mpl)*	Hay **muchísimos** extranjeros en Londres
(fs)	Hay **muchísma** gente en la playa	*(fpl)*	El libro tiene **muchísimas** páginas

- Add **-ísimo** to an adjective to intensify its meaning. In English, we would say *very* or *extremely*:

¿El chico es **popular**? Es **popularísimo**.	*Is the boy **popular**? He's **very popular**!*
¿Es **difícil**? Es **dificilísimo**.	*Is it **difficult**? It's **extremely difficult**.*

- Adjectives ending in a vowel lose it before **-ísimo**:

(guapo) > guap > guap**ísimo**	Es un chico guap**ísimo** – y simpático también.

- An adjective ending in **-ísimo** needs to agree with the noun it describes (see sections 13–14):

un piso pequeñ**ísmo**, **unos** pisos pequeñ**ísimos**, **una** película buen**ísma**, **unas** películas buen**ísimas**

- In adjectives which end in **-ico** (e.g. r**ico**), the letter **-c** is replaced by **-qu**:

(ri**c**o) un hombre ri**qu**ísmo	(simpático) una chica simpati**qu**ísima

Indicating possession

20 Using de

- In English, we use *-'s* to indicate possession: e.g. John*'s* brother, Katy*'s* tracksuit. In Spanish, use **de**: note that you have to say the equivalent of *the brother of John*, *the tracksuit of Katy*:

El hermano **de** John, el chandal **de** Katy	*John**'s** brother, Katy**'s** tracksuit*

Possessive adjectives and pronouns

21 My, your etc. (possessive adjectives)

- *My, your, his* etc. are possessive adjectives in English. They are used with nouns. In Spanish, they are as follows:

	(m)(s)	*(f)(s)*	*(m)(pl)*	*(f)(pl)*
my	**mi**	**mi**	**mis**	**mis**
your (sing. informal)	**tu**	**tu**	**tus**	**tus**
his, her, your (sing. formal)	**su**	**su**	**sus**	**sus**
our	**nuestro**	**nuestra**	**nuestros**	**nuestras**
your (pl. informal)	**vuestro**	**vuestra**	**vuestros**	**vuestras**
their, your (pl .formal)	**su**	**su**	**sus**	**sus**

- Since they are adjectives, they agree with the noun they describe (see section 14):

¿Tienes **mi** cuaderno? *(m)(s)*	*Have you got **my** exercise-book?*
Nuestra madrastra no vive con nostros *(f)(s)*	***Our** step-mother doesn't live with us*
¿Cómo se llaman **tus** hermanos? *(m)(pl)*	*What are **your** brothers called?*
Vuestras tías son muy simpáticas *(f)(pl)*	***Your** aunts are very nice*

- Where it is not clear whether **su** means *his/her/your/their*, use the definite article (**el, la, los, las**) followed by **de** and the appropriate subject pronoun (section 34)

Ángela busca su sombrero – **el** sombrero **de ella**	*Angela's looking for **her** hat*
¿La mochila? Es **la** mochila **de él** – es de Paco	*The rucksack? It's **his** rucksack - it's Paco's*

22 Mine, yours, etc. (possessive pronouns)

- A pronoun replaces a noun: possessive pronouns in English are *mine, yours, his, hers*, etc. In Spanish, they are as follows:

	(m)(s)	*(f)(s)*	*(m)(pl)*	*(f)(pl)*
mine	**el mío**	**la mía**	**los míos**	**las mías**
yours (sing. informal)	**el tuyo**	**la tuya**	**los tuyos**	**las tuyas**
his, hers, yours (sing. formal)	**el suyo**	**la suya**	**los suyos**	**las suyas**
ours	**el nuestro**	**la nuestra**	**los nuestros**	**las nuestras**
yours (pl. informal)	**el vuestro**	**la vuestra**	**los vuestros**	**las vuestras**
theirs, yours (pl. formal)	**el suyo**	**la suya**	**los suyos**	**las suyas**

- They also agree with the noun they describe:

Yo tengo mi bolso – no **el tuyo** *(m)(s)*	I've got my bag - not **yours**
Aquí tienes tu carpeta – ¿dónde está **la mía**? *(f)(s)*	Here's your folder – where's **mine**?
¿Los billetes? No he visto **los vuestros** *(m)(pl)*	The tickets? I haven't seen **yours**
¿Las entradas al cine? Sí, he perdido **las nuestras** *(f)(pl)*	The cinema tickets? Yes, I've lost **ours**

- After the verb **ser *(to be)***, the definite article (**el, la, los, las**) is omitted:

¿De quiénes son los guantes? Son _ **nuestros** *(m)(pl)*	Whose are the gloves? They're **ours.**
¿Las gafas son de Marta? Sí, son _ **suyas** *(f)(pl)*	The glasses are Marta's? Yes, they're **hers.**

Demonstrative adjectives and pronouns

23 This, that, etc. (demonstrative adjectives)

- In English, demonstrative adjectives are *this/that*, and *these/those* when followed by a noun: e.g. *this house, those curtains*. In Spanish they are as follows:

	(m)(s)	*(f))(s)*
this	**este**	**esta**
that	**ese**	**esta**
that ... over there	**aquel**	**aquella**

	(m)(pl)	*(f)(pl)*
these	**estos**	**estas**
those	**esos**	**esas**
those ... over there	**aquellos**	**aquellas**

- Since they are adjectives, they agree with the noun they describe (see section 13–14):

¡No aguanto **este** queso! *(m)(s)*	I can't stand **this** cheese.
¿Ves **aquella** chica? ¡Qué guapa es! *(f)(s)*	Do you see **that** girl **over there**? How pretty she is!
Esos porrones son muy caros *(m)(pl)*	**Those** wine-jugs are very expensive.
No me gustan **estas** peras *(f)(pl)*	I don't like **these** pears.

24 This one, that one, etc. (demonstrative pronouns)

- Demonstrative pronouns in English are *this one, that one, these ones, those ones*. They replace a noun: e.g. I don't like that jumper, I prefer *this one*. In Spanish, the forms are the same as those for demonstrative adjectives (section 23 above), except that they have an accent: e.g. **éste, ésa, aquél**.

Ese plato no me gusta – prefiero **éste**. *(m)(s)*	I don't like that plate - I prefer **this one**.
Ésa es la mejor de las bolsas. *(f)(s)*	**That one** is the best of the bags.
¿Jarros? **Aquéllos** son baratos. *(m)(pl)*	Jugs? **Those ones over there** are cheap..
No quiero **ésas**: odio las camisetas blancas *(f)(pl)*	I don't want **those ones**; I hate white T-shirts.

- Use **esto** *(this)* and **eso/aquello** *(that)* to describe a general thing or idea:

¿Qué es **esto**?	What's **this**?	Qué opinas de todo **eso**?	What do you think about all **that**?

Relative pronouns

25 Que...

- **Que** means which, who or that, and refers to something which has already been mentioned in the sentence, or someone who has just been mentioned:

El chico **que** acaba de entrar es mi novio.	The boy **who** has just come in is my boyfriend.
La postal **que** escribo es para Nuria.	The postcard **which/that** I'm writing is for Nuria.

26 Lo que...

- **Lo que** means *what/the thing that* when referring to something general:

¡**Lo que** quiero es un poco de paz!	**What/the thing that** I want is a bit of peace!

27 Cuyo...

- **Cuyo/a/os/as** is the equivalent to *whose* in English. Since it is an adjective, it must agree with the noun which comes after it (see section 14):

La joven, **cuyo** padre es inglés...	The girl, **whose** father is English ...
El señor, **cuyas** hijas son tan dotadas...	The gentleman, **whose** daughters are so gifted ...

Object pronouns

28 Direct object pronouns

- Direct object pronouns in English are words like *it, them* etc:

  *Where is your exercise-book? I've lost **it**. And your felt-pens? I can't find **them** either.*
  *What's the matter? Did he hit **you**? Just wait till I'll find **him**!*

- In Spanish, they are as follows. Notice that object pronouns usually come before the verb, unlike in English:

me	**me**	*Examples:*
you (tú)	**te**	¿Quién **te** pegó? ¿Juan? – Sí, ¡Juan **me** pegó!
him, i (m)	**le, lo**	*Who hit **you**? Juan? – Yes, Juan hit **me**!*
her/it (f)	**la**	
you (usted)	**le** (m), **la** (f)	¿El coche? No **lo** vi. ¿Marcos? **Le** mató. ¿Y Rosa? **La** hizo daño.
us	**nos**	*The car? I didn't see **it**. Marcos? It killed **him**. And Rosa? It injured **her**.*
you (vosotros)	**os**	
them (objects)	**los** (m) **las** (f)	Rafa! La profesora **nos** mira! – ¡Rafa y Ana, **os** voy a castigar!
them (people)	**les** (m) **las** (f)	*Rafa! The teacher's watching **us**! Rafa and Ana, I'm going to punish **you**!*
you (ustedes)	**les** (m) **las** (f)	

La falda es bonita. Me **la** llevo.	The skirt is pretty. I'll take **it**.
¿Quién **le** lleva a la estación, señor?	Who is taking **you** to the station, sir?
Señoras, ¿**las** acompaño?	Ladies, shall I accompany **you**?
Las sandalias no me quedan bien. No **las** compro.	The sandals don't fit. I'm not buying **them**.

- It is becoming increasingly common to use **le** when referring to people, and **lo/la** when referring to objects:

¿Miguel? No **le** vi.	Miguel? No, I didn't see **him**.
No tengo tu boli. **Lo** dejé en la mesa.	I haven't got your biro. I left **it** on the table.
¿La toalla? **La** metí en la maleta.	The towel? I put **it** in the suitcase.

29 Indirect object pronouns

- In English, indirect object pronouns usually have the word '*to*' (or sometimes '*for*' or '*from*') in front of them: *to me, to you, to him, to her* etc. In English, *to, for, from* are often left out:

  *The homework? Yes, he gave **me** it (= gave it **to me**) yesterday.*
  *Is this Michael's bag? Yes, please give **him** the Spanish book (= give the book **to him**), which is inside.*
  *He's got my bag! He stole it **from me**!*

- In Spanish, indirect object pronouns are as follows:

Indirect object pronouns		*Examples:*	
to me	**me**	Maite, ¿**me** pasas el boli?	*Maite, can you pass **me** the biro?*
to you (tú)	**te**	¿**Te** doy el rojo?	*Shall I give **you** the red one?*
to him	**le**	¿Reyes? **Le** escribe todos los días.	*Reyes? She writes **to him** every day.*
to her	**le**	Curro no **le** telefonea nunca.	*Curro never telephones **her**.*
to you (usted)	**le**	¿Qué **le** puedo ofrecer?	*What can I offer **you**?*
to us	**nos**	No **nos** hablan - ¡qué estúpidos!	*They're not talking **to us** – how silly!*
to you (vosotros)	**os**	**Os** doy el dinero el sábado.	*I'll give **you** the money on Saturday.*
to them (m)	**les**	¿A los chicos? ¡No **les** digas nada!	*The boys? Don't tell **them** anything!*
to them (f)	**les**	Su padre **les** lee un cuento.	*Their father is reading **them** a story.*
to you (ustedes)	**les**	**Les** mando los informes mañana.	*I'll send **you** the report tomorrow.*

- Note that when mentioning someone's name in Spanish, the correct object pronoun also appears in the sentence:

¿A María o a Luis? Se **le** di el recado a **Luis**.	*To María or Luis? I gave the message **to Luis**.*

- Where it is not clear to whom the indirect object pronoun refers, add **a** + name, or **a** + subject pronoun (see section 34):

Le llevo en coche **a Lorenzo**.	*I'm taking **Lorenzo** by car.*
Felix e Inma estaban allí: **le** hablé a él, pero no **a ella**.	*Felix and Inma were there: I spoke **to him**, but not **to her**.*

30 Position of direct and indirect object pronouns

- Object pronouns normally come before the verb in the sentence, but after the **no** if there is one:

Le mandé una postal –- **no le** mandé una carta larga.	*I sent **her** a postcard - I **didn't** send **her** a long letter.*

- In the perfect or pluperfect tense, where there are two parts to the verb (part of *haber* and the past participle - see sections 46-47), the object pronouns come before the part of *haber*:

¿Las aceitunas? No **los** he probabo nunca.   *Olives? I've never tried **them**.*

- With positive commands, the object pronoun is added to the end of the command form:

¡Da**me** el dinero ahora mismo!   *Give **me** the money right now!*

- Where the command form by itself is longer than one syllable, it will need an accent to keep the stress pattern:

Come la sopa – ¡c**ó**me**la** toda!   *Eat the soup – eat it all up!*

- The same is true when using the gerund *-ando*, *-iendo* (section 39). If the object pronoun is added to the end of the gerund, it may need an accent to keep the stress pattern:

¿La tarta? Le vi a Juan en el jardín, comi**é**ndo**la**.   *The tart? I saw Juan in the garden, eating it.*

- When using the continuous tenses (*estar* + gerund, section 44), the object pronoun may come before the correct part of *estar*, or be added to the end of the gerund:

La está comiendo Juan / Juan está comi**é**ndo**la**.   *Juan is eating **it**.*

- When there is an infinitive in the sentence, the object pronoun can either come before the main verb, or be added to the end of the infinitive:

¿**Me** vas a llamar? / ¿Vas a llamar**me**?   *Are you going to call **me**?*

31 Using direct and indirect object pronouns together

- Where two pronouns are used together, the indirect object pronoun comes first:

Mi amiga **me lo** explicó todo.   *My friend explained **it** all to **me**.*
¿Los cuadernos? El profe **nos los** dió.   *The exercise-books? The teacher gave **them** to **us**.*

- To avoid two pronouns beginning with the letter 'l' coming together (e.g. **le** + **lo**, **les** + **la**), the indirect object pronoun changes to **se**:

¿Dani quiere el disco compacto? **Se lo** doy mañana. (le lo)   *Dani wants the CD? I'll give **it to him** tomorrow.*
¿Las entradas? **Se las** daré **a ella** esta tarde. (le, las)   *The tickets? I'll give **them to her** this afternoon.*

Interrogatives

32 Question words

- The following is a list of question words in Spanish. They always have an accent:

¿qué?	what?	¿cómo?	how? what ... like?	¿cuál/es?	which?
¿cuándo?	when?	¿por qué?	why?	¿quién/es?	who?
¿dónde?	where?	¿cuánto/a?	how much?	¿a quién/es?	to whom?
¿adónde?	where .. to?	¿cuántos/as?	how many?	¿de quién/es?	whose?

¿**Adónde** vas esta tarde?   ***Where** are you going to tonight?*
¿**Cuánto** es? ¿**Cuánto** le debo?   ***How much** is it? **How much** do I owe you?*
¿**Cómo** es tu hermano? ¿Es alto?   ***What** is your brother **like**? Is he tall?*

- **Quién/quiénes**, and **cuál/cuáles** are used in the singular and in the plural:

¿**Con quién** hablo?   ***To whom** am I talking? (one person)*
¿**Quiénes** quieren ir a la piscina?   ***Who** wants to go to the pool? (more than one)*
¿**Cuál** de los programas te gusta más?   ***Which (one)** of the programmes do you like best?*
¿**Cuáles** son tus películas favoritas?   ***Which** are your favourite films?*

- **Cuánto** is an adjective and so has four possible forms: **cuánto**, **cuánta**, **cuántos**, **cuántas**. They have to agree with the noun to which they refer:

¿**Cuánta pintada** hay en la pared?   ***How much** graffiti is there on the wall?*
¿**Cuántos alumnos** hay en tu instituto?   ***How many** pupils are there in your school?*

Verbs

33 Infinitives

- A verb conveys an action: *to open, to have, to go out* are all verbs in their *infinitive* form. Spanish has three *infinitive* forms: verbs ending in -**ar** (e.g. **hablar**, *to speak*), -**er** (e.g. **comer**, *to eat*) and -**ir** (e.g. **vivir**, *to live*).

34 I, you etc. (subject pronouns)

- English adds *I, you, we* to show *who*. *I learn a lot;* **you** *learn fast!;* **we** *learn French.* Note that Spanish has four words for *you*: **tú**, **usted**, **vosotros/as**, **ustedes**.

yo	*I*	
tú	*you*	*(familiar, singular – a person you know well, a familiar relationship)*
él	*he*	
ella	*she*	
usted	*you*	*you (formal, singular – a person you don't know, a formal relationship)*
nosotros/as	*we*	
vosotros/as	*you*	*you (familiar plural – people you know well, a familiar relationship)*
ellos	*they*	*they (male)*
ellas	*they*	*they (female)*
ustedes	*you*	*you (formal plural – people you don't know, a formal relationship*

- Subject pronouns are often left out in Spanish:

Vivo en Burton   ***I live*** *in Burton*   ¿**Hablas** español?   ***Do you speak*** *Spanish?*

- They are only used for emphasis or to make something clear:

¿Vives en York? Pues, **yo** vivo en Hull.   *Do you live in York? Well,* **I** *live in Hull.*
¿Los gemelos? **Ella** no trabaja - pero **él**, sí.   *The twins?* **She** *doesn't work, but* **he** *does.*

- Use **nosotras/vosotras** with an exclusively female group (girls/women only). Use **nostros/vosotros** for an exclusively male group (boys/men only) or where there is a mixture of male and female:

Ana y María, ¿salís? **Nosotras** vamos al bar.   *Ana and María, are you going out?* **We're** *going to the bar.*
¿Y **vosotros**, Juan y Pedro?   *What about* **you***, Juan and Pedro?*
¿Qué quieren hacer **vosotros**, Nuria y Miguel?   *What do* **you** *want to do. Nuria and Miguel?*

- After **para** *(for)*, use subject pronouns except for **yo** which becomes **mí** , and **tú** which becomes **ti**.
  Example: Para **mí**, un café; y ¿para **ti**?

35 The present tense: regular verbs

- The present tense is used:

  – *to show what we usually do*   I **eat** sandwiches at lunchtime   (what **do you eat**?)
  – *to show what we are doing right now*   I **am eating** in the canteen   (where **are you eating** today?)
  – *to emphasise what we do*   I **do eat** fish, but not meat   (**do you eat** fish?)

- The endings on English verbs change: I *eat* a packed lunch, he *eat**s*** school dinners, Alison *eat**s*** at home. The endings on Spanish verbs also change. The present tense endings are:

- ar	habl**ar** *(to speak)*	com**er** *(to eat)*	viv**ir** *(to live)*	*Examples:*	
(yo)	habl**o**	com**o**	viv**o**	**Hablo** inglés	*I speak English.*
(tú)	habl**as**	com**es**	viv**es**	¿Qué **comes**?	*What do you eat?*
(él)	habl**a**	com**e**	viv**e**	Juan **vive** en Madrid	*Juan lives in Madrid.*
(ella)	habl**a**	com**e**	viv**e**	Ana no **come** carne	*Ana doesn't eat meat.*
(usted)	habl**a**	com**e**	viv**e**	¿**Habla** usted griego?	*Do you speak Greek?*
(nosotros)	habl**amos**	com**emos**	viv**imos**	**Vivimos** en Londres	*We live in London.*
(vosotros)	habl**áis**	com**éis**	viv**ís**	**Coméis** pescado, ¿no?	*You eat fish, don't you?*
(ellos)	habl**an**	com**en**	viv**en**	**Hablan** francés	*They speak French.*
(ellas)	habl**an**	com**en**	viv**en**	**Viven** cerca	*They live nearby.*
(ustedes)	habl**an**	com**en**	viv**en**	**Comen** todo	*They eat everything.*

36 The present tense: irregular verbs

• The following verbs are irregular in the first person *(yo)* form, but otherwise have regular endings:

dar	*to give*	(yo) **doy*** regalos en Navidad	***I give*** *presents at Christmas.*
conducir	*to drive, lead*	(yo) **conduzco** un Nissan	***I drive*** *a Nissan.*
conocer	*to know (a person)*	(yo) **conozco** a Iñigo	***I know*** *Iñigo.*
hacer	*to do, to make*	(yo) **hago** muchos errores	***I make*** *lots of mistakes.*
poner	*to put, set, lay*	(yo) **pongo** la mesa	***I set*** *the table.*
saber	*to know (facts)*	(yo) **sé** mucho de eso	***I know*** *a lot about that.*
salir	*to go out*	(yo) **salgo** al cine	***I'm going out*** *to the cinema.*
traer	*to bring*	(yo) **traigo** malas noticias	***I bring*** *bad news.*
ver	*to see, watch*	(yo) **veo** mucho la tele	***I watch*** *a lot of TV.*

* The *vosotros* form of **dar** is **dais**: it does not have an accent.

• The following common verbs are irregular:

	ir *(to go)*	**ser*** *(to be*	**estar*** *(to be)*	*Examples:*	
(yo)	**voy**	**soy**	**estoy**	**Voy** mucho al cine.	***I go*** *to the cinema a lot.*
(tú)	**vas**	**eres**	**estás**	**Eres** deportista, ¿verdad?	***You're*** *sporty, aren't you?*
(él)	**va**	**es**	**está**	Sí, Juan **está** aquí.	*Yes, Juan **is** here.*
(ella)	**va**	**es**	**está**	Mi amigo **va** a España.	*My friend **is** going to Spain.*
(usted)	**va**	**es**	**está**	Mi hermana **es** alta.	*My sister **is** tall.*
(nosotros)	**vamos**	**somos**	**estamos**	**Vamos** al parque.	***We are going*** *to the park.*
(vosotros)	**vais**	**sois**	**estáis**	¿**Sois** hermanos?	***Are you*** *brothers?*
(ellos)	**van**	**son**	**están**	Los chicos **están** en casa.	*The lads **are** at home.*
(ellas)	**van**	**son**	**están**	**Son** primos.	***They are*** *cousins.*
(ustedes)	**van**	**son**	**están**	Las niñas **van** a la cama.	*The girls **are going** to bed.*

* See section 60 on when to use **ser** and e**star**.

37 The present tense: stem-changing verbs

• Some verbs also have changes in the stem of their verbs. The patterns are as follows:

	-o/-u > **-ue** p**o**der - *to be able to*	**- e** > **-ie** pr**e**ferir - *to prefer*	**- e** > **-i** p**e**dir - *to ask for/order*	*Examples:*	
(yo)	p**ue**do	pref**ie**ro	p**i**do	No **puedo** jugar.	***I'm** not **able** to play.*
(tú)	p**ue**des	pref**ie**res	p**i**des	¿Qué **prefieres**?	*What **do you prefer**?*
(él)	p**ue**de	pref**ie**re	p**i**de	Él **pide** ayuda.	*He **is asking** for help.*
(ella)	p**ue**de	pref**ie**re	p**i**de	Ana **puede** venir.	*Ana **can/is able** to come.*
(usted)	p**ue**de	pref**ie**re	p**i**de	Él **prefiere** no venir.	*He **prefers** not to come.*
(nosotros)	podemos	preferimos	pedimos	¿**Podemos** ir?	***Can** we go?*
(vosotros)	podéis	preferís	pedís	**Preferís** té, ¿no?	*You **prefer** tea, don't you?*
(ellos)	p**ue**den	pref**ie**ren	p**i**den	Los niños **pueden** ir.	*The boys **are able** to go.*
(ellas)	p**ue**den	pref**ie**ren	p**i**den	**Prefieren** ir a pie.	***They prefer** to walk.*
(ustedes)	p**ue**den	pref**ie**ren	p**i**den	¿Qué **piden** ustedes?	*What **are you ordering**?*

-o/-u > **-ue**	almorzar	*to have lunch*	doler	*to hurt*	morir	*to die*
	aprobar	*to pass (exam)*	dormir	*to sleep*	soler	*to be used to*
	contar	*to tell*	encontrar	*to find*	torcer	*to turn ,twist*
	costar	*to cost*	jugar	*to play*	volver	*to return*
-e > **-ie**	cerrar	*to close, shut*	helar	*to freeze*	querer	*to want to, love*
	comenzar (a)	*to begin (to)*	merendar	*to have a snack*	recomendar	*to recommend*
	empezar (a)	*to start (to)*	nevar	*to snow*	sentir	*to feel, be sorry*
	entender	*to understand*	pensar	*to think*	tener*	*to have*
	fregar	*to wash up*	perder	*to lose*	venir*	*to come*
-e > **-i**	competir	*to compete*	repetir	*to repeat*	servir	*to serve*

* (yo) tengo , (yo) vengo

38 The present tense: reflexive verbs

- Reflexive verbs, in their infinitive form in the dictionary, end in -**se** (e.g. **levantarse** – *to get up*). They tend to indicate an action done to oneself (e.g. *to get up = to get oneself up*).

	levantar**se** *(to get up)*		Examples:	
(yo)	**me**	levanto	**Me levanto** temprano.	*I **get up** early.*
(tú)	**te**	levantas	¿A qué hora **te levantas**?	*What time do **you get up**?*
(él)	**se**	levanta	Antonio siempre **se levanta** tarde.	*Antonio always **gets up** late.*
(ella)	**se**	levanta	Mi hermana **se levanta** a las ocho.	*My sister **gets up** at eight.*
(usted)	**se**	levanta	¿Cuándo **se levanta usted**?	*When **do you get up**?*
(nosotros)	**nos**	levantamos	¡**Nos levantamos** ahora, Mamá!	*We're **getting up** now, Mum!*
(vosotros)	**os**	levantáis	¿No **os levantáis** hoy?	*Are**n't you getting up** today?*
(ellos)	**se**	levantan	Mis padres **se levantan** a las seis.	*My parents **get up** at six.*
(ellas)	**se**	levantan	Mis hermanas **se levantan** a la una.	*My sisters **get up** at one.*
(ustedes)	**se**	levantan	**Ustedes se levantan** muy temprano.	*You **get up** very early.*

The following is a list of common reflexive verbs:

aburrirse	*to be bored*	irse	*to go off, go away*
acostarse (ue)	*to go to bed*	lavarse	*to get washed*
afeitarse	*to shave*	lavarse el pelo/la cabeza	*to wash one's hair*
alojarse	*to stay*	lavarse los dientes	*to brush one's teeth*
arreglarse	*to tidy oneself up*	levantarse	*to get up, stand up*
atreverse a	*to dare to*	llamarse	*to be called*
bañarse	*to have a bath, to bathe*	pararse	*to stop*
callarse	*to be quiet*	peinarse	*to brush one's hair*
despertarse (ie)	*to wake up*	ponerse	*to put on, to begin to*
divertirse (ie)	*to enjoy oneself*	portarse bien/mal	*to behave well/badly*
dormirse (ue)	*to go to sleep*	presentarse	*to sit (an exam)*
ducharse	*to have a shower*	quedarse	*to stay*
examinarse	*to take an exam*	sentarse	*to sit down*
hacerse	*to become*	sentirse(i)	*to feel, be sorry*
informarse	*to get information*	vestirse(i)	*to get dressed*

39 The gerund

- The gerund in English ends in -ing and is often used with *while* or *by*:

  – **watching** *TV, you learn a lot of things*
  – **while visiting Spain**, *they made many new friends*
  – **by learning** *ten new words a day, you will increase your* vocabulary

- The gerund in Spanish is formed as follows:

-**ar** verbs	remove -**ar**	> add -**ando**	Examples:	visitar	> visit**ando**
-**er** verbs	remove -**er**	> add -**iendo**		ver	> v**iendo**
-**ir** verbs	remove -**ir**	> add -**iendo**		salir	> sal**iendo**

Visitando Irlanda, conocí a mucha gente.	*While **visiting** Ireland, I got to know lots of people.*
Saliendo con Miguel te divertirás.	*You'll have fun **going out** with Miguel.*

- The following verbs have gerunds which are slightly irregular:

to *fall*	caer	>	ca**y**endo *(falling)*	to *read*	leer	>	le**y**endo *(reading)*
to *be able*	poder	>	p**udi**endo *(being able)*	to *hear*	oír	>	o**y**endo *(hearing)*
to *believe*	creer	>	cre**y**endo *(believing)*				

- The gerund of verbs ending in -**uir** also have a -**y** instead of an -**i**. Stem-changing verbs which end in -**ir** also have a spelling change. In the stem, the letter **o** > **u**; and **e** > **i**.

to *build*	constr**uir**	>	constru**y**endo *(building)*	to *sleep*	dormir	>	d**u**rmiendo *(sleeping)*
to *destroy*	destr**uir**	>	destru**y**endo *(destroying)*	to *ask for*	pedir	>	p**i**diendo *(asking for)*

40 The preterite tense: regular verbs

- The preterite tense indicates a completed action:

  – *what we did in the past*   I **went** to Spain   (where **did you go**?)
  I **bought** lots of postcards and souvenirs   (what **did you** buy?)

- To form the preterite tense, remove the -**ar**, -**er**, -**ir** to get to the stem, then add the following endings:

	hablar *(to speak)*	comer *(to eat)*	vivir *(to live)*	Examples:	
(yo)	habl**é**	com**í**	viv**í**	**Hablé** mucho español.	**I spoke** a lot of Spanish
(tú)	habl**aste**	com**iste**	viv**iste**	**Comiste** paella, ¿verdad?	**You ate** paella, didn't you?
(él)	habl**ó**	com**ió**	viv**ió**	Él no **vivió** nunca en Jaén.	**He** never **lived** in Jaén.
(ella)	habl**ó**	com**ió**	viv**ió**	Celia **habló** mucho.	Celia **talked** a lot.
(usted)	habl**ó**	com**ió**	viv**ió**	¿Qué **comió** usted?	What **did you eat**?
(nosotros)	habl**amos**	com**imos**	viv**imos**	Vivimos **allí** durante un año.	**We lived** there for a year.
(vosotros)	habl**asteis**	com**isteis**	viv**isteis**	¿**Hablasteis** con el profe?	**Did you talk** to the teacher?
(ellos)	habl**aron**	com**ieron**	viv**ieron**	**Comieron** muchos helados	**They ate** lots of ice-creams.
(ellas)	habl**aron**	com**ieron**	viv**ieron**	**Vivieron** muchos años.	**They lived** for many years.
(ustedes)	habl**aron**	com**ieron**	viv**ieron**	¿**Hablaron** ustedes inglés?	**Did you speak** English?

41 Preterite tense: irregular verbs

- The following verbs are irregular. Note that they do not have accents. Note also that **ir** *(to go)* and **ser** *(to be)* have the same form in the preterite tense.

	ir *(to go)*	ser *(to be)*	dar *(to give)*	ver *(to see)*	hacer *(to do, make)*
(yo)	**fui**	**fui**	**di**	**vi**	**hice**
(tú)	**fuiste**	**fuiste**	**diste**	**viste**	**hiciste**
(él)	**fue**	**fue**	**dio**	**vio**	**hizo**
(ella)	**fue**	**fue**	**dio**	**vio**	**hizo**
(usted)	**fue**	**fue**	**dio**	**vio**	**hizo**
(nosotros)	**fuimos**	**fuimos**	**dimos**	**vimos**	**hicimos**
(vosotros)	**fuisteis**	**fuisteis**	**disteis**	**visteis**	**hicisteis**
(ellos)	**fueron**	**fueron**	**dieron**	**vieron**	**hicieron**
(ellas)	**fueron**	**fueron**	**dieron**	**vieron**	**hicieron**
(ustedes)	**fueron**	**fueron**	**dieron**	**vieron**	**hicieron**

Le **di** un regalo	*I gave him a present*	Mi padre **hizo** windsurf	*My father **windsurfed***
¿Qué **viste**?	*What **did you see**?*	**Fuimos** a la bolera	*We **went** to the bowling alley*

- The following verbs have a spelling change in the *él/ella/usted* and *ellos/ellas/ustedes* forms: the -**i** becomes a -**y**:

caer	to fall	leer	to read	also verbs ending in -**uir**
creer	to believe, think	oír	to hear	e.g. **construir** *(to build)*

Juan **leyó** una revista	*Juan **read** a magazine*	Sus padres le **creyeron**	*His parents **believed** him*
Celia no **oyó** nada	*Celia **did** not **hear** a thing*	**Construyeron** una torre	*They **built** a tower*

- There are spelling changes in the *yo* form in verbs with a '**g**' or '**c**' or '**z**' before the infinitive ending. The letter '**g**' becomes '**gu**'. The letter '**c**' becomes '**qu**'. The letter '**z**' becomes a '**c**'. This affects the following common verbs:

llegar	to arrive	buscar	to look for	cruzar	to cross
pagar	to pay	practicar	to practise	comenzar	to begin, start
jugar	to play	sacar	to take (out)	empezar	to begin, start

Voy a lle**g**ar temprano – lle**gu**é tarde ayer.
¿Quieres sa**c**ar fotos? No, sa**qu**é fotos ayer.
¿Hay que cru**z**ar el puente? No, lo cru**c**é ayer,
  pero no hay salida a la plaza.

I'm going to arrive early – I arrived late yesterday.
Do you want to take photos? No, I took photos yesterday.
Do you have to cross the bridge? No, I crossed it yesterday,
  but there's no way out to the square.

- Stem-changing verbs (section 37) which end in -**ir** have the following changes to their stems in the *el/ella/usted* and *ellos/ellas/ustedes* forms:

	e > **i** *(Present tense e>ie)*	**e** > **i** *(Present tense e>i)*	**o** > **u** *(Present tense o>u)*
	preferir *(to prefer)*	**pedir** *(to ask for, order)*	**dormir** *(to sleep)*
(yo)	preferí	pedí	dormí
(tú)	preferiste	pediste	dormiste
(ella)	prefi**r**ió	p**i**dió	d**u**rmió
(usted)	prefi**r**ió	p**i**dió	d**u**rmió
(nosotros)	preferimos	pedimos	dormimos
(vosotros)	preferisteis	pedisteis	dormisteis
(ellos)	prefi**r**ieron	p**i**dieron	d**u**rmieron
(ellas)	prefi**r**ieron	p**i**dieron	d**u**rmieron
(ustedes)	prefi**r**ieron	p**i**dieron	d**u**rmieron

Irene **prefirió** quedarse en casa.	*Irene **preferred** to stay at home.*
¿Qué **pidió** usted? La paella, ¿no?	*What **did you order**? The paella, wasn't it?*
Los jóvenes **durmieron** bien después del viaje.	*The young people **slept** well after their journey.*

42 The 'pretérito grave'

- This group of verbs share the same pattern of endings, but there is a change in their stem in the preterite tense.

meaning	*infinitive*	*preterite stem*		*endings*	*Examples:*
to walk	andar	**anduv-**	(yo)	**- e**	**Anduve** mucho.
to drive, lead	conducir	**conduj-**	(tú)	**- iste**	¿**Condujiste** un Seat?
to fit (into)	caber	**cup-**	(él)	**- o**	No **cupo** todo en la maleta.
to say, tell	decir	**dij-**	(ella)	**- o**	Pedro no me **dijo** nada.
to be	estar	**estuv-**	(usted)	**- o**	No sé dónde **estuvo** Marta.
to have	haber	**hub-**			No **hubo** nada de interés.
to be able to	poder	**pud-**	(nosotros)	**- imos**	No **pudimos** venir.
to put, set, lay	poner	**pus-**	(vosotros)	**- isteis**	Chicos, ¿cuándo **pusisteis** la mesa?
to want/wish to	querer	**quis-**	(ellos)	**- ieron**	Ana y Gabi **quisieron** salir juntos.
to know	saber	**sup-**	(ellas)	**- ieron**	Sus padres no lo **supieron**.
to have	tener	**tuv-**	(ustedes)	**- ieron**	**Tuvieron** que llamar a la policía.
to bring	traer	**traj-**			
to come	venir	**vin-**			

- The following compound verbs follow the same pattern as their 'parent' verb:

'parent' verb	*compound verbs*
poner	**imponer** *(to impose)*; **proponer** *(to propose)*; **suponer** *(to suppose)* etc.
tener	**detener** *(to detain)*; **mantener** *(to maintain)*; **obtener** *(to obtain)*; **sostener** *(to sustain)* etc.
traer	**atraer** *(to attract)*; **distraer** *(to distract)* etc.

Propusieron construir un hipermercado.	***They proposed** building a hypermarket.*
Obtuve los detalles necesarios.	***I obtained** the necessary details.*
Me **distrajo** mucho mi amigo.	*My friend **distracted** me a lot.*

43 The imperfect tense

- Use the imperfect tense to say:

  - *what we used to do in the past* — **I used to go** to the seaside.
  - *what we were doing* — **I was watching** TV.
  - *what a person or place was like (background description)* — Grazalema **was** a small village in the mountains.
  - *what something was like at the time* — The work **was** repetitive.

- The imperfect tense is formed as follows: – remove the **-ar**, **-er**, or **-ir** from the infinitive, and add the following endings. Note that **-er** and **-ir** verbs have the same endings:

regular verbs					*irregular verbs*		
	habl**ar** *(to speak)*	com**er** *(to eat)*	viv**ir** *(to live)*		**ir** *(to go)*	**ser** *(to be)*	**ver** *(to see)*
(yo)	habl**aba**	com**ía**	viv**ía**		iba	era	veía
(tú)	habl**abas**	com**ías**	viv**ías**		ibas	eras	veías
(él)	habl**aba**	com**ía**	viv**ía**		iba	era	veía
(ella)	habl**aba**	com**ía**	viv**ía**		iba	era	veía
(usted)	habl**aba**	com**ía**	viv**ía**		iba	era	veía
(nosotros)	habl**ábamos**	com**íamos**	viv**íamos**		íbamos	éramos	veíamos
(vosotros)	habl**abais**	com**íais**	viv**íais**		ibais	erais	veíais
(ellos)	habl**aban**	com**ían**	viv**ían**		iban	eran	veían
(ellas)	habl**aban**	com**ían**	viv**ían**		iban	eran	veían
(ustedes)	habl**aban**	com**ían**	viv**ían**		iban	eran	veían

Yo **comía** mucha carne cuando era jóven.	***I used to eat** a lot of meat when I **was** young.*
¿Qué **hacías**? **Arreglaba** mi habitación.	*What **were you doing**? **I was tidying** my room.*
Veíamos mucho la tele, pero ahora no.	***We used to watch** a lot of television, but not now.*
Durante muchos años, **iba** al instituto en bici.	*For many years, **I used to go** to school by bike.*

44 The continuous tenses

- In order to describe what is, or was, going on at a particular time, you can use a continuous tense. The *present continuous* indicates what is happening *now*, and the *imperfect continuous* indicates what *was* happening:

present continous: **I am preparing** a meal (right now); **he is doing** his homework (at this moment)
imperfect continuous: **I was preparing** a meal when the phone rang; **he was doing** his homework when I called him.

- Both the *present and imperfect continuous* are formed using the verb **estar** and the gerund (see section 39). Use the present tense of **estar** for the present continuous, and the imperfect of **estar** for the imperfect continuous:

¡Déjame en paz – **estoy trabajando** en mi habitación!	*Leave me in peace! – **I'm working** in my room!*
Omar **estaba comiendo** cuando llegué.	*Omar **was eating** when I arrived.*

45 Using the preterite and the imperfect/continuous together

- The following table gives a brief outline of when to use the preterite and imperfect tenses:

| preterite | single completed action in the past
what something was like | *(taking place at or within a specified time)*
(when looking back over it) |
|---|---|---|
| **imperfect** | repeated actions, descriptions
what something was like | *(specific moment/period of time not mentioned)*
(at the time it was happening) |
| **imperfect continuous** | describing what was going on | *(when something else happened)* |

El martes pasado, **compré** un disco compacto.	*Last Tuesday, **I bought** a CD.*	*(preterite)*
Hace años, **compraba** cassettes.	*Years ago, **I used to buy** tapes.*	*(imperfect)*
El trabajo **era** aburrido.	*The work **was** boring.*	*(imperfect)*
Pero, mirando hacia atrás, la experiencia **fue** útil.	*But, looking back, the experience **was** useful.*	*(preterite)*
Lo **estaba comprando**, cuando llegó Juan.	*I **was buying** it, when Juan arrived.*	*(imperfect contin.)*

46 The perfect tense

- Use the perfect tense to say what you *have* done: *I have spoken* a lot of Spanish today / *Have you* eaten 'churros' before? To form the perfect tense, you need part of the verb **haber** (to have) plus the *past participle*.

- The verb **haber** is as follows:

	haber	*past participle*	*Examples:*
(yo)	**he**		
(tú)	**has**	habl**ado**	**He hablado** un poco de español hoy.
(él)	**ha**		***I've spoken** a little Spanish today.*
(ella)	**ha**		
(usted)	**ha**	com**ido**	Magdalena no **ha comido** mucho – no sé lo que le pasa.
(nosotros)	**hemos**		*Magdalena **has** not **eaten** much – I don't know what's wrong.*
(vosotros)	**habéis**		
(ellos)	**han**	viv**ido**	Los Contreras **han vivido** aquí desde siempre.
(ellas)	**han**		*The Contreras family **have** always **lived** here.*
(ustedes)	**han**		

- The *past participle* is formed as follows:

(to speak)	habl**ar**	>	habl**ado**	*(spoken)*
(to eat)	com**er**	>	com**ido**	*(eaten)*
(to live)	viv**ir**	>	viv**ido**	*(lived)*

- The following verbs have irregular past participles:

abrir	*to open*	**abierto**	*open(ed)*	hacer	*to do, make*	**hecho**	*done, made*
cubrir	*to cover*	**cubierto**	*covered*	morir	*to die*	**muerto**	*died*
decir	*to say, tell*	**dicho**	*said, told*	poner	*to put, set*	**puesto**	*put, set*
describir	*to describe*	**descrito**	*described*	romper	*to break*	**roto**	*broken*
escribir	*to write*	**escrito**	*written*	ver	*to see*	**visto**	*seen*
freír	*to fry*	**frito**	*fried*	volver	*to return*	**vuelto**	*returned*

He abierto la carta, pero no me dice nada.	***I've opened** the letter but it doesn't tell me anything.*
¿**Has visto** la nueva película?	***Have you seen** the new film?*
¡Ay no – **hemos roto** la ventana!	*Oh no – **we've broken** the window!*

47 The pluperfect tense

- Use the pluperfect tense to talk about what *had happened* (one stage further back in time than the perfect tense). It is formed using the *imperfect tense* of the verb **haber**, and the *past participle*, as in the perfect tense (section 46):

	haber	*past participle*	*Examples:*
(yo)	había		¿**Habías hablado** primero a tu profesor?
(tú)	habías	(hablado)	*Had you talked* to your teacher first?
(él, ella, usted)	había		Si se acuerda, **había comido** mariscos al mediodía.
(nosotros)	habíamos		*If you remember,* **you had eaten** seafood at lunch.
(vosotros)	habíais		**Habían vivido** dos años allí cuando él se murió.
(ellos/as, ustedes)	habían	(vivido)	*They had lived* there for two years when he died.
(ellas)	habían		

48 The immediate future

- Use this tense to talk about the near future (*going to ...*). Use the correct part of the Spanish verb **ir** *(to go)*, followed by **a** and the infinitive. (See section 36 for the present tense of the verb **ir**).

¿Qué **vas** a hacer mañana?
Voy a ir a la piscina.
¿**Vamos** a jugar al tenis o no?

What **are you going** to do tomorrow?
I am going to go to the swimming pool.
Are we going to play tennis or not?

49 The future tense

- Use the future tense to say what *will* happen. Add the following endings to the infinitive of the verb. Some verbs have irregular stems to which the normal future endings are added:

regular future tense endings	**hablar** *(to speak)*	**comer** *(to eat)*	**vivir** *(to live)*
(yo)	hablaré	comeré	viviré
(tú)	hablarás	comerás	vivirás
(él)	hablará	comerá	vivirá
(ella)	hablará	comerá	vivirá
(usted)	hablará	comerá	vivirá
(nosotros)	hablaremos	comeremos	viviremos
(vosotros)	hablaréis	comeréis	viviréis
ellos)	hablarán	comerán	vivirán
(ellas)	hablarán	comerán	vivirán
(ustedes)	hablarán	comerán	vivirán

irregular future ('yo' form)		
to fit (into)	caber	**cabré**
to say, tell	decir	**diré**
to have	haber	**habré**
to do, make	hacer	**haré**
to be able to	poder	**podré**
to put, set, lay	poner	**pondré**
to want/wish to	querer	**querré**
to know	saber	**sabré**
to go out	salir	**saldré**
to have	tener	**tendré**
to be worth	valer	**valdré**
to come	venir	**vendré**

Hablaré contigo mañana.
Inma no **comerá** la carne.
Un día, **iremos** a México.

I will speak to you tomorrow.
Inma **will** not **eat** the meat.
One day, **we will go** to Mexico.

50 The conditional tense

- The conditional tense indicates what *would happen* in the future. It is formed by adding the following endings to the infinitive of regular verbs, or to the future stem of irregular verbs (see section 49)

regular conditional tense endings	**hablar** *(to speak)*	**comer** *(to eat)*	**vivir** *(to live)*
(yo)	hablaría	comería	viviría
(tú)	hablarís	comerías	vivirías
(él)	hablaría	comería	viviría
(ella)	hablaría	comería	viviría
(usted)	hablaría	comería	viviría
(nosotros)	hablaríamos	comeríamos	viviríamos
(vosotros)	hablarías	comeríais	viviríais
(ellos)	hablarían	comerían	vivirían
(ellas)	hablarían	comerían	vivirían
(ustedes)	hablarían	comerían	vivirían

irregular conditional ('yo' form)		
to fit (into)	caber	**cabría**
to say, tell	decir	**diría**
to have	haber	**habría**
to do, make	hacer	**haría**
to be able to	poder	**podría**
to put, set, lay	poner	**pondría**
to want/wish to	querer	**querría**
to know	saber	**sabría**
to go out	salir	**saldría**
to have	tener	**tendría**
to be worth	valer	**valdría**
to come	venir	**vendría**

Trabajaría mejor solo que con sus amigos.
Mi ciudad **estaría** mejor con más tiendas.
Con una carretera nueva, **habría** menos tráfico.

He **would work** better alone than with his friends.
My town **would be** better with more shops.
With a by-pass, **there would be** less traffic.

51 Positive commands

- A positive command is an instruction or an order to do something: *Put your books away! Tidy up!* and *Learn your vocabulary!* are all positive commands. Remember that there are four ways of saying 'you' in Spanish (see section 34), so there are four command forms.

  For the *tú*, *usted* and *ustedes* forms, remove the **-o** of the *yo* form of the present tense before adding the endings.
  For the *vosotros* form, remove the **-ar**, **-er**, **ir** of the infinitive before adding the endings:

				TÚ	USTED	USTEDES
-ar	(hablar)	>	hablo	habl**a**	habl**e**	habl**en**
-er	(comer)	>	como	com**e**	com**a**	com**an**
-ir	(escribir)	>	escribo	escrib**e**	escrib**a**	escrib**an**

VOSOTROS		
(hablar)	habl**ad**	*speak!*
(comer)	com**ed**	*eat!*
(escribir)	escrib**id**	*write!*

Marta, **habla** más despacio. ¡No entiendo nada!
David y Pablo – ¡**comed** las verduras!
Escriba su nombre y apellido aquí, señor.
Sr. y Sra. Gómez, **pasen** por aquí.

*Marta, **speak** more slowly. I can't understand a word!*
*David and Pablo – **eat** the vegetables!*
***Write** your first name and surname here, sir.*
*Mr. and Mrs. Gómez, **come** this way, please.*

- The rules above also apply to verbs which are irregular in the *yo* form of the present tense (section 36) and to stem-changing verbs (see section 37):

No **salgo** los martes. Me da igual – ¡**salga** hoy!
Juego al fútbol. ¿Sí? **Juega** para nosotros, entonces!

*I don't go out on Tuesdays. I don't care – **go out** today!*
*I play football. Do you? **Play** for us, then!*

- The following verbs have their irregular parts highlighted in bold:

	TÚ	VOSOTROS	USTED	USTEDES
to say, tell	decir	**di**	decid	diga	digan
to do, make	hacer	**haz**	haced	haga	haga
to go	ir	**ve**	id	**vaya**	**vayan**
to put, set	poner	**pon**	poned	ponga	pongan
to go out	salir	**sal**	salid	salga	salgan
to be	estar	**está**	estad	**esté**	**estén**
to be	ser	**sé**	sed	**sea**	**sean**
to have	tener	**ten**	tened	tenga	tengan
to come	venir	**ven**	venid	venga	vengan

¿Qué pasa con Ramón? ¡**Di**, Andrés!
¡**Haz** tu cama en seguida, Tere!
Verónica, ¡**ve** a ver al director – ahora!

*What's the matter with Ramón? **Tell** us, Andrés!*
***Make** your bed this instant, Tere!*
*Verónica, **go** and see the head teacher – now!*

52 Negative commands

- A negative command is an instruction or an order NOT to do something: *Don't shout! Don't forget your book!* and *Don't run!* are all negative commands. Remember that there are four ways of saying 'you' in Spanish (section 34), so there are four command forms. Remove the **-o** of the *yo* form of the present tense, and add the following endings:

		TÚ	VOSOTROS	USTED	USTEDES	
-ar	(hablar) habl**o**	no habl**es**	no habl**éis**	no habl**e**	no habl**en**	*don't speak!*
-er	(comer) com**o**	no com**as**	no com**áis**	no com**a**	no com**an**	*don't eat!*
-ir	(escribir) escrib**o**	no escrib**as**	no escrib**áis**	no escrib**a**	no escrib**an**	*don't write!*

Marta, ¡**no hables** así!
Chicas ¡**no comáis** chicle en clase!
No escriba en esa sección, señora - firme aquí
Sr. y Sra. Gutiérrez, **no pasen** por allí.

*Marta, **don't talk** like that!*
*Girls, **don't eat** chewing-gum in class!*
***Don't write** in that section, Madam – sign here*
*Mr. and Mrs. Gutiérrez, **don't go** that way*

- The rules above also apply to verbs which are irregular in the *yo* form of the present tense (section 36) and to stem-changing verbs (section 37):

poner: ¿**Pongo** la mesa? No, no **pongas** ésa.
cerrar (ie): ¿**Cierro** la ventana? No, no **cierras** ésa.

Shall I set the table? No, don't set that one.
Shall I shut the window? No, don't shut that one.

- These common irregular verbs have the following forms:

		TÚ	USTED	VOSOTROS	USTEDES	*Examples:*
(to go)	**ir**	**no vayas**	**no vaya**	**no vayáis**	**no vayan**	Raúl, ¡**no vayas** por allí!
(to be)	**estar**	**no estés**	**no esté**	**no estéis**	**no estén**	Señor, ¡**no esté** inquieto!
(to be)	**ser**	**no seas**	**no se**	**no seáis**	**no sean**	Belén y Ana, ¡**no seáis** tontas!

Negatives

53 Negative words

- The negative indicates that something does not happen or that you are not doing something. In Spanish, *not* is expressed by **no**. It always comes before the verb, and before the reflexive pronoun if there is one:

No toco mucho el piano – **no** tengo tiempo.	I **don't** play the piano much – I have**n't** got time.
No me levanto muy temprano: **no** soy madrugador.	I do **not** get up very early: I'm **not** an early riser.

- Other common negative words are:

nada *nothing*	**nadie** *no-one*	**nunca / jamás** *never*	**ni ... ni** *neither ... nor*
¿Qué pasa? **Nada**.	*What's going on?* **Nothing**.	¿Sales mucho? **Nunca**.	*Do you go out?* **Never**.
¿Quién es? **Nadie**.	*Who is it?* **No-one**.	**Ni** él **ni** ella está.	**Neither** *he* **nor** *she is there.*

- The negatives **nada**, **nadie**, **nunca/jamás** have two possible positions: they can come either before the verb on their own, or after the verb which then takes **no** in front:

Nunca viene / **no** viene **nunca**.	*He **never** comes.*	**Nadie** vive allí / **no** vive **nadie** allí.	**No-one** *lives there.*

54 None, not ... an

- **No** with a noun (e.g. *no pen*) and **not ... any**, **one**, **none** are expressed by the adjective **ninguno**. It agrees with the noun it describes (section 14):

¿**Un** boli rojo? No tengo **ninguno**.	*A red biro? I have**n't** got **one***
¿**Una** carpeta azul? Lo siento – no veo **ninguna** aquí.	*A blue folder? I do **not** see **one** here.*
¿**Unos** vaqueros negros? ¡No hay **ningunos**!	*Some black jeans? There are**n't** any!*
¿**Unas** pastillas? No quedan **ningunas**.	*Some lozenges? There are **none** left.*

- When **ninguno** comes before a masculine singular noun, it becomes **ningún**:

No hay **ningún** alumno de BUP en esta aula.	*There's **no** GCSE student in this classroom.*

55 Not .. either, neither

- **Tampoco** *(neither, not ... either)* is the negative which replaces **también** *(also, as well)*:

Me gustaría ir al parque zoológico **también**.	*I'd like to go to the zoo **as well**.*
No viene Amaya. Su hermana no viene **tampoco**.	*Amaya isn't coming. Her sister is **not** coming **either**.*
Yo no quiero ir. Yo **tampoco**.	*I don't want to go. Me **neither**.*

The impersonal 'se'

56 'One', 'we', 'they'

- To convey the idea of *'one'* or *'we/they'*, use 'se' with the third person singular *(él, ella, usted)* of the verb with singular nouns, and third person plural *(ellos, ellas, ustedes)* of the verb with plural nouns:

En España, **se come** mucho ajo.	*In Spain, **they eat** a lot of garlic.*
¿Dónde **se venden** castañuelas?	*Where do **they sell** castanets?*

Impersonal verbs

57 Gustar

- **Gustar** is used to mean *like*, but really means to be *pleasing to*. It can be followed by a noun, or a verb:

¿Te **gusta** la limonada?	**Do you like** *lemonade?* (**Is** *lemonade* **pleasing to** *you?*)
Me **gusta** beber té.	**I like** *drinking tea* (**It is pleasing to** *me to drink tea*).

- With singular nouns, use the *él/ella/usted* form of **gustar**. With plural nouns, use the *ellos/ellas/ustedes* form:

singular	me **gusta el** chocolate; ¿te **gusta la** tortilla?: no le **gusta el** pescado
plural	me **gustan los** churros; te **gustan las** patatas fritas, ¿verdad?; no le **gustan las** peras

- Notice from the examples above that you need the *indirect object pronoun* (section 29) to indicate *who* likes/doesn't like something *(me, te, le, nos, os* or *les)*:

¿**Te** gusta salir? Sí, **me** gusta mucho.	Do **you** like going out? Yes, I like it a lot.
¿Qué **os** gusta hacer? **Nos** gusta ver la tele.	What do **you** like doing? **We** like watching TV.

58 Other impersonal verbs

- The following verbs behave in the same way:

apetecer	to feel like	doler	to hurt, ache	emocionar	to feel moved
chiflar	to adore	encantar	to love	interesar	to interest

¿Te **apetece** tomar un café? No, me **duele** la cabeza.	**Do you feel like** a coffee? No, my head **aches**.

Adverbs

59 Formation of adverbs

- Adverbs indicate how something is done, and often end in -*ly* in English: *carefully, easily,* and *angrily* are all adverbs. To form adverbs in Spanish, choose the adjective, make it feminine and add -**mente**:

careful	cuidadoso	>	cuidados**a**	cuidadosa**mente**	careful**ly**
easy	fácil	>	fácil	fácil**mente**	eas**ily**

- When two or more adverbs come together, the first one loses the -**mente**:

lo hizo **cuidadosa** y tranquil**amente**	he did it carefully and quietly

- The following common adverbs do not end in - **mente**:

bien	well	No me siento muy **bien**.	I don't feel very **well**.
mal	badly	Carmen juega **mal**.	Carmen plays **badly**.
despacio	slowly	Habla más **despacio**, por favor.	Speak more **slowly**, please.

- The adverb *quickly* or *fast* has two forms, **rápido** and **rápidamente**:

Martín siempre habla **rápidamente**.	¡Socorro! ¡Llame una ambulancia! ¡**Rápido**!

Further points

60 Ser/Estar

- There are two verbs *to be* in Spanish: **ser** and **estar** (section 36). Use **ser** when talking about the following:

jobs / nationality	**Soy** profesora y **soy** inglesa.	I'm a teacher and I'm English.
relationships	**Somos** gemelos.	We are twins.
characteristics	Mi madre **es** alta, delgada y amable.	My mother is tall, slim and kind.
to whom a thing belongs	¿**Es** tuyo, el estuche azul?	Is yours the blue pencil-case?

Use **estar** when talking about the following:

place	¿Dónde **está** el museo?	Where is the museum?
feelings	¡**Estoy** absolutamente furioso!	I'm absolutely furious!
a state of being	La tienda **está** cerrada.	The shop is shut..

- Use **ser** with **soltero/a** *(single)* and **viudo/a** *(widower, widow)*. Use **estar** with **separado/a** *(separated)*, **divorciado/a** *(divorced)*, **casado/a** *(married)* and **muerto/a** *(dead)*:

Mi tío **es** viudo y su hija **está** muerta.	My uncle is a widower and his daughter is dead.
¿Tus padres **están** divorciados? No, están separados.	Are your parents divorced? No, they are separated.

61 How long

- To express *how long you* have been doing something, use **hace ... que** + *present tense*, or *present tense* + **desde hace...**:, or **llevo...** + gerund (see section 39).

Hace cuatro años **que aprendo** español.	*I have been learning Spanish for four years.*
Aprendo español **desde hace** cuatro años.	
Llevo cuatro años **aprendiendo** español.	

62 Acabar de

- **Acabar de** means *to have just (done something)*, when used in the present tense. When used in the imperfect tense (section 43), it means *had just (done something)*. It is followed by the infinitive:

Acabo de ver a Irene – ella **acaba de terminar**.	*I've just seen Irene – she has just finished.*
Acababa de hacer los deberes cuando me llamó.	*I had just done my homework when she rang me.*

63 Soler

- **Soler** means to *usually (do something)* or *be accustomed to (doing something)*, when used in the present tense. It is a stem-changing verb of the type **o**>**ue** (Section 37). It is followed by the infinitive. In the imperfect, it indicates what used to happen, and it is a useful alternative to using the straight imperfect tense:

Suelo ir al cine el fin de semana, si puedo.	*I usually go to the cinema at the weekend, if I can.*
En las vacaciones, **iba** a la costa / **solía ir** a la costa.	*In the holidays, I used to go to the coast.*

64 Expressions with tener

- The following expressions use **tener** *(to have)* where English usually uses *to be*:

tener ... años	*to be ... years old*	**tener frío**	*to be cold*	**tener razón**	*to be right*
tener calor	*to be hot*	**tener ganas (de)**	*to feel like*	**tener sed**	*to be thirsty*
tener cuidado	*to be careful*	**tener hambre**	*to be hungry*	**tener sueño**	*to be sleepy*
tener éxito	*to be successful*	**tener miedo**	*to be afraid*	**tener suerte**	*to be lucky*

65 Haber

- The verb **haber** means *to have*, but is mostly used to form the prefect and pluperfect tenses (see Sections 46 and 47 above). When used by itself, it means the following:

PRESENT	**hay**	*there is/are*	**Hay** casi mil alumnos en mi instituto.
IMPERFECT	**había**	*there was/were, used to be*	Antes, **había** mucho tráfico en el pueblo.
PRETERITE	**hubo**	*there was/were*	Esa noche, **hubo** una tormenta tremenda.
FUTURE	**habrá**	*there will be*	En el futuro, **habrá** más ordenadores en el instituto.
CONDITIONAL	**habría**	*there would be*	En un mundo ideal, **habría** menos contaminación.

The Passive: see Worksheet 8.4   **The Subjunctive:** see Worksheets 20.4 and 20.5

Vocabulario español–inglés

Key to symbols: *(m)* masculine noun; *(f)* feminine noun; *(mpl)* masculine plural noun; *(fpl)* feminine plural noun; *(vb)* verb; *(adj)* adjective; *(inv)* invariable; *(Gr)* see Gramática section; ~ repeated word; *(fam)* familiar; *(form)* formal; * slang

A

a to, at *(Gr 7, 8)*
abajo below, down, downstairs
abanico *(m)* fan
abeja *(f)* bee
abierto *(adj)* open
abrir *(vb)* to open
aburrido *(adj)* boring
aburrirse *(vb)* to be bored *(Gr 38)*
acabar de *(vb)* to have just *(Gr 62)*
acercarse *(vb)* to draw near *(Gr 38)*
acogedor *(adj)* welcoming
aconsejar *(vb)* to advise
acordarse de *(vb)* to remember *(Gr 38)*
acostarse *(vb)* to go to bed *(Gr 38)*
actual *(adj)* present-day
de acuerdo agreed, O.K.
adelantar *(vb)* to move forward, overtake
además moreover
adjunto *(adj)* enclosed
adonde where ... to *(Gr 32)*; ¿adónde? where ... to?
aduana *(f)* customs
aerodeslizador *(m)* hovercraft
afeitarse *(vb)* to shave *(Gr 38)*
aficionado (a) *(adj)* enthusiastic, keen (on)
agenda *(f)* diary
agrícola *(adj)* agricultural
agua *(f)* water *(Gr 4)*
aguantar *(vb)* to bear, stand
agujero *(m)* hole
ahí there
ahora now
ahorrar *(vb)* to save
al aire libre in the fresh air
aislado *(adj)* isolated, lonely
al ajillo in a garlic sauce
ajo *(m)* garlic
albergue juvenil *(m)* youth hostel
albóndiga *(f)* meatball
alcanzar *(vb)* to reach
aldea *(f)* hamlet, small village
alegre *(adj)* cheerful, happy
alemán *(m)* German
alemán *(adj)* German
alfombra *(f)* carpet
algo something
algodón *(m)* cotton
alguien someone
algunas veces sometimes
alguno *(adj)* some *(Gr 14)*
alimentación *(f)* food
alimento *(m)* food(stuff)

almacén *(m)* store; grandes almacenes dept. stores
almendra *(f)* almond
en almíbar in a sugar syrup
almorzar (ue) *(vb)* to have lunch *(Gr 37)*
almuerzo *(m)* lunch
alojamiento *(m)* accommodation
alojarse to stay *(Gr 38)*
alquilar *(vb)* to hire
alrededor (de) round about *(Gr 7)*
alrededores *(mpl)* surroundings
alto *(adj)* tall, high
alubia *(f)* bean
alud *(m)* avalanche
alumno/a *(m/f)* pupil
amable *(adj)* kind
amante (de) *(adj)* lover (of)
amargado/a* *(m/f)* 'sad' person
amargo *(adj)* bitter
amarillo *(adj)* yellow
ambiental *(adj)* environmental; música ~ piped music
ambiente *(m)* environment, atmosphere
amenazar *(vb)* to threaten
amistad *(f)* friendship
amplio *(adj)* spacious, wide
amueblado *(adj)* furnished
anciano/a *(m/f)* old man, old woman
andando walking, on foot
andar *(vb)* to walk *(Gr 42)*
andén *(m)* platform
anillo *(m)* ring
animado *(adj)* lively, busy
anoche last night
anteayer the day before yesterday
anterior preceding, above
antes (de) before
antiguo *(adj)* old, ancient, former *(Gr 14)*
anís *(m)* aniseed liqueur
añadir *(vb)* to add
año *(m)* year
apagar *(vb)* to turn off, put out
aparcamiento *(m)* car-park, parking
aparcar *(vb)* to park
aparte apart, aside, besides
apellido *(m)* surname
apenas scarcely, hardly
apertura *(f)* opening
apetecer *(vb)* to feel like *(Gr 55, 58)*
aprobar (ue) *(vb)* to pass, approve *(Gr 37)*

apropiado *(adj)* appropriate
aprovechar *(vb)* to take advantage of
¡que aproveche! enjoy your meal!
apuntar *(vb)* to note down
apuntes *(mpl)* marks
aquel that *(Gr 23)*
árbol *(m)* tree
archivar *(vb)* to file
arena *(f)* sand
armario *(m)* cupboard
arquitectónico *(adj)* architectural
arrancar *(vb)* to pull up; (car) to start
arreglar *(vb)* to fix, mend
arreglarse *(vb)* to tidy oneself up *(Gr 38)*
arroz *(m)* rice
artesanía *(f)* craft work
asado *(adj)* roast
asaltador *(m)* attacker
ascensor *(m)* lift
¡qué asco! how horrible!
así so, thus, in this way
asiento *(m)* seat
asignatura *(f)* subject
asisitir a *(vb)* to be present at
asqueroso *(adj)* horrible, nasty
asustado *(adj)* frightened
atasco *(m)* traffic jam
atentado *(m)* attack
aterrizar *(vb)* to land
atracador *(m)* robber, gangster
atrasado *(adj)* late, delayed
atreverse *(vb)* to dare to *(Gr 38)*
atrevido *(adj)* daring, bold
atropellar *(vb)* to knock over/down
atún *(m)* tuna
aula *(f)* classroom
aun even
ausencia *(f)* absence; ~ sin permiso truancy
autopista *(f)* motorway
autovía *(f)* dual carriageway
averiado *(adj)* broken down
avión *(m)* aeroplane, aircraft
ayer yesterday
ayudar *(vb)* to help
ayuntamiento *(m)* Town Hall
azúcar *(m)* sugar
azul *(adj)* blue

B

bacalao *(m)* cod
bachillerato *(m)* exam (like GCSE)
bailar *(vb)* to dance
baile *(m)* dance

bajar *(vb)* to go down, get off/out
baloncesto *(m)* basketball
bajo *(adj)* short, low
bandera *(f)* flag
bañador *(m)* swimming costume
bañarse *(vb)* to have a bath, bathe *(Gr 38)*
barato *(adj)* cheap
barba *(f)* beard
barco *(m)* boat
barra *(f)* bar
barrio *(m)* district
bastante *(adj)* enough
basura *(f)* rubbish
basurero *(m)* rubbish dump
bebida *(f)* drink
biblioteca *(f)* library
bici(cleta) *(f)* bicycle
bien well
bienvenido/a *(adj)* welcome
bigote *(m)* moustache
billete *(m)* ticket, note
billetero *(m)* wallet
bisutería *(f)* (costume) jeweller's
bizcocho *(m)* sponge bun/finger
blanco *(adj)* white
bocadillo *(m)* sandwich
boda *(f)* wedding
bodega *(f)* wine cellar
bohío *(m)* shack
bolera *(f)* bowling alley
bolsa *(f)* bag
bolso *(f)* (hand)bag
bombero *(m)* firefighter
borrasca *(f)* squally storm
bosque *(m)* wood
botón *(m)* button
brazo *(m)* arm
bricolaje *(m)* DIY
bruscamente suddenly
bueno *(adj)* good *(Gr 14)*
BUP *(m)* examination (like GCSE)
burro *(m)* donkey
buscar *(vb)* to look for
butaca *(f)* armchair
buzón *(m)* letter-box

C

caballo *(m)* horse
caber *(vb)* to fit (into) *(Gr 42)*
cabeza *(f)* head
cada *(inv)* each *(Gr 14)*
cadena *(f)* chain
caer *(vb)* to fall; dejar ~ to drop *(Gr 39, 41)*
caja *(f)* cash-desk
cajero/a *(m/f)* cashier
calamares *(mpl)* squid
caliente *(adj)* hot
callado *(adj)* quiet
callarse *(vb)* to be quiet *(Gr 38)*
calle *(f)* street
calor *(m)* heat
calvo *(adj)* bald
calzar *(vb)* to take (shoe size)
cambio *(m)* (foreign) change, exchange

camión *(m)* lorry
camisa *(f)* shirt
camiseta *(f)* T-shirt
campamento *(m)* camp
campo *(m)* countryside
cansado *(adj)* tired
capa *(f)* layer
capaz (de) *(adj)* capable (of)
carburante *(m)* fuel
cárcel *(f)* prison
carcelero *(m)* prison warder
carne *(f)* meat
carnet de conducir *(m)* driving licence
carnet de identidad *(m)* identity card
carnicería *(f)* butcher's shop
carnicero *(m)* butcher
carretera *(f)* road
carta *(f)* letter
cartero *(m)* postman
casa *(f)* house
casado *(adj)* married
casi almost
castaño *(adj)* chestnut
castañuelas *(fpl)* castanets
castellano *(m)* Castilian, Spanish
catarro *(m)* cold
cebolla *(f)* onion
ceda el paso give way
celda *(f)* cell
celoso *(adj)* jealous
cenar *(vb)* to dine, have dinner
cerámica *(f)* pottery
cerca (de) near (to) *(Gr 7, 8)*
cercano *(adj)* near
cerdo *(m)* pig, pork
cerilla *(f)* match
cerrado *(adj)* closed
cerrar (ie) *(vb)* to close *(Gr 37)*
cerveza *(f)* beer
chabola *(f)* shanty town
chachi* smashing, terrific, cool
chalé *(m)* detached house
champiñones *(mpl)* mushrooms
chandal *(m)* tracksuit
charlar *(vb)* to chat
chico/a *(m/f)* boy, girl
chiflar *(vb)* to like very much *(Gr 57, 58)*
chillar *(vb)* to squeak, squeal
chipirones *(mpl)* small cuttlefish
chiste *(m)* joke
chocar con/contra *(vb)* to bump into
chubasco *(m)* squally shower
¡qué chulada!* how wicked
chungo* *(adj)* rotten, uncool
chupado *(adj)* really easy
churro *(m)* doughnut, fritter
ciego *(adj)* blind
cielo *(m)* sky
cierto *(adj)* certain
cine *(m)* cinema
cinturón *(m)* belt
circunvalación (carretera de ~) *(f)* bypass

cita *(f)* date, appointment
ciudad *(f)* town, city
claro *(adj)* clear, light
climatizado *(adj)* air-conditioned
cobarde *(m)* coward
cobrar *(vb)* to charge
coche *(m)* car
cocina *(f)* kitchen
cocinero/a *(m/f)* cook, chef
coger *(vb)* to catch, take, pick up
collar *(m)* necklace
comedor *(m)* dining room
comenzar (ie) *(vb)* to begin *(Gr 41)*
comer *(vb)* to eat
comestibles *(mpl)* foodstuffs
comida *(f)* meal, lunch
comisaría *(f)* police-station
como like, as; ¿cómo? how? *(Gr 32)*
complementos *(mpl)* accessories
completo *(adj)* full
comprensivo *(adj)* understanding, sympathetic
comprobar (ue) *(vb)* to check *(Gr 37)*
con with *(Gr 7)*
concurso *(m)* competition
conducir *(vb)* to drive, lead *(Gr 36, 42)*
conductor *(m)* driver
confección *(f)* sewing, fashion
conferencia *(f)* telephone call
conmigo with me
conocer *(vb)* to (get to) know *(Gr 36)*
constatar de *(vb)* to consist of
construir *(vb)* to build *(Gr 39, 41)*
consulta *(f)* surgery, consultation, query
contaminación *(f)* pollution
contar (ue) *(vb)* to count *(Gr 37)*
contestar *(vb)* to answer
contra against
cordero *(m)* lamb
correa *(f)* watch-strap
corrector *(m)* correcting fluid
correo *(m)* post
Correos Post Office
correr *(vb)* to run
corresponsal *(m/f)* pen-pal
corrida de toros *(f)* bullfight
cortés *(adj)* polite
corto *(adj)* short
costa *(f)* coast
creer *(vb)* to believe, think *(Gr 39, 41)*
cremallera *(f)* zip
cristal *(m)* glass
cruce *(m)* crossroads
cruzar *(vb)* to cross *(Gr 41)*
cuadro *(m)* picture, square
cual which; ¿cuál(es)? which one(s)?
cuando when; ¿cuándo? when?

cuanto *(adj)* how much;
en ~ a as regards *(Gr 32)*;
¿cuánto? how much?
cuarto *(m)* room, quarter
cubierto *(adj)* covered
cubierto *(m)* place-setting
cuchara *(f)* spoon
cuchillo *(m)* knife
cuenta *(f)* bill, account
cuero *(m)* leather
cuidar *(vb)* to take care of;
~ (a los) niños to babysit
cumbre *(f)* height, top
cursillo *(m)* (short) course
cuyo *(adj)* whose *(Gr 27)*

D

DAO *(m)* CAD
(Computer-Aided Design)
dar *(vb)* to give; ~ un paseo
to go for a walk; ~ una
vuelta to go for a stroll
(Gr 36, 41)
dardos *(mpl)* darts
darse cuenta de *(vb)* to
realise *(Gr 38)*
de of, from *(Gr 7, 8, 18, 21)*
debajo (de) underneath,
below *(Gr 7, 8)*
deber *(vb)* to owe, ought to
débil *(adj)* weak
decir *(vb)* to say, tell
(Gr 36, 42, 46)
dejar *(vb)* to leave, let
delante (de) in front (of)
(Gr 7, 8)
deletrear *(vb)* to spell
delgado *(adj)* slim
demasiado *(adj)* too, too much
demás *(mpl)* rest, others
dentro (de) inside, within
(Gr 7, 8)
denuncia *(f)* report
dependiente *(m/f)* (shop)
assistant
deportista *(adj)* sporty
deportivo *(adj)* sporting
deprimido *(adj)* depressed
derecha *(f)* right; a la ~ on
the right
desaparecer *(vb)* to disappear
desarrollo *(m)* development
desayunar *(vb)* to have
breakfast
descansar *(vb)* to rest
descanso *(m)* break, rest
descenso *(m)* descent,
lowering
desconocido *(adj)* unknown
descuento *(m)* discount
desde from *(Gr 7)*
desde hace since, (time) for
(Gr 61)
desear *(vb)* to desire, want
desempleo *(m)*
unemployment
desfile *(m)* procession
desierto *(m)* desert
desmayarse *(vb)* to faint
(Gr 38)
despacho *(m)* office
despacio slowly

despejado *(adj)* clear (sky)
despertarse (ie) *(vb)* to wake
up *(Gr 37, 38)*
después after
destruir *(vb)* to destroy
(Gr 39, 41)
desván *(m)* attic
desventaja *(f)* disadvantage
desvío *(m)* detour
detalle *(m)* detail
detenido *(adj)* arrested,
detained
detrás (de) behind *(Gr 7)*
devolver (ue) *(vb)* to return,
give back *(Gr 37)*
día *(m)* day: ~ festivo holiday;
~ laborable working day
día de Reyes *(m)* 6 January,
Epiphany
dibujo *(m)* drawing;
~ animado cartoon
¡diga! (on telephone) hello!
dineral *(m)* a lot of money,
fortune
dinero *(m)* money
dirección *(f)* address,
direction
diseñador/a *(m/f)* designer
disminuir *(vb)* to reduce,
diminish
disperso *(adj)* scattered
distinto *(adj)* different
diversión *(f)* fun,
entertainment
divertido *(adj)* funny, amusing,
entertaining
divertirse (ie)*(vb)* to enjoy
oneself *(Gr 37, 38)*
doblar *(vb)* to double; ~ la
esquina to go round the
corner
doler (ue) *(vb)* to hurt
(Gr 37, 57, 58)
donde where *(Gr 32)*;
¿dónde? where?
dorado *(adj)* golden
dormir (ue) *(vb)* to sleep
(Gr 37, 39, 41)
dormitorio *(m)* bedroom
drenaje *(m)* drainage
droguería *(f)* chemist's
ducha *(f)* shower
ducharse *(vb)* to have a
shower *(Gr 38)*
dueño *(m)* owner
dulce *(adj)* sweet
durante during
durar *(vb)* to last
duro *(adj)* hard

E

e and *(Gr 11)*
echar *(vb)* to pour, throw
(out), post
edificio *(m)* building
el the *(Gr 3)*
él he *(Gr 34)*
electrodomésticos *(mpl)*
domestic appliances
elegir (i) *(vb)* to choose
(Gr 37)
ella she *(Gr 34)*

emocionar *(vb)* to excite, feel
moved by *(Gr 57, 58)*
empapelado *(adj)* papered
empezar (ie) *(vb)* to begin
(Gr 37, 41)
empleado/a *(m/f)* employee
empleo *(m)* job, employment
empotrado *(adj)* built-in
empujar *(vb)* to push
en in *(Gr 7)*
enamorarse *(vb)* to fall in love
(Gr 38)
encantar *(vb)* to delight, love
(Gr 57, 58)
encantado *(adj)* pleased,
delighted
encima (de) on top (of) *(Gr 7)*
encontrar (ue) *(vb)* to find
(Gr 37)
encontrarse to find oneself, to
be situated *(Gr 37, 38)*
enfadado *(adj)* angry, cross
enfermero/a *(m/f)* nurse
enfrente (de) opposite
(Gr 7, 8)
¡enhorabuena! congratulations!
enjaulado *(adj)* caged
enlatado *(adj)* tinned
enrollado* *(adj)* cool, with it
ensaladilla *(f)* Russian salad
enseñar *(vb)* to teach
entender (ie) *(vb)*
to understand *(Gr 37)*
entenderse (con) *(vb)* to get
on (with) *(Gr 37, 38)*
entonces then, in that case
entorno *(m)* surroundings,
environment
entrada *(f)* entrance, ticket
entre between *(Gr 7)*
entrenar *(vb)* to train
envase *(m)* wrapping,
container
enviar *(vb)* to send
envoltorio *(m)* package,
wrapping
época *(f)* time, age
equipaje *(m)* luggage
equipo *(m)* team
equivocado *(adj)* mistaken
escaparate *(m)* shop window
escocés *(adj)* Scottish
Escocia *(f)* Scotland
escondido *(adj)* hidden
escribir *(vb)* to write; ~ a
máquina to type
escuela *(f)* primary school
ese *(adj)* that *(Gr 23, 24)*
esfuerzo *(m)* effort
eso that *(Gr 23)*
espalda *(f)* back
España *(f)* Spain
español *(adj)* Spanish
espejo *(m)* mirror
espeleología *(f)* caving,
pot-holing
esperanza *(f)* hope
esperar *(vb)* to hope
esquina *(f)* corner
estación *(f)* station, season; ~
de servicio service station
estadio *(m)* stadium

estanco *(m)* tobacconist's
estar *(vb)* to be
   (Gr 36, 42, 60)
este *(adj)* this *(Gr 23)*
estrecho *(adj)* narrow
estrella *(f)* star
estresante *(adj)* stressful
estropeado *(adj)* ruined
estudiar *(vb)* to study
etiqueta *(f)* ticket, label
evaluación *(f)* assessment
evitar *(vb)* to avoid
éxito *(m)* success
explicar *(vb)* to explain
exposición *(f)* exhibition
extranjero *(adj)* foreign
extranjero *(m)* foreign country;
   al/en el ~ abroad
extraño *(adj)* strange, odd

F

fabada *(f)* bean stew
fábrica *(f)* factory
fabricar *(vb)* to make
fácil *(adj)* easy
faena *(f)* task, chore
fallecer *(vb)* to die
faltar *(vb)* to be missing
farmacia *(f)* chemist's
faro *(m)* headlight
fastidiar *(vb)* to annoy *(Gr 58)*
favorecer *(vb)* to favour
fecha *(f)* date
feliz *(adj)* happy
feo *(adj)* ugly
ferrocarril *(m)* railway
festivo *(adj)* festive, holiday
ficha *(f)* card
fiebre *(m)* fever, temperature
fin *(m)* end
a final (de) at the end (of) *(Gr 7)*
a fin(al)es (de) at the end (of)
   (time phrase)
finca *(f)* farm
firma *(f)* signature
firmar *(vb)* to sign
físico *(m)* physical
   appearance
flan *(m)* caramel custard
flojo *(adj)* weak, bad at
folio *(m)* sheet of paper
folleto *(m)* brochure
¡qué follón!* what a pain!
fondo *(m)* bottom, background;
   al ~ at the back
formulario *(m)* form
fosfato *(m)* phosphate
fracaso *(m)* failure
francés *(adj)* French
Francia *(f)* France
franquear *(vb)* to frank, stamp
frase *(f)* sentence
fregadero *(m)* sink
freno *(m)* brake
frente (a) opposite (to) facing
fresa *(f)* strawberry
fresco *(adj)* cool
frigorífico *(m)* refrigerator
frío *(m)* cold
frito *(adj)* fried
frontera *(f)* border, frontier
fuego *(m)* fire

fuente *(f)* fountain
fuera (de) outside *(Gr 7, 8)*
fumar *(vb)* to smoke
funcionar *(vb)* to work,
   function
funcionario *(m)* civil servant
fusil *(m)* rifle, gun

G

gafas *(fpl)* glasses, ~ de sol
   sunglasses
Gales *(m)* Wales
galés *(adj)* Welsh
gallego *(adj)* Galician, from
   Galicia
galleta *(f)* biscuit
gamba *(f)* prawn
ganadería *(f)* cattle-raising
ganar *(vb)* to win
ganga *(f)* bargain
garbanzo *(m)* chickpea
gasoil *(m)* diesel
gasolina *(f)* petrol
gasolinera *(f)* petrol station
gastar *(vb)* to spend, waste
gastos *(mpl)* expenses, costs
gazpacho *(m)* cold soup
gemelo/a *(m/f)* twin
gente *(f)* people
gerente *(m/f)* manager
gimnasio *(m)* gymnasium
girar *(vb)* to turn
goloso *(adj)* greedy
gordo *(adj)* fat
gorro *(m)* cap
grabar *(vb)* to record
gracioso *(adj)* funny, witty
Gran Bretaña *(f)* Great Britain
grande *(adj)* big, great *(Gr 14)*
granja *(f)* farm
gratificará will offer a reward
gratis *(inv)* free
gratuito *(adj)* free
grave *(adj)* serious
grifo *(m)* tap
gris *(adj)* grey
gritar *(vb)* to shout
grueso *(adj)* thick, bulky
guante *(m)* glove
guardia *(m/f)*
   policeman/woman
¡qué guay!* how fabulous!
guía *(f)* guide (book)
guisante *(m)* pea
gustar *(vb)* to be pleasing to
   (Gr 57)
gusto *(m)* taste, pleasure;
   ¡mucho ~! pleased to
   meet you

H

haba *(f)* broad bean
haber *(vb)* to have *(Gr 46, 47)*
había there was/were/used
   to be
habitación *(f)* room
hablador *(adj)* talkative
hablar *(vb)* to speak
habrá there will be
hace ago
hacer *(vb)* to do, make
   (Gr 36, 41, 46)

hacerse *(vb)* to be made,
   done; ~ daño to hurt
   oneself
hacia towards *(Gr 7)*
hamaca *(f)* hammock
hambre *(f)* hunger
harina *(f)* flour
hasta until *(Gr 7)*
hay there is/are
hecho *(adj)* done, bien ~ well
   done
helar (ie) *(vb)* to freeze
   (Gr 37)
herido *(adj)* wounded
hermano/a *(m/f)* brother, sister
hermoso *(adj)* pretty
hierba *(f)* grass
hijo/a *(m/f)* son, daughter
hogar *(m)* home, fireplace
hoja *(f)* leaf, sheet of paper
holandés *(adj)* Dutch
holgado *(adj)* baggy
hombre *(m)* man
honrado *(adj)* honest
hora *(f)* time, hour
horario *(m)* timetable
hortera* *(adj)* *(inv)* tacky,
   lacking in taste
hoy today
hubo there was/were
hueco *(m)* gap, blank
huelga *(f)* strike
huevo *(m)* egg
húmedo *(adj)* damp
humo *(m)* smoke

I

idioma *(m)* language
iglesia *(f)* church
igual *(adj)* equal, same; me
   da ~ I don't mind
ilusionado *(adj)* hopeful,
   excited, eager
imagen *(f)* image, picture
impermeable *(m)* raincoat
importe *(m)* amount (to pay)
imprescindible *(adj)* essential
impresionar *(vb)* to impress
   (Gr 58)
impresora *(f)* printer
incendio *(m)* fire
incluso including
incómodo *(adj)* uncomfortable
infierno *(m)* hell
informarse *(vb)* to find out
   (Gr 37)
informática *(f)* information
   technolgy
informes *(mpl)* (school) report
ingeniero/a *(m/f)* engineer
Inglaterra *(f)* England
inglés *(adj)* English
inolvidable *(adj)* unforgettable
insolación *(f)* sunstroke
instalaciones *(fpl)* facilities
intentar *(vb)* to try
intercambio *(m)* exchange
interesar *(vb)* to interest
   (Gr 57, 58)
interurbano *(adj)* intercity
inundación *(f)* flood
inútil *(adj)* useless

inventar *(adj)* to invent
inversión *(f)* investment
invierno *(m)* winter
ir *(vb)* to go; ~ de paseo to
    go for a walk *(Gr 36, 41,
    43, 51, 52)*
Irlanda *(f)* Ireland
irlandés *(adj)* Irish
izquierda *(f)* left; a la ~ on
    the left

J
jabón *(m)* soap
jaleo *(m)* noise, racket
jamás never *(Gr 53)*
jarabe *(m)* syrup
jardín *(m)* garden
jarra *(f)* jar
jefe/a *(m/f)* boss, chief
jerez *(m)* sherry
jornada *(f)* (working) day
joven *(adj)* young
joven *(m/f)* young person,
    teenager
joyería *(f)* jeweller
jubilarse *(vb)* to retire
judías *(fpl)* beans; ~ verdes
    green/French beans
juego *(m)* game
juerga *(f)* good time; estar de
    ~ to go out for great time,
    to live it up
jugar (ue) *(vb)* to play
    (Gr 37, 41)
juguete *(m)* toy
junto *(adj)* next (to)
juvenil *(adj)* (for) youth

K
kilo *(m)* kilo
kilómetro *(m)* kilometre

L
la the *(Gr 3)*
labio *(m)* lip
laboral *(adj)* working
lácteos *(mpl)* dairy produce
lado *(m)* side; al ~ (de)
    beside, next (to) *(Gr 7)*
ladrar *(vb)* to bark
ladrón *(m)* burglar
lana *(f)* wool
lápiz *(m)* pencil
largo *(adj)* long
las the *(Gr 3)*, them *(Gr 28)*
¡qué lástima! what a pity!
lata *(f)* tin
lavar *(vb)* to wash
lavarse *(vb)* to get washed
    (Gr 38)
le (to/for) him, her, you
    (Gr 28, 29)
lechuga *(f)* lettuce
leer *(vb)* to read *(Gr 39, 41)*
legumbre *(m)* vegetable
lejos (de) far (from) *(Gr 7, 8)*
lengua *(f)* tongue, language
lentejas *(fpl)* lentils
lentillas *(fpl)* (contact) lenses
lento *(adj)* slow
les (to/for) them/you *(Gr 29)*
letrero *(m)* sign, notice

levantarse to get up *(Gr 38)*
libra *(f)* pound; ~ esterlina
    pound sterling
libre *(adj)* free
libro *(m)* book
ligero *(adj)* light
limpiaparabrisas *(m)*
    windscreen wiper
limpiar *(vb)* to clean
limpio *(adj)* clean
liquidación *(f)* clearance sale
liso *(adj)* straight
listo *(adj)* ready, clever
litoral *(m)* coast, shore
llamarse *(vb)* to be called
    (Gr 38)
llano *(adj)* flat
llave *(f)* key
llegada *(f)* arrival
llegar *(vb)* to arrive *(Gr 41)*
llenar *(vb)* to fill (up)
lleno *(adj)* full
llevar *(vb)* to wear, carry, take
llevarse con *(vb)* to get on
    with
llover (ue) *(vb)* to rain *(Gr 37)*
lluvia *(f)* rain
lluvioso *(adj)* rainy
lo it *(Gr 28)*
localidad *(f)* location, place,
    seat, ticket
loco *(adj)* mad
los the *(Gr 3)*, them *(Gr 28)*
lucha *(f)* fight, struggle
luego then
lugar *(m)* place
lujo *(adj)* luxurious
de lunares spotty, spotted
luz *(f)* light

M
madrastra *(f)* stepmother
madre *(f)* mother
madrugada *(f)* very early
    morning
madrugador *(adj)* early rising
majo *(adj)* nice, handsome
mal badly
maleta *(f)* suitcase
malo *(adj)* bad *(Gr 14)*
mañana tomorrow
mañana *(f)* morning
mandar *(vb)* to send
manga *(f)* sleeve
manifestación *(f)*
    demonstration
mano *(f)* hand
mantel *(m)* tablecloth
mantener(se) *(vb)* to keep,
    stay; ~ en forma to keep
    fit
mantequilla *(f)* butter
manzana *(f)* apple
maquillaje *(m)* make-up
máquina (fotográfica) *(f)*
    camera
marca *(f)* make, brand
marcar *(vb)* to dial
marcharse *(vb)* to go away,
    leave
marearse *(vb)* to feel/be (sea)
    sick

marido *(m)* husband
mariscos *(mpl)* seafood
marrón *(adj)* brown *(Gr 14)*
más more; ~ que more than
    (Gr 15, 17)
masificación *(f)* overcrowding
masificado *(adj)* overcrowded
matar *(vb)* to kill
matrícula *(f)* registration
    number
mayor *(adj)* main, larger, older
mayoría *(f)* majority
me (to/for) me *(Gr 28, 29)*
a mediados (de) in the middle
    (of)
mediano *(adj)* average
medio *(adj)* half, average
    (Gr 14)
médico *(m/f)* doctor
mejor *(adj)* better *(Gr 16)*
mejorar *(vb)* to improve
menor lesser, younger
    (Gr 16, 18)
menos less; ~ que less than
    (Gr 15)
mensaje *(m)* message
mercadillo *(m)* (flea) market
mercado *(m)* market
merecer *(vb)* to deserve;
    ~ la pena to be worth (it)
merendar (ie) *(vb)* to have a
    snack, picnic
merengue *(m)* South
    American music/dance
merienda *(f)* snack, picnic
merluza *(f)* hake
mermelada (f) jam; ~ de
    naranjas marmalade
mesa *(f)* table
meseta *(f)* high plain
mesón *(m)* inn
meter *(vb)* to put
mi *(adj)* my *(Gr 21)*
mí (to/for) me
miedo *(m)* fear
miel *(f)* honey
miembro/a *(m/f)* member
minería *(f)* mining industry
mío (adj) mine *(Gr 22)*
mirar *(vb)* to look (at)
miseria *(f)* poverty, misery
mismo *(adj)* same
mitad *(f)* half
mochila *(f)* rucksack
moda *(f)* fashion, estar, ir a
    la ~ to be fashionable
mojado *(adj)* damp
molestar (vb) to annoy,
    disturb
moneda *(f)* coin
monedero *(m)* purse
montaña *(f)* mountain
montar *(vb)* to get on; ~ a
    caballo to ride a horse
montón *(m)* load, heap
morcilla *(m)* black pudding
morder (ue) *(vb)* to bite
    (Gr 37)
moreno *(adj)* dark
morir (ue) *(vb)* to die *(Gr 37)*
mostaza *(f)* mustard
moto(cicleta) *(f)* motorbike

moverse (ue) *(vb)* to move *(Gr 37)*

movida *(f)* hustle and bustle

mucho *(adj)* much, a lot (of) *(Gr 19)*

mueble *(m)* piece of furniture

muela *(f)* tooth

muerte *(f)* death

muerto *(adj)* dead

mujer *(f)* woman

multa *(f)* fine

mundo *(m)* world

muñeca *(f)* doll

muralla *(f)* wall

muy very *(Gr 19)*

N

nacer *(vb)* to be born

nacimiento *(m)* birth; fecha de ~ date of birth

nacionalidad *(f)* nationality

nada nothing *(Gr 53)*

nadar *(vb)* to swim

nadie no one *(Gr 54)*

naipes *(mpl)* playing cards

naranja *(adj)* orange (coloured) *(Gr 14)*

naranja *(f)* orange

nariz *(f)* nose

nata *(f)* cream

naturaleza *(f)* nature

Navidad(es) *(f)* Christmas

neblina *(f)* mist

necesitar *(vb)* to need

en negrita in bold

negro *(adj)* black

neumático *(m)* tyre

nevar (ie) *(vb)* to snow *(Gr 37)*

nevera *(f)* freezer

ni... ni... neither ... nor *(Gr 53)*

nieve *(f)* snow

ninguno *(adj)* no, none *(Gr 14, 54)*

niño/a *(m/f)* child

noche *(f)* night

Nochebuena *(f)* Christmas Eve

Nochevieja *(f)* New Year's Eve

nombre *(m)* name

normas *(fpl)* rules

nos us, to/for us *(Gr 28, 29)*

nosotros/as we

notas *(fpl)* marks

noticias *(fpl)* news

novedad *(f)* novelty

hacer novillos *(mpl)* to play truant

novio/a *(m/f)* boyfriend, girlfriend

nube *(f)* cloud

nubosidad *(f)* cloud cover

nuestro *(adj)* our *(Gr 21, 22)*

nuevo *(adj)* new, another *(Gr 14)*

nunca never *(Gr 53)*

O

o or *(Gr 11)*

objeto *(m)* object

obra *(f)* work

obrero *(m)* workman

obtener (ie) *(vb)* to obtain *(Gr 37)*

ocasionar *(vb)* to make happen, cause

occidental *(adj)* western

ocurrir *(vb)* to happen, occur

ocio *(m)* leisure

oculto *(adj)* hidden

odiar *(vb)* to hate

oferta *(f)* offer

oficina *(f)* office; ~ de turismo tourist office; ~ de objetos perdidos lost property office

ofrecer *(vb)* to offer

¡oiga! (on telephone) hello!

oír *(vb)* to hear *(Gr 39, 41)*

ojo *(m)* eye; ¡ojo! careful!

olla *(f)* pot, pan, kettle

olor *(m)* smell

olvidarse (de) *(vb)* to forget (about)

onda *(f)* estar en la ~* to be trendy

opinar *(vb)* to think

oportunidades *(fpl)* sales

optativo *(adj)* optional

ordenador *(m)* computer

oreja *(f)* ear

orgulloso *(adj)* proud

oro *(m)* gold

orquesta *(f)* orchestra

oscuro *(adj)* dark

otoño *(m)* autumn

otro *(adj)* other, another *(Gr 6)*

oveja *(f)* sheep

P

padrastro *(m)* stepfather

padre *(m)* father

pagar *(vb)* to pay *(Gr 41)*

país *(m)* country

paisaje *(m)* countryside

palabra *(f)* word

pan *(m)* bread

panadería *(f)* baker's

pantalla *(f)* screen

pantalón *(m)* trousers

papas *(fpl)* potatoes

papelera *(f)* waste-paper basket

papelería *(f)* stationer's

para for *(Gr 9)*

parabrisas *(m)* windscreen

parada *(f)* stop; ~ de taxis taxi rank

paraguas *(m)* umbrella

pararse *(vb)* to stop

parecer *(vb)* to seem

parecido *(adj)* similar

pared *(f)* wall

pariente *(m/f)* relative, relation

paritario *(adj)* peer

paro *(m)* unemployment; estar en ~ to be unemployed

participar *(vb)* to share, participate

particular *(adj)* private

partido *(m)* match

a partir de from

parvulario *(m)* nursery school

pasar *(vb)* to pass; ~ lista to register; pasarlo bien/mal to have a good/bad time

paseo *(m)* walk; ir de ~, dar un ~ to go for a walk

pasillo *(m)* corridor, passageway

pasta *(f)* pasta, paste; ~ dentífrica toothpaste

pastel *(m)* cake

pastelería *(f)* cake shop

pastilla *(f)* tablet, pastille

patinar *(vb)* to skate

patria *(f)* country, homeland

patrón *(m)* patron saint

peaje *(m)* toll

peatón *(m)* pedestrian

pecas *(fpl)* freckles

pedido *(m)* order

pedir (i) *(vb)* to ask for, request, order *(Gr 37, 41)*

peinarse *(vb)* to comb one's hair *(Gr 38)*

pelado *(adj)* shaven

peligroso *(adj)* dangerous

pelirrojo *(adj)* red-haired

pelo *(m)* hair; ~ al dos very short hair

peluquería *(f)* hair-dresser's

pendiente *(m)* earring

pensar (ie) *(vb)* to think *(Gr 37)*

pensión *(f)* board; media ~ half board

peor *(adj)* worse, worst *(Gr 16)*

pequeño *(adj)* small

perder (ie) *(vb)* to lose *(Gr 37)*

perdido *(adj)* lost

perezoso *(adj)* lazy

periódico *(m)* newspaper

permanecer *(vb)* to stay, remain

pero but *(Gr 12)*

perro *(m)* dog

pesadilla *(f)* nightmare

pesado *(adj)* boring, a pain

pescadería *(f)* fishmonger's

peso *(m)* weight

pesquero *(adj)* fishing

pez *(m)* fish

picante *(adj)* spicy, hot

picar *(vb)* to sting, bite, peck, nibble snacks

pie *(m)* foot

piel *(f)* skin, fur

pierna *(f)* leg

pieza *(f)* piece, room

pimienta *(f)* pepper (spice)

pimiento *(m)* pepper (vegetable)

pinchazo *(m)* puncture

pintada *(f)* graffiti

pintado *(adj)* painted

pintoresco *(adj)* picturesque

piña *(f)* pineapple

piscina *(f)* swimming-pool

piso *(m)* flat

pista *(f)* track; ~ de tenis tennis court; ~ de hielo ice rink

planchar *(vb)* to iron

planta *(f)* floor, plant; ~ baja ground floor

plata *(f)* silver

plátano *(m)* banana

plato *(m)* plate, dish
playa *(f)* beach
plaza *(f)* square; ~ de toros
  bullring
pleno *(adj)* full
plumier *(m)* pencil case
poblado *(adj)* populated
pobre *(adj)* poor *(Gr 14)*
poco *(adj)* little, few
poder *(m)* power
poder (ue) *(vb)* to be able to
  (Gr 37, 39, 42, 49, 50)
pollo *(m)* chicken
polvo *(m)* dust
pólvora *(f)* powder
poner *(vb)* to put *(Gr 36, 42,
  46, 49, 50)*
ponerse *(vb)* to put on
  (clothes), to become;
  ~ moreno/a to get a tan
  (Gr 38)
por for, by, along, through
  (Gr 9)
porrón *(m)* wine jug
¿por qué? why?
porque because
portavoz *(m)* spokesperson
postre *(f)* dessert
potable *(adj)* drinking,
  drinkable
práctica *(f)* de trabajo work
  experience
prado *(m)* meadow
precio *(m)* price
precioso *(adj)* nice, charming,
  precious
precipitación *(f)* rainfall
preferir (ie) *(vb)* to prefer
  (Gr 37, 41)
premio *(m)* prize
prenda *(f)* garment
primavera *(f)* spring
primero *(adj)* first *(Gr 14)*
primo/a *(m/f)* cousin
a principios (de) at the
  beginning (of)
prisa *(f)* hurry, haste; de ~ in
  a hurry
probar (ue) *(vb)* to try, prove,
  taste *(Gr 37)*
profesor/a *(m/f)* teacher
profesorado *(m)* teaching staff
pronombre *(m)* first name
pronóstico *(m)* (weather)
  forecast
pronto soon
propina *(f)* tip
propio *(adj)* own, of one's
  own
proporcionar *(vb)* to give,
  supply, provide
proteger *(vb)* to protect
próximo *(adj)* next
publicitario *(adj)* advertising
pueblo *(m)* village, small town
puente *(m)* bridge
puerta *(f)* door
puertaventana *(f)* French
  window
puerto *(m)* port
puesto *(m)* job, post
pulsera *(f)* bracelet
en punto on the dot

puro *(m)* cigar

Q

que which, who, that *(Gr 25)*;
  ¿qué? what?, which?
quedar (en) *(vb)* to meet (at)
quedarse *(vb)* to stay *(Gr 38)*
quehaceres *(mpl)* household
  chores
queja *(f)* complaint
quejarse (de) *(vb)* to complain
  (about) *(Gr 38)*
quemadura *(f)* burn; ~ de sol
  sunburn
querer (ie) *(vb)* to like, love
  (Gr 37, 42)
querido *(adj)* dear
quesadilla *(f)* cheese pastry
queso *(m)* cheese
quien *(adj)* who; ¿quién(es)?
  who?
quinielas *(fpl)* football pools
quisiera I would like (to)
quitarse *(vb)* to take off
  (Gr 38)
quizá(s) perhaps

R

RACE *(m)* RAC motoring
  organisation
raíz *(f)* root
raro *(adj)* rare, strange, odd
rascacielos *(m)* skyscraper
Rastro *(m)* flea market in
  Madrid
de rayas striped
raza *(f)* race
razón *(f)* reason
rebajas *(fpl)* reductions
recado *(m)* message
recibo *(m)* receipt
reciclar *(vb)* to recycle
reclamación *(f)* complaint:
  libro de reclamaciones
  complaints book
recoger *(vb)* to pick up,
  collect, tidy (up)
recogida *(f)* collection
recompensa *(f)* reward
reconocer *(vb)* to recognise
recorrido *(m)* run, journey,
  route
recreo *(m)* break
recuerdo *(m)* souvenir
recursos *(mpl)* means
red *(f)* network
refresco *(m)* cool drink
regalo *(m)* present
regresar *(vb)* to return
relajado *(adj)* relaxed,
  easy-going
relajarse *(vb)* to relax
relato *(m)* tale, story
relleno *(adj)* stuffed, full
reloj *(m)* watch, clock
rendimiento *(m)* performance
RENFE *(f)* Spanish rail
  network
repartir *(vb)* to share out,
  distribute, deliver
repasar *(vb)* to revise
repaso *(m)* revision
repostería *(f)* confectionery

resumen *(m)* summary
revista *(f)* magazine, review
reír *(vb)* to laugh
rincón (m) corner
riñonera *(f)* bumbag
rizado *(adj)* curly
robar *(vb)* to rob
robo *(m)* robbery
rojo *(adj)* red
¡qué rollo!* what a pain!
romper *(vb)* to break
ropa *(f)* clothes
rosa *(adj)* pink *(Gr 14)*
roto *(adj)* broken
rotonda *(f)* roundabout
rubio *(adj)* fair
ruido *(m)* noise
ruidoso *(adj)* noisy

S

sábana *(f)* sheet
saber *(vb)* to know
  (Gr 36, 49, 50)
sacar *(vb)* to get, take (out);
  ~ buenas/malas notas
  to get good/bad marks
  (Gr 41)
saco de dormir *(m)* sleeping
  bag
sal *(f)* salt
sala de espera *(f)* waiting
  room
sala de fiestas *(f)* dance hall
salado *(adj)* salty
salchichón *(m)* sausage
salida *(f)* exit, way out,
  departure
salir *(vb)* to leave, go out
  (Gr 36, 49, 50)
salsa *(f)* sauce
saltarse *(f)* to jump
salud *(f)* health
sandía *(m)* water-melon
saneamiento *(m)* sanitation,
  drainage
sangre *(f)* blood
sangría *(f)* fruit punch
sano *(adj)* healthy
secar *(vb)* to dry
en seguida straightaway,
  immediately
seguir *(vb)* to follow
según according to
seguridad social *(f)* social
  security
seguro *(adj)* safe, secure
sello *(m)* stamp
semáforos *(mpl)* traffic-lights
Semana Santa *(f)* Holy Week,
  Easter
sencillo *(adj)* simple, single
senderismo *(m)* trekking
sensible *(adj)* sensitive
sentarse (ie) *(vb)* to sit down
  (Gr 37, 38)
sentirse (ie) *(vb)* to feel
  (Gr 37, 38)
señas *(fpl)* address
servicio *(m)* service, toilet
ser *(vb)* to be *(Gr 36, 41, 43,
  51, 52, 60)*
será will be
siempre always

sierra *(m)* mountain range
si if
sí yes
silla *(f)* chair
sillón *(m)* armchair
simpático *(adj)* nice
sin without
sino but *(Gr 12)*
sitio *(m)* place
sobrar *(vb)* to be left over
sobre on, about
sobre *(m)* envelope
socio/a *(m/f)* member
socorro *(m)* help
solamente only
soleado *(adj)* sunny
soler (ue) *(vb)* to be
    accustomed to *(Gr 37, 63)*
solicitud *(f)* application,
    request
solitario *(adj)* lonely
solo *(adj)* alone
sólo only
soltero *(adj)* single, unmarried
sombrero *(m)* hat
sonar (ue) *(vb)* to sound
sonido *(m)* sound
soñar (ue) *(vb)* to dream
soplar *(vb)* to blow
soportable *(adj)* bearable
sótano *(m)* cellar
su *(adj)* his, her, their, your
    (Gr 21)
suave *(adj)* soft, gentle
subir *(vb)* to go up, get on
subrayado *(adj)* underlined
sucio *(adj)* dirty
sucursal *(m)* branch
suegro/a *(m/f)*
    father/mother-in-law
sueldo *(m)* salary
suelo *(m)* floor, ground
suelto *(adj)* loose, separate
suerte *(f)* luck
surtido *(m)* selection
susto *(m)* fright, scare
suspender *(vb)* to fail
suyo *(adj)* his, hers, theirs,
    yours *(Gr 22)*

T

taberna *(f)* tavern, inn
tableta *(f)* bar
talla *(f)* size; de ~ media of
    average size/height
taller *(m)* workshop
tamaño *(m)* size
también also *(Gr 54)*
tampoco neither *(Gr 55)*
tan... como... as ... as *(Gr 17)*
tanto *(adj)* as much, so much
    (Gr 17)
taquilla *(f)* ticket office
tardar *(vb)* to take a (long)
    time
tarde *(adj)* late
tarde *(f)* afternoon, evening
tarea *(f)* task, chore
tarjeta *(f)* card; ~ postal
    postcard
te (to/for) you *(Gr 28, 29)*
techo *(m)* roof

teleférico *(m)* cable car
temporada *(f)* holiday season
temprano *(adj)* early
tendrá will have
tenedor *(f)* fork
tener (ie) *(vb)* to have *(Gr 37,
    42, 49, 50)*
tener que (ie) *(vb)* to have to
    (Gr 37, 64)
tercero *(adj)* third *(Gr 14)*
terminar *(vb)* to finish
ternera *(f)* veal
terremoto *(m)* earthquake
terreno *(m)* land, earth
testigo *(m)* witness
tiempo *(m)* time, weather
tienda *(f)* shop, tent
tierra *(f)* earth, land
toalla *(f)* towel
tobillo *(m)* ankle
tocar *(vb)* to touch, to play
    (instrument)
todo *(adj)* all, every *(Gr 6)*
tomar *(vb)* to take, eat/drink;
    ~ el sol to sunbathe
tonto *(adj)* silly, stupid
torcer (ue) *(vb)* to turn, twist
    (Gr 37)
torero *(m)* bullfighter
toro *(m)* bull
torpe *(adj)* dull, thick, slow
torre *(f)* tower, tower block
tos *(f)* cough
trabajador *(adj)* hard-working
trabajar *(vb)* to work
trabajos manuales *(mpl)* CDT
traer *(vb)* to bring *(Gr 36, 42)*
traje *(m)* suit
tranquilamente *(adv)* quietly
traslado *(m)* move, transfer
tratar (de) *(vb)* to try to
trato *(m)* dealings, treatment
travesía *(f)* crossing
travieso *(adj)* mischievous
trenza *(f)* plait
trimestre *(m)* term
trozo *(m)* piece, slice
trucha *(f)* trout
turrón *(m)* nougat
tutoría *(f)* tutor group
tu *(adj)* your *(Gr 21)*
tú you
tuyo *(adj)* yours *(Gr 22)*

U

u or *(Gr 11)*
último *(adj)* last
un/a a, one *(Gr 2)*
uno one *(Gr 2)*
único *(adj)* only, unique
unidad *(f)* unit
unos/as some *(Gr 2)*
urbanización *(f)* housing
    estate
usado *(adj)* worn
usted/es you *(Gr 34)*
útil *(adj)* useful
utilizar *(vb)* to use
uva *(f)* grape

V

vaca *(f)* cow

vacaciones *(fpl)* holidays;
    estar de ~ to be on
    holiday
valiente *(adj)* brave
valorar *(vb)* to value
vaqueros *(mpl)* jeans
varios *(adj)* several, various
    (Gr 14)
vasco *(adj)* Basque
vasco *(m)* the Basque
    language
vaso *(m)* glass
a veces sometimes, at times
vecino/a *(m/f)* neighbour
velocidad *(f)* speed
vendedor/a *(m/f)* seller
vender *(vb)* to sell
venir (ie) *(vb)* (to come)
    (Gr 37, 42)
ventana *(f)* window
ver *(vb)* to see; ~ la tele
    to watch TV *(Gr 36, 41, 43,
    46)*
verano *(m)* summer
verdadero *(adj)* true
verde *(adj)* green
verduras *(fpl)* green
    vegetables
vergüenza *(f)* shame
vestirse (i) *(vb)* to get dressed
    (Gr 37, 38)
vestuarios *(mpl)* cloakrooms
vez *(f)* time, occasion
viajar *(vb)* to travel
viaje *(m)* journey
viajero *(m)* traveller
vida *(f)* life
vidrio *(m)* glass
viejo *(adj)* old
viento *(m)* wind
vino *(m)* wine
visitante *(m/f)* visitor
viudo/a *(m/f)* widower, widow
vivir *(vb)* to live
vivo *(adj)* alive, bright (of
    colour)
voluntad *(f)* will
volver (ue) *(vb)* to return,
    come back *(Gr 37)*
vosotros/as you (plural)
voz *(f)* voice
vuestro *(adj)* your *(Gr 21, 22)*

W

wáter *(m)* toilet

Y

y and *(Gr 11)*
ya already, now
yogur *(m)* yoghurt

Z

zanahoria *(f)* carrot
zapatería *(f)* shoe shop
zapatilla *(f)* trainer, slipper
zapato *(m)* shoe
zumo de fruta *(m)* fruit juice

Vocabulario inglés–español

Key to symbols: *(m)* masculine noun; *(f)* feminine noun; *(mpl)* masculine plural noun; *(fpl)* feminine plural noun; *(vb)* verb; *(adj)* adjective; *(inv)* invariable; *(Gr)* see Gramática section; ~ repeated word; *(fam)* familiar; *(form)* formal

A

a un, una *(Gr 2)*
to be able to poder (ue) *(vb)* *(Gr 37)*
abroad extranjero *(m)*; to go ~ ir al extranjero
academic académico *(adj)*
accesories complementos *(mpl)*
to be accustomed soler (ue) *(vb)* *(Gr 63)*
activity actividad *(f)*
address dirección *(f)*, señas *(fpl)*
adverts anuncios *(mpl)*
after después (de) *(Gr 7, 8)*
afternoon tarde *(f)*; in the ~ por la tarde
again otra vez; to do (something) again volver a (hacer algo) *(vb)*
ago hace; two years ~ hace dos años
air-conditioned climatizado *(adj)*
air-conditioning aire acondicionado *(m)*
all todo *(adj)* *(Gr 6)*
allergic alérgico *(adj)*
alone solo *(adj)*
along por *(Gr 9)*
also también *(Gr 55)*
to amuse oneself entretenerse *(vb)*
and y, e *(Gr 11)*
ankle tobillo *(m)*
to annoy fastidiar *(vb)*
another otro *(adj)* *(Gr 6)*
to answer contestar *(vb)*; ~ the phone coger el teléfono
any alguno *(adj)*
anything algo; ~ else? ¿algo más?
appointment cita *(f)*; to make an ~ with pedir hora/cita con
area zona *(f)*, (of town) barrio *(m)*
arm brazo *(m)*
armchair butaca *(f)*, sillón *(m)*
around alrededor (de) *(Gr 7, 8)*
to arrive llegar *(vb)*
art arte *(m)*, dibujo *(m)*
as como; as ... as tan... como *(Gr 17)*
assembly asamblea *(f)*; ~ hall salón de actos *(m)*
to ask for pedir (i) *(vb)* *(Gr 37, 41)*
at (time) a
at (place) en
(to do) athletics (hacer) atletismo *(m)*
autumn otoño *(m)*
avenue avenida *(f)*
away (distance) a ... (metros, kilómetros) de; 20 kilometres away from here a 20 kilómetros de aquí

B

bad malo *(adj)* *(Gr 14)*; to be ~ at ser flojo/a en
baggy holgado *(adj)*
balcony balcón *(m)*
bald calvo *(adj)*
bandage venda *(f)*
bargain ganga *(f)*
to bark ladrar *(vb)*
basement sótano *(m)*
bath baño *(m)*; to have a ~ bañarse *(vb)* *(Gr 38)*
to bathe bañarse *(vb)* *(Gr 38)*
battery pila *(f)*
to be estar *(vb)* *(Gr 37, 42, 60)*, ser *(vb)* *(Gr 37, 41, 43, 60)*
bearable soportable *(adj)*
beard barba *(f)*
because porque
bed cama *(f)*; to go to ~ acostarse (ue) *(vb)* *(Gr 38)*
bedroom dormitorio *(m)*
bee abeja *(f)*
to begin empezar (ie), comenzar (ie) *(vb)* *(Gr 37)*
at the beginning a principios de
behind detrás (de) *(Gr 7, 8)*
below debajo (de) *(Gr 7, 8)*
beside al lado (de) *(Gr 7, 8)*
best mejor *(adj)* *(Gr 16, 18)*
better mejor *(Gr 16)*
between entre *(Gr 7)*
bicycle bici(cleta) *(f)*
big grande
bill cuenta *(f)*
birthday cumpleaños *(m)*
bite picadura *(f)*
to bite morder (ue) *(vb)* *(Gr 37)*; I've been bitten by ... Me ha mordido...
black negro *(adj)*
blister ampolla *(f)*
blue azul *(adj)*
board pensión *(f)*; full ~ pensión completa; half ~ media pensión
boat barco *(m)*
bonfire hoguera *(f)*
book libro *(m)*; a ~ of metro tickets un bono-metro
boring aburrido *(adj)*
to be born nacer *(vb)*
bottle botella *(f)*
boys'(male) masculino *(adj)*
box caja *(f)*
bracelet pulsera *(f)*
brakes frenos *(mpl)*
branch (of store) sucursal *(m)*

break recreo *(m)*, descanso *(m)*
breakfast desayuno *(m)*; to have ~ desayunar *(vb)*
break(time) recreo *(m)*
bridge puente *(m)*
to bring traer *(vb)*; can you ~ me? ¿me trae?
brochure (on) folleto *(m)* (sobre)
broken roto *(adj)*; I've broken my ... se me ha roto el/la...
brother hermano *(m)*
brown marrón *(Gr 14)*
to brush (hair) peinarse *(vb)* *(Gr 38)*; ~ one's teeth lavarse los dientes
to build construir *(vb)*
building edificio *(m)*
built-in empotrado *(adj)*
bunk-bed litera *(f)*
burnt quemado *(adj)*; I've burnt my ... se me ha quemado el/la...
bus autobús *(m)*
but pero, sino *(Gr 12)*
to buy comprar *(vb)*
by por *(Gr 9)*, en; ~ car en coche
bypass (carretera de) circunvalación *(f)*

C

cake pastel *(m)*; ~ shop pastelería *(f)*
to be called llamarse *(vb)* *(Gr 38)*
to calm tranquilizar *(vb)*
camera máquina fotográfica *(f)*
campsite camping *(m)*
can poder (ue) *(vb)* *(Gr 37)*; where ~ I buy ... ? ¿dónde puedo comprar... ?
canteen cantina *(f)*
card ficha *(f)*, tarjeta *(f)*; credit ~ tarjeta de crédito *(f)*
cards cartas *(fpl)*, naipes *(mpl)*
carol villancico *(m)*
car-park aparcamiento *(m)*
carpet moqueta *(f)*
to carry (on) seguir (i) *(vb)* *(Gr 37)*; ~ straight on siga todo recto
cartoons dibujos animados *(mpl)*
by cash en metálico/efectivo
to catch coger *(vb)*
CD disco compacto *(m)*
CDT trabajos manuales *(mpl)*
ceiling tejado *(m)*
to celebrate celebrar(se) *(vb)* *(Gr 38)*
central central *(adj)*, céntrico *(adj)*

centre centro *(m)*
to change cambiar *(vb)*
changing rooms probadores *(mpl)*
channel cadena *(f)*
to chat charlar *(vb)*
to check comprobar (ue) *(vb) (Gr 37)*
check(ed) de cuadros
chess ajedrez *(m)*
chest (body) pecho *(m)*; ~ of drawers cómoda *(f)*
child niño/a *(m/f)*
chores faenas de casa *(fpl)*
Christmas Navidad *(f)*, Navidades *(fpl)*; ~ Eve Nochebuena *(f)*; ~ card tarjeta *(f)* de Navidad
cinema cine *(m)*
classroom aula *(f)*
clean limpio *(adj)*
to clean limpiar *(vb)*
cloakroom vestuario *(m)*
to close cerrar (ie) *(vb) (Gr 37)*; when does it ~? ¿a qué hora cierra?
closed cerrado *(adj)*
clothes ropa *(f)*
coach autocar *(m)*
coast costa *(f)*
coat abrigo *(m)*
cold frío *(m)*, frío *(adj)*; to be ~ tener frío (people), hacer frío (weather); to have a ~ tener catarro, estar resfriado/constipado
to collect coleccionar
to come venir (ie) *(vb) (Gr 37)*
come in! ¡pasa (tú)! ¡pase (Ud.)!
comedy comedia *(f)*
to comfort consolar (ue) *(vb) (Gr 37)*
comfortable cómodo *(adj)*
community comunidad *(f)*
compulsory obligatorio *(adj)*
computer ordenador *(m)*
concert concierto *(m)*
connection conexión *(f)*
consists of consta de, consiste en
contact-lenses lentillas *(fpl)*
to cook guisar, cocinar *(vb)*
cooker cocina *(f)*; electric ~ cocina eléctrica; gas ~ cocina de gas
corner (of street) esquina *(f)*; (of room) rincón *(m)*
correct correcto *(adj)*
to correct corregir (i) *(vb)*
to cost costar (ue) *(vb) (Gr 37)*; how much does it ~ ¿cuánto cuesta/es?
cotton algodón *(m)*
cough tos *(m)*
country país *(m)*
countryside campo *(m)*
course cursillo *(m)*; as a first/second ~ de primer/segundo plato
cramped exiguo *(adj)*

cream (dairy) nata *(f)*; antiseptic ~ crema antiséptica *(f)*
to cross cruzar *(vb) (Gr 41)*; ~ the square cruce *(form)* la plaza
cup taza *(f)*, copa *(f)*
curly rizado *(adj)*
curtains cortinas *(fpl)*
to cut cortar *(vb)*; ~ oneself cortarse *(vb) (Gr 38)*; I've cut my ... se ma ha cortado el/la...
(to go) cycling (hacer) ciclismo *(m)*

D

dance baile *(m)*
to dance bailar *(vb)*
dangerous peligroso *(adj)*
dark oscuro *(adj) (Gr 14)*
date fecha *(f)*; for what ~? ¿para qué fecha?
day día *(m)*
dead muerto *(adj)*
dear querido *(adj)*, (expensive) caro *(adj)*; Dear Sir, Muy señor mío
delicious rico *(adj)*, delicioso *(adj)*
to deliver repartir *(vb)*
to depend on contar con (ue) *(vb) (Gr 37)*
it depends depende
dessert postre *(m)*; for ~ de postre
diary agenda *(f)*
diesel (fuel) gasoil *(m)*
difficult difícil *(adj)*
dining room comedor *(m)*
dinner cena *(f)*; to have ~ cenar *(vb)*
direction dirección *(f)*
dirty sucio *(adj)*
dishwasher lavaplatos *(m)*
divorced divorciado *(adj)*
DIY bricolaje *(m)*
to do hacer *(vb) (Gr 36, 41, 46, 49, 50)*
to do/practise practicar *(vb)*
documentary documental *(m)*
door puerta *(f)*
dormitory dormitorio *(adj)*; a ~ town una ciudad dormitoria
double doble *(adj)*
downstairs abajo
to get dressed vestirse (i) *(vb) (Gr 37)*
to drink beber *(vb)*
to drive conducir; ~ up the wall hacer subir por las paredes
to dust quitar el polvo

E

each cada *(inv) (Gr 14)*
Easter Semana Santa *(f)*; Easter Day Domingo de la Resurrección *(m)*
early-rising madrugador *(adj)*
to earn ganar *(vb)*
earring pendiente *(m)*

easy fácil *(adj)*
to eat comer *(vb)*
educational educativo *(adj)*
by e-mail por correo electrónico
at the end of (time) a finales/fines de
at the end of (street) al final de *(Gr 7, 8)*
engine motor *(m)*
English inglés *(adj)*; lenguaje *(m)* y literatura *(f)*
to enjoy oneself divertirse (ie) *(vb) (Gr 38)*
enquiry consulta *(f)*; to reply to enquiries responder a consultas
entertainment diversión *(f)*
entrance entrada *(f)*
errand recado *(m)*; to run errands hacer recados
escalator escaleras mecánicas *(fpl)*
estate estado *(m)*; housing ~ urbanización *(f)*
exam examen *(m)*
exchange (money) cambio *(m)* de moneda/extranjera; (school ~) intercambio *(m)*
exciting apasionante *(adj)*
excuse me perdone *(form)*
exercise ejercicio *(m)*; to take/do ~ hacer ejercicio
experiment experimento *(m)*
to explain explicar *(vb)*
to explore explorar *(vb)*
every todo *(adj) (Gr 6)*
everywhere por todas partes
eye ojo *(m)*

F

facilities instalaciones *(fpl)*; sports ~ instalaciones deportivas
factory fábrica *(f)*
to fail suspender *(vb)*
fair(-haired) rubio *(adj)*
to fall caer *(vb)*; to ~ over/down caerse *(vb)*
family familia *(f)*
fan (of) hincha (de) *(m)(f)*
far (from) lejos (de) *(Gr 7, 8)*; is (it) ~? ¿está lejos?; how ~ is (it)? ¿a qué distancia está?
as far as hasta
fascinating fascinante *(adj)*
fashion moda *(f)*; teenage ~ moda joven; ladies' ~ confección señoras
father padre *(m)*
fax fax *(m)*
to feel sentirse (ie) *(vb) (Gr 37)*; I don't feel well no me siento/encuentro bien
to feel like apetecer *(vb) (Gr 58)*
to file archivar *(vb)*
to fill llenar *(vb)*; ~ the tank llene el depósito
filling (tooth) empaste *(m)*
to fill in/out rellenar
film película *(f)*
to find encontrar (ue) *(vb) (Gr 37)*

fine! ¡muy bien!
to finish terminar *(vb)*
fireworks fuegos artificiales *(mpl)*
first primero *(adj) (Gr 14)*
first name nombre *(m)*
fish (food) pescado *(m)*; (pet) pez *(m)*
fit en forma; to keep/stay ~ estar en forma
to fix arreglar *(vb)*
flat piso *(m)*, apartamento *(m)*
floor suelo *(m)*; planta *(f)*; ground ~ planta baja
flower flor *(f)*
food comida *(f)*
foot pie *(m)*; on ~ a pie, andando
for para *(Gr 9)*
fork tenedor *(m)*
to frank franquear *(vb)*
freckles pecas *(fpl)*
free gratis *(inv)*, gratuito *(adj)*
free time tiempo libre *(m)*, ratos libres *(mpl)*
freezer nevera *(f)*
French francés *(m)*
fresh fresco *(adj)*
from de, desde *(Gr 7, 8)*
full lleno *(adj)*, completo *(adj)*
fun diversión *(f)*, divertido *(adj)*
fur piel *(f)*
furnished amueblado *(adj)*
furniture (item) mueble *(m)*

G

garage garaje *(m)*
in general en general
geography geografía *(f)*
German alemán *(m)*
to get off (bus) bajar *(vb)* (del autobús)
to get on (bus) subir *(vb)* (al autobús)
to get on with entenderse con, llevarse con *(vb) (Gr 38)*
to get to ir a; how do you ~ to? ¿para ir a? ¿por dónde se va a?
to get up levantarse *(vb)*
girls' (female) femenino *(adj)*
to give dar *(vb)*; can you ~ me? ¿me da? (s/he) gives us homework nos pone deberes
glasses gafas *(fpl)*, sun ~ gafas de sol; ~ case estuche *(m)* de las gafas
to go ir *(vb)*
to go down bajar *(vb)*
to go out salir *(vb) (Gr 36)*
to go round doblar *(vb)*; ~ the corner doble la esquina
to go up subir *(vb)*
gold oro *(m)*
good bueno *(adj)*; to be ~ at ser fuerte en; Good Friday Viernes Santo *(m)*
graffiti pintada *(f)*
green verde; ~ spaces lugares verdes *(mpl)*

group (friends) pandilla *(f)*
guide guía *(f)*
guide dog perro-guía *(m)*
gymnasium gimnasio *(m)*

H

hair pelo *(m)*
half mitad *(f)*, medio *(adj)*; at ~ term a mitad de trimestre
hand mano *(f)*
hat sombrero *(m)*
to hate odiar *(vb)*; I hate history se me da muy mal/fatal la historia; I hate maths se me dan muy mal/fatal las matemáticas
to have tener (ie) *(vb) (Gr 37, 41, 49, 50)*
to have just acabar de *(vb) (Gr 62)*; I have just (bought) acabo de (comprar)
to have to tener que (ie) *(vb)*
you have to hay que; what do you ~ to do to ... ¿qué hay que hacer para... ?
head cabeza *(f)*
headlights faros *(mpl)*
healthy sano *(adj)*
heating calefacción *(f)*
to help ayudar *(vb)*; can I ~ you? ¿en qué puedo servirle?/¿qué desea?
her su *(adj) (Gr 21)*
here aquí
to hire alquilar *(vb)*
his su *(adj) (Gr 21, 22)*
history historia *(f)*
holidays vacaciones *(fpl)*; on holiday de vacaciones
Holy Week Semana Santa *(f)*
at home en casa
homework deberes *(mpl)*
hot caliente *(adj)*; to be ~ tener calor (people), hacer calor (weather)
house casa *(f)*; detached ~ chalé/chalet *(m)*; semi-detached ~ casa doble *(f)*; terraced ~ casa adosada *(f)*
hovercraft aerodeslizador *(m)*
how? ¿cómo?
how long? ¿cuánto tiempo?
how much? ¿cuánto/a? *(adj) (Gr 32)*
how many? ¿cuántos/as? *(adj)*
to be hungry tener *(vb)* hambre
to hurt doler (ue) *(vb) (Gr 58)*, hacerse daño en *(vb)*; (my head) hurts me duele (la cabeza); I've hurt my ... se me ha hecho daño en el/la...

I

I yo
ID card carné *(m)* de identidad
illegal ilegal *(adj)*
immediately en seguida
impersonal impersonal *(adj)*
to improve mejorar *(vb)*
in en *(Gr 7)*

included incluido *(adj)*
indoor interior *(adj)*; ~ pool piscina cubierta *(f)*
industry industria *(f)*
inside dentro (de) *(Gr 7, 8)*
interest interés *(m)*; what is there of ~ ¿qué hay de interés?
to interest/be interested in interesar *(vb) (Gr 58)*; are you interested in football? ¿te interesa el fútbol?; I'm not interested in bullfighting no me interesan los toros
interview entrevista *(f)*
to introduce (to) presentar (a) *(vb)*
to irritate irritar *(vb)*
it lo/la
IT Informática *(f)*

J

jeweller's joyería *(f)*, bisutería *(f)*
jewellery joyas *(fpl)*
job empleo *(m)*
journey viaje *(m)*

K

key llave *(f)*
keyboard teclado *(m)*
kind amable *(adj)*; tipo *(m)*; what ~ of (ticket)? ¿qué tipo de (billete)?
kitchen cocina *(f)*
knee rodilla *(f)*
knife cuchillo *(m)*

L

laboratory laboratorio *(m)*
language idioma *(m)*
to last durar *(vb)*
last último *(adj)*
last week la semana pasada
latest (up-to-date) último *(adj)*
laundry lavandería *(m)*
to lay poner; ~ the table poner la mesa
to learn (to) aprender (a) *(vb)*
leather cuero *(m)*
to leave salir *(vb) (Gr 36)*, (an object, school) dejar
left izquierda *(f)*; on the ~ a la izquierda
to be left quedar; there is/are none ~ no queda/n
leg pierna *(f)*
less menos; ~ than menos que *(Gr 15)*
let me permítame *(form)*
life vida *(f)*
lift ascensor *(m)*
light luz *(f)*, claro *(adj) (Gr 14)*
I'd like quisiera
to like gustar *(vb) (Gr 57)* to be pleasing to; I like football me gusta el fútbol; I like maths me gustan las matemáticas; ser aficionado/a a *(m/f)*
to like/love querer *(vb)*, se (me) da/n muy bien/súper bien

line línea *(f)*; production ~ cadena de producción *(f)*
list (of) lista *(f)* (de)
to listen to escuchar
litter basura *(f)*
live en directo
to live vivir *(vb)*
living room salón *(m)*
loan préstamo *(m)*
long largo *(adj)*
to look after cuidar (a) *(vb)*
to look for buscar *(vb)*
to lose perder (ie) *(vb)*
lost perdido *(adj)*; I've lost ... he perdido...
a lot mucho *(Gr 19)*
lounge salón *(m)*
to love (e.g. food) chiflar *(vb)*, encantar *(vb)* *(Gr 58)*
lunch comida; to have ~ comer; ~ time hora de comer *(f)*

M

mad histérico *(adj)*; s/he makes me ~ me pone histérico/a
majority mayoría *(f)*
to make hacer *(vb)*; (s/he) makes us nos hace
many muchos/as *(adj)*
marks notas *(fpl)*; to get good/bad ~ sacar buenas/malas notas
married casado *(adj)*
map mapa *(m)*
market mercado *(m)*
match (sport) partido *(m)*
mathematics matemáticas *(fpl)*
me me *(Gr 28, 29)*
for me para mí
to mean significar, querer decir *(vb)*
medical médico *(adj)*
medium mediano *(adj)*; ~ height de talla media
to meet reunirse *(vb)*; (get to know) conocer a *(vb)* *(Gr 36)*; where shall we ~? ¿dónde nos vemos?; to ~ clients recibir a clientes
meeting reunión *(f)*
member miembro/a *(m/f)*, socio/a *(m/f)*
menu menú *(m)*, carta *(f)*; ~ of the day menú del día
message recado *(m)*
microwave microondas *(m)*
in the middle of a mediados de
mine mío *(Gr 22)*
minute minuto *(m)*; type up minutes redactar el acta
mixed mixto *(adj)*
mixture mezcla *(f)*
model maqueta *(f)*, modelo *(m/f)*; latest models las últimas novedades
money dinero *(m)*; a lot of ~ dineral *(m)*
month mes *(m)*
monument monumento *(m)*

more más; ~ than más que *(Gr 15)*
morning mañana *(f)*; in the ~ por la mañana
mother madre *(f)*
motorbike moto(cicleta) *(f)*
moustache bigote *(m)*
music música *(f)*
my mi *(adj)* *(Gr 21)*

N

name nombre *(m)*; in whose ~? ¿a nombre de quién?
nationality nacionalidad *(f)*
near (to) cerca de *(Gr 7, 8)*
nearest cercano *(adj)*
necklace collar *(m)*
to need necesitar *(vb)*
neither tampoco *(Gr 55)*; neither ... nor ni... ni... *(Gr 53)*
network red *(f)*
never nunca, jamás *(Gr 53)*
new nuevo *(adj)*; New Year el Año Nuevo; New Year's Eve la Nochevieja
news noticias *(fpl)*
newspaper periódico *(m)*
night noche *(f)*; at ~ por la noche
night-owl trasnochedor *(adj)*
noise ruido *(m)*
noisy ruidoso *(adj)*
no no
none ninguno *(adj)* *(Gr 14, 54)*
no one nadie *(Gr 53)*
normally normalmente
notes apuntes *(mpl)*
nothing nada *(Gr 53)*
novel novela *(f)*
now ahora
number número *(m)*
nursery school parvulario *(m)*

O

of de *(Gr 7, 8)*
office despacho *(m)*
O.K. vale, de acuerdo
oil aceite *(m)*
old antiguo *(adj)* *(Gr 14)*, viejo *(adj)*
older mayor *(adj)*; ~ people gente mayor *(f)*
on (about) sobre; when's it on? ¿a qué hora se pone? what's on (TV)? ¿qué ponen (en la tele)?
once una vez
open abierto *(adj)*; ~ all day abierto sin interrupción
to open abrir; when does it ~ ? ¿a qué hora abre?
opposite enfrente (de) *(Gr 7, 8)*
optional optativo *(adj)*
or o, u *(Gr 11)*
orange naranja *(adj)*
to organise organizar *(vb)*
our nuestro *(adj)* *(Gr 21)*
ours nuestro *(Gr 22)*
outside fuera (de) *(Gr 7, 8)*

outskirts afueras *(mpl)*
overcrowded masificado *(adj)*
overcrowding masificación *(f)*
to owe deber *(vb)*; how much do I owe you? ¿cuánto le debo?
own propio *(adj)*; on (one's) own solo *(adj)*

P

packet paquete *(m)*
pain (in) dolor (de) *(m)*
to paint pintar *(vb)*; ~ with oils pintar al óleo, ~ with watercolours pintar a la acuarela
painted (in) pintado *(adj)* (de)
papered (with) empapelado *(adj)* (con)
parents padres *(mpl)*
to pass pasar *(vb)*, (exam) aprobar (ue) *(vb)* *(Gr 37)*
passport pasaporte *(m)*
in the past antes
patron saint santo patrón *(m)*
to pay pagar *(vb)* *(Gr 41)*
people gente *(f)*; for how many ~? ¿para cuántas personas?
pepper (black) pimienta *(f)*; (vegetable) pimiento *(m)*
per por; ~ week por semana, a la semana
petrol gasolina *(f)*; 4 star ~ súper *(m)*
physical físico *(adj)*; ~ appearance físico *(m)*
piano piano *(m)*
pigsty pocilga *(f)*
pink rosa *(adj)* *(inv)*
place lugar *(m)*, sitio *(m)*
plait trenza *(f)*; in plaits en trenza(s)
plan (street) plano *(m)*
to plan planear
plane avión *(m)*
plasters tiritas *(fpl)*
play drama *(m)*
to play (instrument) tocar *(vb)* *(Gr 41)*; (sport) jugar (ue) a *(vb)*
playground patio *(m)*
pleasant agradable *(adj)*
plump gordito *(adj)*
pony-tail cola de caballo *(f)*
poor pobre *(adj)* *(Gr 14)*
post correo *(m)*
post-code código postal *(m)*
Post Office Correos
poster póster *(m)*
prefix prefijo *(m)*
to prepare preparar *(vb)*
present regalo *(m)*
pretty bonito *(adj)*
procession proceso *(m)*, desfile *(m)*
programme programa *(m)*; children's ~ programa infantil; sports ~ programa deportivo; music ~ programa de música

to pronounce pronunciar *(vb);*
how do you ~ ¿cómo se
pronuncia?
to protect proteger
PSE ética *(f)*
public público *(m)*
pupil alumno/a *(m/f)*
purple malva *(adj) (inv)*
purse monedero *(m)*
to put poner *(vb) (Gr 36, 42, 46,
49, 50)*

Q

quality calidad *(f)*
quiz show concurso *(m)*

R

racket (sport) raqueta *(f),*
(noise) jaleo *(m)*
radiator radiador *(m)*
raincoat impermeable *(m)*
to read leer *(vb)*
to recommend recomendar (ie)
(vb); what do you ~? ¿qué
me recomienda?
red rojo *(adj)*
red-haired pelirrojo *(adj)*
refrigerator frigorífico *(m)*
region región *(f)*
to register pasar lista *(vb)*
to relax relajarse *(vb)*
to repair reparar *(vb)*
to repeat repetir (i) *(vb)*
repetitive repetitivo *(adj)*
reply respuesta *(f)*
to reply (to) responder (a) *(vb)*
reservation reserva *(f)*
return vuelta *(f);* a ~ ticket
un billete de ida y vuelta
to return volver (ue) *(vb) (Gr 37)*
to revise repasar *(vb)*
reward recompensa *(f)*
right derecha *(f);* on the ~ a
la derecha
room habitación *(f)*
roundabout rotonda *(f)*
rubbish basura *(f)*
rucksack mochila *(f)*
rug alfombra *(f)*
to run correr *(vb)*

S

(to go) sailing (hacer) vela *(f)*
sales oportunidades *(fpl),*
liquidación *(f)*
salt sal *(f)*
salty salado *(adj)*
sauce salsa *(f)*
to save (money) ahorrar *(vb),*
(life) salvar
to say decir *(vb);* how do you ~
¿cómo se dice?
school instituto (m)
(secondary); junior ~
colegio *(m)*; primary ~
escuela *(f)*
sciences ciencias *(fpl)*
scientific científico *(adj)*
seasick mareado *(adj)*
sector sector *(m)*
to see ver *(vb) (Gr 36, 41, 43,
46)*

to seek solicitar *(vb)*
to sell vender *(vb)*
to send enviar, mandar *(vb)*
sentence frase *(f)*
separated separado *(m)*
series serie *(f)*
to serve servir (i) *(vb) (Gr 37);* do
you ~ ... ? ¿se sirve... ?
service servicio *(m)*
to set light to prender *(vb)*
fuego a
to share compartir *(vb)*
shaved head cabeza pelada
(f)
sheet sábana *(f)*
shop tienda *(f)*
shopaholic adicto *(adj)* a ir de
compras/a la compra
short bajo *(adj)*, corto *(adj)*
to shout gritar *(vb)*
show espectáculo *(m)*
shower ducha *(f)*
to feel sick estar mareado *(adj)*
sightseeing turismo *(m);* to go
~ hacer turismo
silver plata *(f)*
to sing cantar *(vb)*
single soltero *(adj)*, sencillo
(adj), individual *(adj)*; a ~
ticket un billete sencillo
sink fregadero *(m)*
sister hermana *(f)*
to sit down sentarse (ie) *(vb)*
(Gr 37); sit down! ¡siéntate
(tú)!, ¡siéntese (Ud.)!
size tamaño *(m)*, talla *(f);* what
~? ¿de qué tamaño?;
(shoes) ¿qué número
calza?; (clothes) ¿qué talla
usa?
to ski esquiar *(vb)*
skin piel *(f)*
to sleep dormir (ue) *(vb) (Gr 37)*
slim delgado *(adj)*
slowly despacio, lentamente
small pequeño *(adj)*
smell olor *(m)*
to smoke fumar *(vb)*
snake serpiente *(f)*
soap jabón *(m)*
soap-opera telenovela *(f)*
some unos, unas *(Gr 2),*
alguno *(Gr 14)*
so much tanto *(adj) (Gr 17)*
song canción *(f)*
sorry sentir(lo) (ie) *(vb)*
(Gr 37); I'm ~ lo siento
souvenir recuerdo *(m)*
spacious espacioso *(adj)*
Spanish español *(m)*
to speak hablar *(vb)*
to spell deletrear *(vb);* how do
you ~ it? ¿cómo se
escribe/deletrea?
to spend gastar *(vb)*
spoon cuchara *(f)*
sport deporte *(m)*
Sports Day Día del Deporte
(m)
sporty deportista *(adj)*
spotted de lunares
spring primavera *(f)*

square plaza *(f);* cuadrado
(adj)
to squeak chillar *(vb)*
stamp sello *(m)*
to stand (upright) estar de pie;
(bear) aguantar *(vb)*
star estrella *(f)*
stadium estadio *(m);* football
~ estadio de fútbol
station estación *(f)*
statue estatua *(f)*
to stay alojarse *(vb)*, quedarse
(vb) (Gr 38)
stepbrother hermanastro *(m)*
stepfather padrastro *(m)*
stepmother madrastra *(f)*
stepsister hermanastra *(f)*
sting picadura *(f)*
to sting picar *(vb);* I've been
stung by ... me ha picado...
stomach estómago *(m)*
stop parada *(f);* bus ~ parada
de autobuses
store almacén *(m)*; dept. ~
los grandes almacenes
(mpl)
straight (haired) liso *(adj)*
straightaway en seguida
stranger (foreigner)
extranjero/a *(m/f)*
street calle *(f)*
stressed out estresado *(adj)*
striped de rayas
stroll una vuelta; to go for a ~
dar una vuelta
to study estudiar *(vb)*
stupid tonto, estúpido *(adj)*
subject asignatura *(f)*
suitcase maleta *(f)*
it suits me me va bien
summer verano *(m)*
sun sol *(m)*
to sunbathe tomar *(vb)* el sol
supermarket supermercado
(m)
surname apellido *(m)*
to swim nadar *(vb)*
swimming-pool piscina *(f)*
syrup jarabe *(m)*

T

table mesa *(f);* to set/clear the
~ poner/quitar la mesa
tablecloth mantel *(m)*
tablet pastilla *(f)*
I'll take it me lo/la llevo
to take tomar *(vb)*, coger *(vb)*,
llevar *(vb);* ~ ... street
tome/coge la calle...
to take (time) tardar *(vb);* how
long does it take to ... ?
¿cuánto tiempo se tarda
en... ?
tall alto *(adj)*
tanned moreno *(adj);* to get ~
ponerse moreno/a
tasty rico *(adj)*
to teach enseñar *(vb)*
teacher profesor/a *(m/f)*
team equipo *(m);* as part of a
~ en equipo
telephone teléfono *(m)*

to telephone telefonear, llamar (por teléfono) *(vb)*

television tele(visión) *(f)*; ~ set televisor *(m)*

to tell decir *(vb)*

temperature (when ill) fiebre *(f)*; I've got a temperature tengo fiebre; (climate) temperatura *(f)*

tennis tenis *(m)*; ~ court pista de tenis *(f)*

tent tienda *(f)*

term trimestre *(m)*

terrace terraza *(m)*

that ese *(adj)*, aquel *(adj)*, esto, aquello *(Gr 23, 24)*

the el, la, los, las *(Gr 3)*

theatre teatro *(m)*

them los, las, les *(Gr 28, 29)*, ellos/as *(Gr 34)*

then luego, entonces

they ellos/as *(Gr 34)*

there allí, ahí

there is/are hay *(Gr 64)*

there was/were había, hubo *(Gr 64)*

there will be habrá *(Gr 64)*

thing cosa *(f)*; the important ~ lo importante

third tercero *(adj)* *(Gr 14)*

to be thirsty tener sed

this este *(adj)* *(Gr 23)*

thrilling apasionante *(adj)*

throat garganta *(f)*

through por

ticket (transport) billete *(m)*; (entertainment) entrada *(f)*

tight estrecho *(adj)*

time hora *(f)*; tiempo *(m)*; to have a good/bad ~ pasarlo bien/mal

all the time todo el tiempo

at what time? ¿a qué hora?

timetable horario *(m)*

to a *(Gr 7, 8)*

toilet servicio *(m)*, aseo *(m)*

tomorrow mañana; ~ morning mañana por la mañana

tonight esta noche

too (much) demasiado; I've eaten too much he comido demasiado; he's too poor es demasiado pobre

too much *(adj)* demasiado/a

tooth muela *(f)*, diente *(m)*

tourist turístico *(adj)*

towards hacia *(Gr 7)*

towel toalla *(f)*; sanitary ~ compresa higiénica *(f)*

town ciudad *(f)*

toy juguete *(m)*

traffic tráfico *(m)*

traffic-lights semáforos *(mpl)*

to train entrenarse *(vb)*

training formación profesional *(f)*

travel agency agencia de viajes *(f)*

trick broma *(f)*; to play tricks on gastar bromas a

trophy trofeo *(m)*

to try (on) probar (ue) *(vb)* *(Gr 38)*; can I ~ it on? ¿me lo/la puedo probar?

tube tubo *(m)*

to turn torcer (ue) *(Gr 37)*; ~ left tuerza *(form)* a la izquierda

twice dos veces

to twist torcer (ue) *(vb)* *(Gr 37)*; I've twisted my ... se me ha torcido el/la...

type tipo *(m)*, categoría *(f)*

to type escribir *(vb)* a máquina

tyre neumático *(m)*

U

ugly feo *(adj)*

umbrella paraguas *(m)*

uncomfortable incómodo *(adj)*

under debajo (de) *(Gr 7, 8)*

under-(18s) los menores de (18) años

underground metro *(m)*

to understand entender (ie) *(vb)* *(Gr 37)*, comprender *(vb)*

unemployed parado *(adj)*; to be ~ estar en el paro

unleaded sin plomo

unpleasant desagradable *(adj)*

until hasta

upstairs arriba

us nos *(Gr 28, 29)*, nosotros *(Gr 34)*

to use usar *(vb)*, utilizar *(vb)*

utility room lavadero *(m)*

V

to vacuum (clean) pasar *(vb)* la aspiradora

varied variado *(adj)*

variety variedad *(f)*; wide ~ gran variedad

vegetarian vegetariano *(adj)*; for vegetarians para vegetarianos

very muy *(Gr 19)*

video vídeo *(m)*

to visit visitar *(vb)*

voluntary voluntario *(adj)*

W

waiter camarero *(m)*

waitress camarera *(f)*

walk paseo *(m)*; to go for a ~ dar un paseo

to walk andar, ir a pie *(vb)*

wall (inside) pared *(f)*; (city wall) muralla *(f)*

wallet billetero *(m)*

warm cálido *(adj)*

to wash lavar *(vb)*; ~ the dishes fregar los platos; to have a ~ lavarse *(Gr 38)*

washbasin lavabo *(m)*

to get washed lavarse *(vb)* *(Gr 38)*

wasp avispa *(f)*

to waste gastar *(vb)*

watch reloj *(m)*

to watch mirar, ver (la tele) *(vb)*

water agua *(f)* *(Gr 4)*

in the way of (regarding) en cuanto a

to wear llevar *(vb)*

weather tiempo *(m)*; ~ forecast el meteorológico *(m)*

week semana *(f)*

welcome bienvenido *(adj)*

Welsh galés *(adj)*

well bien

well-built fuerte

what? ¿qué?, ¿cómo? *(Gr 32)*

when cuando; when? ¿cuándo?

where (from) (de) donde; where is/are ... ? ¿dónde está/n... ?

which que; which? ¿qué? *(Gr 25)*; which one(s)? ¿cuál(es)? *(adj)* *(Gr 32)*

white blanco *(adj)*

who quien; who? ¿quién? *(Gr 25)*; who's speaking? ¿de parte de quién?

whose cuyo *(adj)* *(Gr 27)*

why? ¿por qué?

to win ganar *(vb)*

window ventana *(f)*, (French windows) puertaventana *(f)*

windscreen parabrisas *(m)*; ~ wiper limpiaparabrisas *(mpl)*

to windsurf hacer windsurf *(m)*

wine vino *(m)*; ~ list lista *(f)* de vinos

winter invierno *(m)*

with con *(Gr 7)*; ~ me conmigo; ~ you contigo

without sin *(Gr 7)*

wool lana *(f)*

word palabra *(f)*

work trabajo *(m)*; ~ experience prácticas de trabajo *(fpl)*

to work trabajar *(vb)*

worksheet hoja *(f)* de actividades

worse peor *(Gr 16)*

worst peor *(Gr 16, 18)*

to write escribir *(vb)*

it's a wrong number se ha equivocado de número

Y

year año *(m)*; school ~ curso *(m)*; to take a ~ out tomar un año de descanso

yellow amarillo *(adj)*

yesterday ayer; the day before ~ anteayer

you tú, ti, vosotros, usted/es *(Gr 34)*, te, os *(Gr 28, 29)*, le, la, les, las

youth hostel albergue juvenil *(m)*

your tu, su, vuestro *(adj)* *(Gr 21)*

yours tuyo, suyo, vuestro *(Gr 22)*